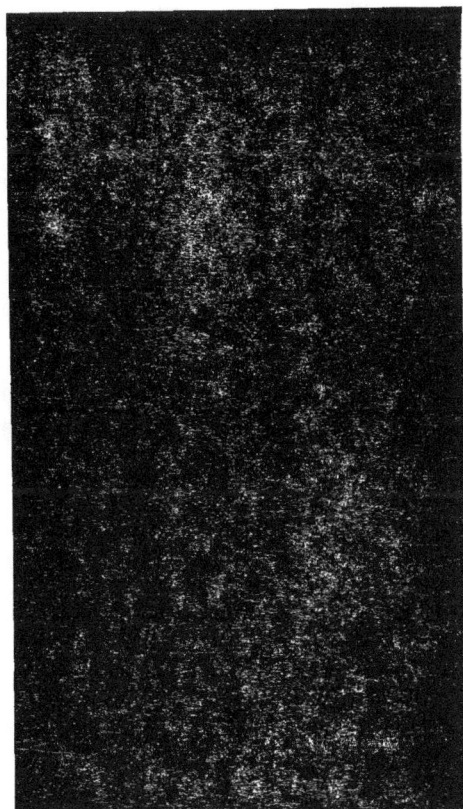

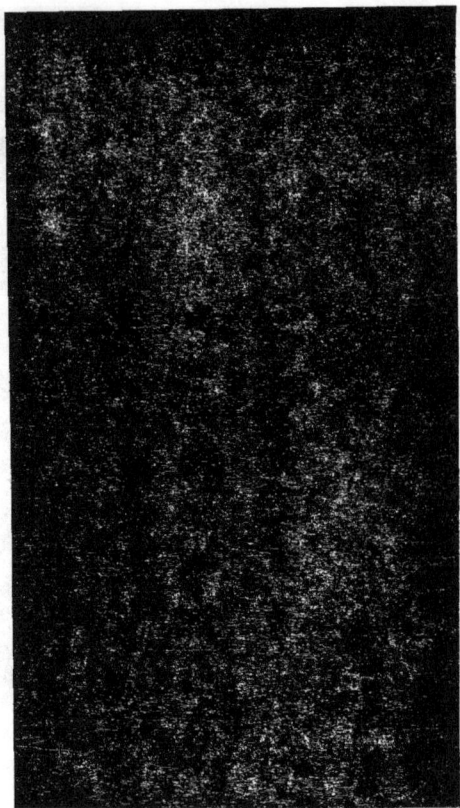

ÉTUDE

SUR LES

EFFETS DE LA SÉPARATION DE BIENS

SOUS LE RÉGIME DOTAL

ÉTUDE

EFFETS DE LA SÉPARATION DE BIENS

SOUS LE RÉGIME DOTAL

ÉTUDE

SUR LES

EFFETS DE LA SÉPARATION DE BIENS

SOUS LE RÉGIME DOTAL

PAR

Joseph MAGNOL

DOCTEUR EN DROIT
AVOCAT A LA COUR D'APPEL

TOULOUSE
V. RIVIÈRE, Libraire-Éditeur
6, RUE DES LOIS, 6
—
1899

ÉTUDE

SUR LES

EFFETS DE LA SÉPARATION DE BIENS

SOUS LE RÉGIME DOTAL

PAR

Joseph MAGNOL

DOCTEUR EN DROIT
AVOCAT A LA COUR D'APPEL

TOULOUSE
V. RIVIÈRE, Libraire-Éditeur
6, RUE DES LOIS, 6
—
1899

PRINCIPAUX OUVRAGES A CONSULTER

Ancien Droit

Basnage. — Sur la coutume de Normandie, 2 vol., t. II (Rouen, 1778).

Catellan. — Arrêts remarquables du Parlement de Toulouse, 2 vol., t. II (Toulouse, 1730).

Cherier sur Guy-Pape. — Remarques sur la jurisprudence de GUY-PAPE, 1 vol., 2e édit. (Grenoble 1769).

D'Espeisses. — OEuvres, nouvelle édition, revue par GUY DU ROUSSEAUD DE LA COMBE, 3 vol., t. 1, titre 15 : *De la Dot* (Lyon, 1750).

Domat. — Lois civiles, 1 vol. (Paris, 1745).

Julien. — Commentaires sur les Statuts de Provence, 2 vol., t. II (Aix, 1778).

— Eléments de jurisprudence selon les lois romaines et celles du royaume, 1 vol. (Aix, 1785).

Lapeyrère. — Décisions sommaires du Palais, 1 vol., v° *Séparation* (Bordeaux, 1725).

Laviguerie. — Arrêts inédits du Parlement de Toulouse, notes publiées par M. FONS, 2 vol., t. II (Toulouse, 1831).

Pothier. — Pandectes de Justinion, trad. par DE BRÉARD DE NEUVILLE, 15 vol., tome IX (Paris, 1818).

Roussilhe. — Traité de la Dot, 2 vol. (Clermont-Ferrand, 1785).

PRINCIPAUX OUVRAGES A CONSULTER

Ancien Droit

Basnage. — Sur la coutume de Normandie, 2 vol., t. II (Rouen, 1778).

Catellan. — Arrêts remarquables du Parlement de Toulouse, 2 vol., t. II (Toulouse, 1730).

Cherier sur Guy-Pape. — Remarques sur la jurisprudence de Guy-Pape, 1 vol., 2ᵉ édit. (Grenoble 1769).

D'Espeisses. — OEuvres, nouvelle édition, revue par Guy ou Rousseaud de la Combe, 3 vol., t. I, titre 15 : *De la Dot* (Lyon, 1750).

Domat. — Lois civiles, 1 vol. (Paris, 1745).

Julien. — Commentaires sur les Statuts de Provence, 2 vol., t. II (Aix, 1778).

— Eléments de jurisprudence selon les lois romaines et celles du royaume, 1 vol. (Aix, 1785).

Lapeyrère. — Décisions sommaires du Palais, 1 vol., vᵒ *Séparation* (Bordeaux, 1725).

Laviguerie. — Arrêts inédits du Parlement de Toulouse, notes publiées par M. Fons, 2 vol., t. II (Toulouse, 1831).

Pothier. — Pandectes de Justinien, trad. par de Bréard de Neuville, 15 vol., tome IX (Paris, 1818).

Roussilhe. — Traité de la Dot, 2 vol. (Clermont-Ferrand, 1785).

Serres. — Explications sur l'ordonnance des donations de février 1731, 1 vol. (Avignon, 1756).

Salviat. — Jurisprudence du Parlement de Bordeaux, 4 vol., vᵒ Dot (Paris, 1787).

Droit moderne

A. — OUVRAGES GÉNÉRAUX

Aubry et Rau. — Cours de droit civil français, t. V, 4ᵉ édit. (Paris, 1872).

Baudry-Lacantinerie. — Précis de droit civil. t. III, 5ᵉ édit. (Paris, 1896).

Baudry-Lacantinerie. Lecourtois et Surville. — Traité théorique et pratique du droit civil. — Du Contrat de mariage, 2 vol. parus, t. II (Paris, 1898).

Bellot des Minières. — Traité du Contrat de mariage, 4 vol. (Poitiers, 1824-1825).

Dalloz. — Répertoire alphabétique, vᵒ Contrat de mariage, t. XIII et XIV (1852-1853).

— Supplément au répertoire, vᵒ Contrat de mariage, t. IV, (1889).

— Supplément au répertoire, vᵒ Séparation de corps, t. XVI, (1895).

Delvincourt. — Cours de droit civil, t. III, 2ᵉ éd. (Paris, 1824).

Demante et Colmet de Santerre. — Cours analytique de droit civil français, t. VI (Paris, 1872).

Demolombe. — Mariage et séparation de corps, t. I et II (Paris, 1846-1847).

Durarton. — Cours de droit français suivant le Code civil, t. XV, 3ᵉ éd. (Paris, 1834).

Fenet. — Recueil complet des travaux préparatoires du Code civil, t. XIII (Paris, 1827).

Guillouard. — Du Contrat de mariage, 4 vol. (Paris, 1885 1888).

Huc. — Commentaire théorique et pratique du Code civil, t. IX (Paris, 1896).

Jouitou. — Du régime dotal, 2 vol. (Paris, 1882-1888).

Laurent. — Principes de droit civil français, t. XXI à XXIII (Bruxelles, 1876)

Marcadé et Pont. — Explication théorique et pratique du Code civil français, t. V et VI (Paris, 1873-1875).

Rodière et Pont. — Traité du Contrat de mariage, 3 vol., 2ᵉ éd. (Paris, 1869).

Sériziat. — Du régime dotal, 1 vol. (Lyon, 1843).

Taulier. — Théorie raisonnée du Code civil, t. V (Paris, 1846).

Tessier. — Traité de la dot, 2 vol. (Paris, 1835).

— Questions sur la dot, 1 vol. (Bordeaux, 1852).

Toullier. — Le droit civil français suivant l'ordre du Code, t. XIV (Paris, 1831).

Troplong. — Du Contrat de mariage, 4 vol., 2ᵉ éd. (Paris, 1851)

Vigié. — Cours élémentaire de droit civil français, t. III (Paris, 1892).

Monographies

Arnault. — Examen du projet de loi voté le 18 juin 1892, par la Chambre des députés, et le 25 janvier 1893, par le Sénat, et tendant à modifier le régime de la séparation de corps, dans le Recueil de l'Académie de législation de Toulouse, t. XLI, 1892-1893, p. 313 et suiv.

Benech. — De l'emploi et du remploi, 1 vol. (Paris, 1847).

Bufnoir. — Loi du 6 février 1893, dans l'Annuaire de Législation française, 1894, p. 50 et suiv.

Serres. — Explications sur l'ordonnance des donations de février 1731, 1 vol. (Avignon, 1756).

Salviat. — Jurisprudence du Parlement de Bordeaux, 4 vol., v° *Dot* (Paris, 1787).

Droit moderne

A. — OUVRAGES GÉNÉRAUX

Aubry et Rau. — Cours de droit civil français, t. V, 4° édit. (Paris, 1872).

Baudry-Lacantinerie. — Précis de droit civil. t. III, 5° édit. (Paris, 1896).

Baudry-Lacantinerie, Lecourtois et Surville. — Traité théorique et pratique du droit civil. — Du Contrat de mariage, 2 vol. parus, t. II (Paris, 1898).

Bellot des Minières. — Traité du Contrat de mariage, 4 vol. (Poitiers, 1824-1825).

Dalloz. — Répertoire alphabétique, v° *Contrat de mariage*, t. XIII et XIV (1852-1853).

— Supplément au répertoire, v° *Contrat de mariage*, t. IV, (1889).

— Supplément au répertoire, v° *Séparation de corps*, t. XVI, (1895).

Delvincourt. — Cours de droit civil, t. III, 2° éd. (Paris, 1824).

Demante et Colmet de Santerre. — Cours analytique de droit civil français, t. VI (Paris, 1872).

Demolombe. — Mariage et séparation de corps, t. I et II (Paris, 1846-1847).

Duranton. — Cours de droit civil français suivant le Code civil, t. XV, 3° éd. (Paris, 1834).

Fenet. — Recueil complet des travaux préparatoires du Code civil, t. XIII (Paris, 1827).

Guillouard. — Du Contrat de mariage, 4 vol. (Paris, 1885-1888).

Huc. — Commentaire théorique et pratique du Code civil, t. IX (Paris, 1896).

Jouitou. — Du régime dotal, 2 vol. (Paris, 1882-1888).

Laurent. — Principes de droit civil français, t. XXI à XXIII (Bruxelles, 1876)

Marcadé et Pont. — Explication théorique et pratique du Code civil français, t. V et VI (Paris, 1873-1875).

Rodière et Pont. — Traité du Contrat de mariage, 3 vol., 2° éd. (Paris, 1869).

Sériziat. — Du régime dotal. 1 vol. (Lyon, 1843).

Taulier. — Théorie raisonnée du Code civil, t. V (Paris, 1846).

Tessier. — Traité de la dot, 2 vol. (Paris, 1835).

— Questions sur la dot, 1 vol. (Bordeaux, 1852).

Toullier. — Le droit civil français suivant l'ordre du Code, t. XIV (Paris, 1831).

Troplong. — Du Contrat de mariage, 4 vol., 2° éd. (Paris, 1851).

Vigié. — Cours élémentaire de droit civil français, t. III (Paris, 1892).

Monographies

Arnault. — Examen du projet de loi voté le 16 juin 1892, par la Chambre des députés, et le 25 janvier 1893, par le Sénat, et tendant à modifier le régime de la séparation de corps, dans le *Recueil de l'Académie de législation de Toulouse*, t. XLI, 1892-1893, p. 313 et suiv.

Benech. — De l'emploi et du remploi, 1 vol. (Paris, 1847).

Bufnoir. — Loi du 6 février 1893, dans l'*Annuaire de Législation française*, 1894, p. 50 et suiv.

Cabouat. — Examen de la loi du 6 février 1893, dans les *Lois Nouvelles*, 1893, 1ʳᵉ partie, p. 261 et suiv.

Chrestien. — Capacité civile de la femme séparée de corps, Thèse (Montpellier, 1897).

Demolombe. — Dissertation sur la constitution en dot des biens à venir, dans la *Revue de Législation*, t. II, 1835, p. 282 et suiv.

Dutruc. — Des séparations de biens judiciaires, 1 vol. (Paris, 1853).

Folleville (de). — Des clauses de remploi et de la société d'acquêts sous le régime dotal, dans la *Revue pratique de Droit français*, t. XXXIX, 1875, p. 184 et suiv.

Gide (Paul). — Etude sur la condition privée de la femme, 1 vol. 2ᵉ éd., revue par ESMEIN (Paris 1885).

Labbé. — Les obligations contractées par une femme mariée sous le régime dotal peuvent-elles être exécutées après le mariage sur les biens dotaux ? dans la *Revue critique de Législation et de Jurisprudence*, t. IX, 1856, p. 1.

— Examen doctrinal de Jurisprudence (capacité de la femme dotale séparée), dans la *Revue critique de Législation*, t. XVI, 1887, p. 446 et suiv.

Loynes (de). — La femme mariée sous le régime dotal, dans la *Revue critique de Législation*, t. XI, 1882, p. 507 et suiv.

Massol. — De la séparation de corps, 1 vol., 2ᵉ éd. (Paris, 1873).

Regnault. — Etude critique de la Jurisprudence relative à la représentation des valeurs dotales par des paraphernaux, 1 vol. (Paris, 1895).

Renault. — Examen doctrinal de Jurisprudence dans la *Revue critique de Législation*, t. XIV, 1885, p. 582 et suiv.

Sarrand. — Commentaire de la loi du 6 février 1893. Thèse (Paris, 1893).

Stouff (Louis). — Effets de la séparation de biens judiciaire sous les divers régimes matrimoniaux, dans la *Revue critique de Législation*, t. XVI, 1887, p. 412 et suiv.

Surville. — Commentaire de la loi du 6 février 1893, dans la *Revue critique de Législation*, t. XXII, 1893, p. 223 et suiv.

Thibault. — De la séparation de biens sous le régime dotal. Thèse (Paris, 1891).

Thiénot. — Commentaire de la loi du 6 février 1893, dans la *Revue critique de Législation*, t. XXII, 1893, p. 372 et suiv.

Vallette. — Femme mariée, incapacité contractuelle, *Mélanges de Droit*, t. I, p. 513 (Paris, 1880).

Vnébat. — De la séparation de biens sous le régime dotal. Thèse (Nancy, 1877).

Wallon. — De la condition de la dot mobilière. Thèse (Toulouse, 1876).

Cabouat. — Examen de la loi du 6 février 1893, dans les *Lois Nouvelles*, 1893, 1re partie, p. 261 et suiv.

Chrestien. — Capacité civile de la femme séparée de corps, Thèse (Montpellier, 1897).

Demolombe. — Dissertation sur la constitution en dot des biens à venir, dans la *Revue de Législation*, t. II, 1835, p. 282 et suiv.

Dutruc. — Des séparations de biens judiciaires, 1 vol. (Paris. 1853).

Folleville (de). — Des clauses de remploi et de la société d'acquêts sous le régime dotal, dans la *Revue pratique de Droit français*, t. XXXIX, 1875, p. 184 et suiv.

Gide (Paul). — Etude sur la condition privée de la femme, 1 vol. 2e éd., revue par Esmein (Paris 1885).

Labbé. — Les obligations contractées par une femme mariée sous le régime dotal peuvent-elles être exécutées après le mariage sur les biens dotaux ? dans la *Revue critique de Législation et de Jurisprudence*, t. IX, 1856, p. 1.

— Examen doctrinal de Jurisprudence (capacité de la femme dotale séparée), dans la *Revue critique de Législation*, t. XVI, 1887, p. 446 et suiv.

Loynes (de). — La femme mariée sous le régime dotal, dans la *Revue critique de Législation*, t. XI, 1882, p. 507 et suiv.

Massol. — De la séparation de corps, 1 vol., 2e éd. (Paris, 1873).

Regnault. — Etude critique de la Jurisprudence relative à la représentation des valeurs dotales par des paraphernaux, 1 vol. (Paris, 1895).

Renault. — Examen doctrinal de Jurisprudence dans la *Revue critique de Législation*, t. XIV, 1885, p. 582 et suiv.

Sarrand. — Commentaire de la loi du 6 février 1893. Thèse (Paris, 1893).

Stouff (Louis). — Effets de la séparation de biens judiciaire sous les divers régimes matrimoniaux, dans la *Revue critique de Législation*, t. XVI, 1887, p. 412 et suiv.

Surville. — Commentaire de la loi du 6 février 1893, dans la *Revue critique de Législation*, t. XXII, 1893, p. 223 et suiv.

Thibault. — De la séparation de biens sous le régime dotal. Thèse (Paris, 1891).

Thiénot. — Commentaire de la loi du 6 février 1893, dans la *Revue critique de Législation*, t. XXII, 1893, p. 372 et suiv.

Vallette. — Femme mariée, incapacité contractuelle, *Mélanges de Droit*, t. I, p. 513 (Paris, 1880).

Vuébat. — De la séparation de biens sous le régime dotal. Thèse (Nancy, 1877).

Wallon. — De la condition de la dot mobilière. Thèse (Toulouse, 1876).

INTRODUCTION

Nous nous proposons d'étudier les effets de la séparation de biens sous le régime dotal. La première
idée qui vient à l'esprit, c'est, que sous ce régime la
séparation ne présente guère d'utilité, car la conservation de la dot y est assurée d'une façon toute particulière : à l'hypothèque légale, dont jouit la femme
sous tous les régimes, viennent s'ajouter l'inaliénabilité
et l'imprescriptibilité des biens dotaux.

Il semble par suite que le péril de la dot ne puisse
jamais se présenter. Il n'en est rien et ce péril peut
résulter soit de la mauvaise administration du mari,
soit d'un abus de jouissance de sa part, soit même de
l'aliénation des biens dotaux.

Prenons d'abord l'administration du mari.

Au lieu de faire fructifier la dot, il la laisse dépérir, ou
bien il la dégrade. Il engage, sans doute, par là sa
responsabilité, et la femme a un recours garanti par
une hypothèque légale; il y a même ceci de particulier

1

INTRODUCTION

Nous nous proposons d'étudier les effets de la séparation de biens sous le régime dotal. La première idée qui vient à l'esprit, c'est, que sous ce régime la séparation ne présente guère d'utilité, car la conservation de la dot y est assurée d'une façon toute particulière : à l'hypothèque légale, dont jouit la femme sous tous les régimes, viennent s'ajouter l'inaliénabilité et l'imprescriptibilité des biens dotaux.

Il semble par suite que le péril de la dot ne puisse jamais se présenter. Il n'en est rien et ce péril peut résulter soit de la mauvaise administration du mari, soit d'un abus de jouissance de sa part, soit même de l'aliénation des biens dotaux.

Prenons d'abord l'administration du mari.

Au lieu de faire fructifier la dot, il la laisse dépérir, ou bien il la dégrade. Il engage, sans doute, par là sa responsabilité, et la femme a un recours garanti par une hypothèque légale ; il y a même ceci de particulier

2

qu'elle ne peut pas compromettre cette hypothèque par des cessions, subrogations ou renonciations; mais de quel secours lui sera-t-elle, si le mari est insolvable et s'il n'a pas d'immeubles suffisants?

Parmi les actes les plus importants que comporte la gestion d'un patrimoine se trouve l'exercice des actions; sous le régime dotal l'exercice des actions relatives aux biens dotaux appartient exclusivement au mari; dès lors, s'il néglige de les intenter, la femme ne se trouvera-t-elle pas exposée à perdre ses droits? Elle sera bien protégée parfois par l'imprescriptibilité, mais ce principe est loin d'être absolu. Les immeubles dotaux ne sont imprescriptibles que si le tiers s'est mis en possession pendant le mariage; la prescription qui a commencé à courir antérieurement n'est pas suspendue. D'un autre côté, la jurisprudence déclare les créances dotales prescriptibles, et il pourra arriver que les débiteurs se trouvent à la veille de bénéficier de la prescription libératoire. A supposer inefficace le recours de la femme contre son mari, elle devra demander la séparation de biens dans ces diverses hypothèses, pour sauvegarder sa dot.

Le mari, d'autre part, a la jouissance des biens dotaux; or, au lieu d'employer leurs revenus à leur destination légale, c'est-à-dire à l'entretien de la famille, il les dissipe sans que ces revenus personnels suffisent aux dépenses du ménage. Voilà encore une cause de séparation de biens.

Enfin le péril de la dot peut résulter de l'aliénation des biens dotaux. On ne voit pas trop comment, en présence de l'inaliénabilité dotale, ce résultat peut se

produire. Pour les immeubles, en effet, la femme sera à peu près sûre de les retrouver. L'action en revendication, si l'aliénation émane du mari seul, l'action en nullité de l'article 1560, si la femme y a concouru, ne peuvent être perdues pour elle ni par l'effet de l'usucapion de l'acquéreur, ni par l'effet d'une prescription extinctive. Le mari a-t-il négligé de les intenter pendant le mariage, elle pourra le faire à sa dissolution. Mais ne sera-t-il pas quelquefois urgent d'exercer ces actions avant cette époque, si par exemple l'on se trouve en présence de détériorations graves, du fait d'un acquéreur insolvable? La femme ne pourra le faire qu'après avoir obtenu la séparation de biens.

Pour la dot mobilière le péril est beaucoup plus facile à concevoir en présence du système de la jurisprudence. D'après ce système la dot mobilière est inaliénable au regard de la femme et aliénable au regard du mari. En ce qui concerne la femme, l'inaliénabilité consiste, du moins avant la séparation de biens, en ce qu'elle ne peut pas compromettre sa créance en restitution. Quant au mari, il peut aliéner tous les meubles dotaux tant corporels qu'incorporels, même ceux dont il n'est pas devenu propriétaire. La Cour de Cassation fait découler ce pouvoir de son large droit d'administration. Elle est partie de cette idée qu'il peut être utile pour la conservation de la dot de se défaire des valeurs industrielles ou autres à la veille d'une crise, de céder des créances douteuses, d'aliéner les meubles corporels sujets à un prompt dépérissement, etc. Par suite, elle a reconnu ce droit au mari,

sous la garantie de l'hypothèque légale. Mais si on le
suppose insolvable, et s'il agit, ce qui arrivera fréquemment dans ce cas, dans un esprit de dissipation, et
non dans un but de sage administration, la femme
pour obtenir que ce désordre cesse, devra recourir
à la séparation de biens.

Il n'en est pas moins vrai que sous le régime dotal,
à raison de ses garanties particulières, les demandes
en séparation de biens seront plus rares que sous les
autres régimes. Mais il est une autre cause que le péril
de la dot, qui entraîne la séparation de biens, c'est la
séparation de corps. La vie commune cesse ; avec elle
doit cesser toute communauté d'intérêts. On verrait
difficilement un mari, ne vivant plus avec sa femme,
qui, ayant cessé toutes relations avec elle, continuerait
à jouir des biens qu'elle lui a apportés en dot et
à les administrer. N'est-il pas plus naturel que
désormais chaque époux prenne la direction de ses
intérêts pécuniaires ? Aussi est-ce de plein droit que
toute séparation de corps emporte séparation de
biens (art. 311). La seconde est l'accessoire obligé de
la première.

Cette séparation de biens accessoire produit en
principe les mêmes effets que la séparation de biens
principale. Toutefois, la différence de leurs causes
entraîne quelques différences dans leurs effets. D'autre
part, une loi du 6 février 1893 a supprimé l'incapacité civile des femmes séparées de corps. Nous aurons
à faire ressortir ces différences dans le cours de nos
explications.

Avant d'entrer dans le détail de notre sujet, tâchons

de trouver un principe général d'interprétation, qui
nous serve de guide pour déterminer les effets de la
séparation de biens sous le régime dotal. C'est ce
que nous allons rechercher dans un chapitre préliminaire.

sous la garantie de l'hypothèque légale. Mais si on le suppose insolvable, et s'il agit, ce qui arrivera fréquemment dans ce cas, dans un esprit de dissipation, et non dans un but de sage administration, la femme pour obtenir que ce désordre cesse, devra recourir à la séparation de biens.

Il n'en est pas moins vrai que sous le régime dotal, à raison de ses garanties particulières, les demandes en séparation de biens seront plus rares que sous les autres régimes. Mais il est une autre cause que le péril de la dot, qui entraîne la séparation de biens, c'est la séparation de corps. La vie commune cesse ; avec elle doit cesser toute communauté d'intérêts. On verrait difficilement un mari, ne vivant plus avec sa femme, qui, ayant cessé toutes relations avec elle, continuerait à jouir des biens qu'elle lui a apportés en dot et à les administrer. N'est-il pas plus naturel que désormais chaque époux prenne la direction de ses intérêts pécuniaires ? Aussi est-ce de plein droit que toute séparation de corps emporte séparation de biens (art. 311). La seconde est l'accessoire obligé de la première.

Cette séparation de biens accessoire produit en principe les mêmes effets que la séparation de biens principale. Toutefois, la différence de leurs causes entraîne quelques différences dans leurs effets. D'autre part, une loi du 6 février 1893 a supprimé l'incapacité civile des femmes séparées de corps. Nous aurons à faire ressortir ces différences dans le cours de nos explications.

Avant d'entrer dans le détail de notre sujet, tâchons

de trouver un principe général d'interprétation, qui nous serve de guide pour déterminer les effets de la séparation de biens sous le régime dotal. C'est ce que nous allons rechercher dans un chapitre préliminaire.

CHAPITRE PRÉLIMINAIRE

Les règles qui déterminent la condition de toute femme mariée peuvent se diviser en deux classes (1) :

Les unes découlent du mariage lui-même, et sont indépendantes du régime adopté par les époux. Elles comprennent les règles relatives à la puissance maritale et à l'incapacité, à l'hypothèque légale (2), à l'obli-

---

(1) Voir Louis Stouff : Effets de la séparation de biens judiciaire sous tous les régimes matrimoniaux, dans la *Revue critique de législation*, 1887, p. 412.

(2) Pour l'incapacité générale de la femme mariée d'abord, elle se rattache principalement, dans le système du Code, à la puissance maritale et par conséquent ne doit pas varier avec les divers régimes matrimoniaux. Que deviendrait, s'il en était autrement, l'article 1388, qui dispose que les futurs époux ne peuvent pas déroger « *aux droits qui découlent de la puissance maritale...* »? C'est, en effet, un principe de notre droit que l'état et la capacité des personnes sont en dehors des conventions des particuliers. Sous certains régimes, la femme a cependant un droit d'administration qu'elle n'a pas sous certains autres. S'il en est ainsi sous ces derniers, ce n'est point par défaut de capacité, la puissance maritale

CHAPITRE PRÉLIMINAIRE

RECHERCHE D'UN PRINCIPE GÉNÉRAL D'INTERPRÉTATION

Les règles qui déterminent la condition de toute
femme mariée peuvent se diviser en deux classes (1) :

Les unes découlent du mariage lui-même, et sont
indépendantes du régime adopté par les époux. Elles
comprennent les règles relatives à la puissance maritale et à l'incapacité, à l'hypothèque légale (2), à l'obli-

---

(1) Voir Louis Stouff : *Effets de la séparation de biens judiciaire
sous tous les régimes matrimoniaux*, dans la *Revue critique de
législation*, 1887, p. 412.

(2) Pour l'incapacité générale de la femme mariée d'abord, elle
se rattache principalement, dans le système du Code, à la puissance
maritale et par conséquent ne doit pas varier avec les divers régimes matrimoniaux. Que deviendrait, s'il en était autrement, l'article 1388, qui dispose que les futurs époux ne peuvent pas déroger
« *aux droits qui découlent de la puissance maritale...* »? C'est, en
effet, un principe de notre droit que l'état et la capacité des personnes sont en dehors des conventions des particuliers. Sous certains régimes, la femme a cependant un droit d'administration
qu'elle n'a pas sous certains autres. S'il en est ainsi sous ces derniers, ce n'est point par défaut de capacité, la puissance maritale

gution alimentaire, etc... La séparation de biens n'a aucun effet sur elles.

Les autres varient, au contraire, avec les conventions matrimoniales, et ce sont ces règles qui, seules, sont modifiées par la séparation de biens. On peut les grouper sous quatre idées principales :

1° *Règles relatives à la condition des biens de la femme* (1). — Sous le régime dotal ses biens sont de deux sortes :

a) La première classe comprend les biens dotaux (ceux que la femme s'est constituée en dot, ou qui lui ont été donnés par un tiers dans le contrat de mariage), ils sont inaliénables et imprescriptibles. Cette inaliénabilité n'est autre chose qu'une indisponibilité réelle (2); les biens qui en sont frappés sont une

ne visant que les actes de disposition, mais faute de choses à administrer. Elle a conféré, dans ces hypothèses, au mari le mandat irrévocable de gérer sa fortune. Ce qui prouve qu'elle n'est point incapable à ce point de vue, c'est que si un tiers lui donne des biens avec jouissance exclusive, elle peut, sous n'importe quel régime, les administrer. Paris, 5 mars 1846. J. P., 1846, t. I, p. 483. — Voir Gide : *Condition privée de la femme*, 2ᵉ éd., p. 429.

En ce qui touche l'hypothèque légale, elle subsiste également après la séparation de biens, lorsque le mari encourt une responsabilité à l'égard de sa femme. Le cas est rare ; mais on peut citer celui de l'article 1450 et celui où il a joui des biens de sa femme malgré son opposition (Arg., art. 1589 et 1570.)

(1) Nous ne parlons pas des biens du mari, car, sauf sous le régime de la communauté, où quelques-uns de ces biens deviennent communs, c'est-à-dire la copropriété de la femme, sous les autres régimes le contrat de mariage n'a aucun effet à leur égard.

(2) Pour certains auteurs l'inaliénabilité dotale a pour cause une

réserve que la loi a permis à la femme de se constituer, et à laquelle elle ne peut pas toucher dans son intérêt, comme dans celui de sa famille. Cette indisponi-

incapacité personnelle de la femme. Si cette analyse était exacte, il faudrait logiquement décider, entre autres conséquences, que l'obligation contractée par la femme, relativement à son bien dotal, est nulle, même en ce qui concerne son bien paraphernal. Or, cette solution est repoussée généralement par les auteurs et la jurisprudence (Cass. req., 7 février 1881. D., 81. 1. 309. — Cass. civ., 24 mars 1885 (motifs), D., 85. 1. 254). L'incapacité dotale ne serait pas générale et analogue à celle du sénatusconsulte Velléien, mais elle serait restreinte aux seuls biens dotaux. Ce raisonnement est inadmissible. « Il est impossible d'admettre, comme le dit M. Wallon, qu'une *incapacité* n'atteigne pas toute la personne et que la mesure de cette *incapacité restreinte* soit donnée par la nature des biens. Si c'est aux biens qu'il faut s'attacher pour déterminer le pouvoir de disposer de leur possesseur ou de leur propriétaire, c'est une question d'indisponibilité qui s'agite. » (Wallon : *De la condition de la dot mobilière*, Thèse, p. 336, in *fine*.) La loi du 10 juillet 1850, complétant l'article 1391, et organisant la publicité du contrat de mariage, n'a pas résolu la question comme on l'a prétendu ; elle dispose que si les époux, dans l'acte du mariage, ont fait une fausse déclaration, « la femme sera réputée, à l'égard des tiers, *capable* dans les termes du droit commun », et il est unanimement reconnu que cette disposition vise la femme dotale. C'est donc qu'elle serait spécialement *incapable*. Mais il ne faut pas attacher trop d'importance à cette expression de *capable*. La loi de 1850 n'a pas eu, en effet, pour but de résoudre notre question ; et, si ce mot figure dans le texte, c'est que les rédacteurs de la loi, MM. Demante et Valette, étaient imbus de l'idée dominante à la Faculté de Paris, qu'il s'agissait d'une question d'incapacité ; quant aux autres législateurs, notre question ne leur a pas été formellement posée et ils n'ont pas eu certainement l'intention de trancher législativement la controverse. Elle reste donc entière. — Voir pour

gution alimentaire, etc... La séparation de biens n'a aucun effet sur elles.

Les autres varient, au contraire, avec les conventions matrimoniales, et ce sont ces règles qui, seules, sont modifiées par la séparation de biens. On peut les grouper sous quatre idées principales :

1° *Règles relatives à la condition des biens de la femme* (1). — Sous le régime dotal ses biens sont de deux sortes :

a) La première classe comprend les biens dotaux (ceux que la femme s'est constituée en dot, ou qui lui ont été donnés par un tiers dans le contrat de mariage), ils sont inaliénables et imprescriptibles. Cette inaliénabilité n'est autre chose qu'une indisponibilité réelle (2) ; les biens qui en sont frappés sont une

ne visant que les actes de disposition, mais faute de choses à administrer. Elle a conféré, dans ces hypothèses, au mari le mandat irrévocable de gérer sa fortune. Ce qui prouve qu'elle n'est point incapable à ce point de vue, c'est que si un tiers lui donne des biens avec jouissance exclusive, elle peut, sous n'importe quel régime, les administrer. Paris, 5 mars 1845. J. P., 1846, t. I, p. 483. — Voir Gide : *Condition privée de la femme,* 2e éd., p. 429.

En ce qui touche l'hypothèque légale, elle subsiste également après la séparation de biens, lorsque le mari encourt une responsabilité à l'égard de sa femme. Le cas est rare ; mais on peut citer celui de l'article 1450 et celui où il a joui des biens de sa femme malgré son opposition (Arg., art. 1539 et 1579.)

(1) Nous ne parlons pas des biens du mari, car, sauf sous le régime de la communauté, où quelques-uns de ces biens deviennent communs, c'est-à-dire la copropriété de la femme, sous les autres régimes le contrat de mariage n'a aucun effet à leur égard.

(2) Pour certains auteurs l'inaliénabilité dotale a pour cause une

réserve que la loi a permis à la femme de se constituer, et à laquelle elle ne peut pas toucher dans son intérêt, comme dans celui de sa famille. Cette indisponi-

incapacité personnelle de la femme. Si cette analyse était exacte, il faudrait logiquement décider, entre autres conséquences, que l'obligation contractée par la femme, relativement à son bien dotal, est nulle, même en ce qui concerne son bien paraphernal. Or, cette solution est repoussée généralement par les auteurs et la jurisprudence (Cass. req., 7 février 1881. D., 81. 1. 309. — Cass. civ., 24 mars 1885 (motifs), D., 85. 1. 254). L'incapacité dotale ne serait pas générale et analogue à celle du sénatusconsulte Velléien, mais elle serait restreinte aux seuls biens dotaux. Ce raisonnement est inadmissible. « Il est impossible d'admettre, comme le dit M. Wallon, qu'une *incapacité* n'atteigne pas toute la personne et que la mesure de cette *incapacité restreinte* soit donnée par la nature des biens. Si c'est aux biens qu'il faut s'attacher pour déterminer le pouvoir de disposer de leur possesseur ou de leur propriétaire, c'est une question d'indisponibilité qui s'agite. » (Wallon : *De la condition de la dot mobilière,* Thèse, p. 336, *in fine.*) La loi du 10 juillet 1850, complétant l'article 1391, et organisant la publicité du contrat de mariage, n'a pas résolu la question comme on l'a prétendu ; elle dispose que si les époux, dans l'acte du mariage, ont fait une fausse déclaration, « la femme sera réputée, à l'égard des tiers, *capable* dans les termes du droit commun », et il est unanimement reconnu que cette disposition vise la femme dotale. C'est donc qu'elle serait spécialement *incapable.* Mais il ne faut pas attacher trop d'importance à cette expression de *capable.* La loi de 1850 n'a pas eu, en effet, pour but de résoudre notre question ; et, si ce mot figure dans le texte, c'est que les rédacteurs de la loi, MM. Demante et Valette, étaient imbus de l'idée dominante à la Faculté de Paris, qu'il s'agissait d'une question d'incapacité ; quant aux autres législateurs, notre question ne leur a pas été formellement posée et ils n'ont pas eu certainement l'intention de trancher législativement la controverse. Elle reste donc entière. — Voir pour

bilité frappe d'ailleurs les meubles aussi bien que les immeubles dotaux (1).

b) La seconde classe comprend les biens parapher-

L'indisponibilité réelle : Demolombe : *Revue de législation*, t. II, 1835, p. 282. — Aubry et Rau, t. V, § 538, note 31, p. 614. — Mongin : *Revue critique de législation*, 1880, p. 92. — Wallon : *De la condition de la dot mobilière*, thèse, pp. 332 et suiv. — Pour l'incapacité : Labbé : *Revue critique*, 1856, p. 1. — Valette : *Mélanges*, t. I, p. 514. — Gide : *Condition privée de la femme*, 2e éd., pp. 449 et suiv. — Lyon-Caen, note dans Sirey, 1876, 2. 65. — De Loynes : *Revue critique*, 1889, p. 541. — Renault : *Revue critique*, 1885, p. 582. — Huc, t. IX, n° 446.

(1) Nous avons vu que la jurisprudence reconnaissait au mari le droit d'aliéner les meubles dotaux, et qu'elle déclarait la dot mobilière inaliénable au regard de la femme. Nous pensons, au contraire, que ni le mari, ni la femme ne peuvent en disposer. En ce qui concerne le mari, il faut écarter les meubles dont il est devenu propriétaire (choses fongibles, destinées à être vendues, estimées dans le contrat de mariage, art. 1551); il peut les aliéner. En outre, les aliénations qu'il a consenties tiennent si l'acquéreur peut se prévaloir de l'article 2279. La question ne se pose donc à son égard que pour les aliénations de meubles incorporels, ou même de meubles corporels, non suivies de livraison; elles ne seront pas valables comme étant faites *a non domino*; il n'a qu'un mandat général d'administrer, et par conséquent ses pouvoirs ne vont pas jusqu'aux actes de disposition (Arg. art., 1988). Mais la femme, même autorisée, ne pourra pas non plus disposer des meubles dotaux, car ils sont indisponibles entre ses mains. Ce système est conforme à la tradition, que les rédacteurs du Code ont voulu suivre, et conforme surtout à l'esprit conservateur du régime dotal. Ayant joué longtemps le rôle de régime de droit commun, ce régime a des règles propres qui se suffisent; il est un tout qui a lui-même ses règles et ses exceptions. Or, l'idée qui le domine est celle de la conservation de la dot, qui se traduit par l'inaliénabilité. L'inalié-

naux (tous les autres biens de la femme). A leur égard elle est dans la situation d'une femme séparée de biens contractuellement.

nabilité, telle est la règle; l'aliénabilité, telle est l'exception. Pour consacrer l'aliénabilité des meubles, il faudrait un texte qui n'existe pas. L'argument tiré de ce que l'article 1554 ne parle que des immeubles ne porte donc pas. Il y a même certains textes qui repoussent cette aliénabilité; nous pouvons citer l'article 1543. « Pourquoi ce texte défend-il d'augmenter la dot pendant le mariage, même aux tiers faisant des donations, ce que l'article 1395, sous les autres régimes, n'interdit qu'aux époux, c'est évidemment que dans la pensée de la loi, la dot sous le régime dotal, et par dot il faut entendre la dot mobilière aussi bien que la dot immobilière, est soumise à une condition exceptionnelle ; or, cette condition ne peut être que l'inaliénabilité. » (Ripert, note dans Sirey, 1881. 2. 217.) La femme ne pourra pas, entre autres conséquences, renoncer à la créance en restitution de la dot contre son mari, ni à son hypothèque légale. Ce dernier résultat paraît avoir été admis par la loi du 23 mars 1855 (Arg. *a contrario* de l'art. 9). — *Sic* Delvincourt, t. III, p. 110. — Bellot des Minières : *Traité du contrat de mariage*, t. IV, p. 237. — Tessier : *De la dot*, t. I, p. 288. — Taulier, t. V, p. 278. — Rodière et Pont : *Contrat de mariage*, t. III, nos 1772 et suiv. — Wallon : *De la condition de la dot mobilière*, p. 321 et suiv. — *Contra*, Toullier, t. XIV, n° 176. — Duranton, t. XV, nos 542 et suiv. — Troplong : *Contrat de mariage*, t. IV, nos 3995 et suiv. — Sériziat : *Du régime dotal*, n° 128. — Marcadé, sur l'article 1554, n° 2. — Aubry et Rau, t. V, § 537 *bis*, notes 5 et 6. — Laurent, t. XXIII, n° 541. — Colmet de Santerre, t. VI, n° 223 *bis*-I. — Guillouard : *Contrat de mariage*, t. IV, nos 2058 et suiv. — Jouitou : *Régime dotal*, n° 371. — Huc, t. IX, n° 450.

Pour la jurisprudence voir : Cass., Ch. réunies, 17 nov. 1840, S., 46. 1. 824. — Cass. civ., 6 déc. 1859, S., 60. 1. 644. — Derniers arrêts : Cass. req., 3 déc. 1883, D., 84. 1. 334. — Besançon, 30 juin 1891, D., 93. 2. 342.

bilité frappe d'ailleurs les meubles aussi bien que les immeubles dotaux (1).

b) La seconde classe comprend les biens parapher-

L'indisponibilité réelle : Demolombe : *Revue de législation*, t. II, 1835, p. 282. — Aubry et Rau, t. V, § 538, note 31, p. 614. — Mongin : *Revue critique de législation*, 1880, p. 92. — Wallon : *De la condition de la dot mobilière*, thèse, pp. 332 et suiv. — Pour l'incapacité : Labbé : *Revue critique*, 1856, p. 1. — Valette : *Mélanges*, t. I, p. 544. — Gide : *Condition privée de la femme*, 2e éd., pp. 449 et suiv. — Lyon-Caen, note dans Sirey, 1876, 2. 65. — De Loynes : *Revue critique*, 1882, p. 541. — Renault : *Revue critique*, 1885, p. 562. — Huc, t. IX, nº 446.

(1) Nous avons vu que la jurisprudence reconnaissait au mari le droit d'aliéner les meubles dotaux, et qu'elle déclarait la dot mobilière inaliénable au regard de la femme. Nous pensons, au contraire, que ni le mari, ni la femme ne peuvent en disposer. En ce qui concerne le mari, il faut écarter les meubles dont il est devenu propriétaire (choses fongibles, destinées à être vendues, estimées dans le contrat de mariage, art. 1551) ; il peut les aliéner. En outre, les aliénations qu'il a consenties tiennent si l'acquéreur peut se prévaloir de l'article 2279. La question ne se pose donc à son égard que pour les aliénations de meubles incorporels, ou même de meubles corporels, non suivies de livraison ; elles ne seront pas valables comme étant faites a *non domino* ; il n'a qu'un mandat général d'administrer, et par conséquent ses pouvoirs ne vont pas jusqu'aux actes de disposition (Arg. art., 1988). Mais la femme, même autorisée, ne pourra pas non plus disposer des meubles dotaux, car ils sont indisponibles entre ses mains. Ce système est conforme à la tradition, que les rédacteurs du Code ont voulu suivre, et conforme surtout à l'esprit conservateur du régime dotal. Ayant joué longtemps le rôle de régime de droit commun, ce régime a des règles propres qui se suffisent ; il est un tout qui a lui-même ses règles et ses exceptions. Or, l'idée qui le domine est celle de la conservation de la dot, qui se traduit par l'inaliénabilité. L'inalié-

naux (tous les autres biens de la femme). A leur égard elle est dans la situation d'une femme séparée de biens contractuellement.

nabilité, telle est la règle ; l'aliénabilité, telle est l'exception. Pour consacrer l'aliénabilité des meubles, il faudrait un texte qui n'existe pas. L'argument tiré de ce que l'article 1554 ne parle que des immeubles ne porte donc pas. Il y a même certains textes qui repoussent cette aliénabilité ; nous pouvons citer l'article 1543. « Pourquoi ce texte défend-il d'augmenter la dot pendant le mariage, même aux tiers faisant des donations, et que l'article 1395, sous les autres régimes, n'interdit qu'aux époux, c'est évidemment que dans la pensée de la loi, la dot sous le régime dotal, et par dot il faut entendre la dot mobilière aussi bien que la dot immobilière, est soumise à une condition exceptionnelle ; or, cette condition ne peut être que l'inaliénabilité. » (Ripert, note dans Sirey, 1881. 2. 217.) La femme ne pourra pas, entre autres conséquences, renoncer à la créance en restitution de la dot contre son mari, ni à son hypothèque légale. Ce dernier résultat paraît avoir été admis par la loi du 23 mars 1855 (Arg. a *contrario* de l'art. 9). — Sic Delvincourt, t. III, p. 110. — Bellot des Minières : *Traité du contrat de mariage*, t. IV, p. 237. — Tessier : *De la dot*, t. I, p. 288. — Taulier, t. V, p. 278. — Rodière et Pont : *Contrat de mariage*, t. III, nos 1772 et suiv. — Wallon : *De la condition de la dot mobilière*, p. 321 et suiv. — Contrà, Toullier, t. XIV, nº 176. — Duranton, t. XV, nos 542 et suiv. — Troplong : *Contrat de mariage*, t. IV, nos 3925 et suiv. — Sérixiat : *Du régime dotal*, nº 128. — Marcadé, sur l'article 1554, nº 2. — Aubry et Rau, t. V, § 537 *bis*, notes 5 et 6. — Laurent, t. XXIII, nº 544. — Colmet de Santerre, t. VI, nº 223 *bis*-I. — Guillouard : *Contrat de mariage*, t. IV, nos 3058 et suiv. — Jouitou : *Régime dotal*, nº 371. — Huc, t. IX, nº 450.

Pour la jurisprudence voir : Cass., Ch. réunies, 17 nov. 1840, S., 46. 1. 824. — Cass. civ., 6 déc. 1859, S., 60. 1. 544. — Derniers arrêts : Cass. req., 3 déc. 1883, D., 84. 1. 334. — Besançon, 30 juin 1891, D., 92. 2. 342.

2º *Règles relatives à la jouissance et à l'administration de ces biens.* — Le mari a la jouissance et l'administration des biens dotaux, avec des pouvoirs très étendus (art. 1549). La femme jouit de ses paraphernaux et les administre, sauf à contribuer aux charges du ménage si les revenus dotaux sont insuffisants (art. 1575 et 1576).

3º *Droit des créanciers de la femme.* — Ces droits dépendent des règles précédentes. Par suite, sous notre régime, ces créanciers ont en principe action sur les paraphernaux, mais non sur les biens dotaux.

4º *Liquidation des intérêts pécuniaires des époux à la dissolution du mariage.* — Cette liquidation est simple sous le régime dotal; elle consiste dans la restitution de la dot. Mais il y a des règles spéciales soit pour le délai de la restitution (art. 1565), soit pour la preuve que la femme a à fournir (art. 1569), soit pour la cessation de la jouissance du mari (art. 1571).

C'est sur ces divers groupes de règles que portent les effets de la séparation de biens. Le premier de ces effets étant d'obliger le mari à restituer la dot, la question qui se pose tout d'abord est celle de savoir si les dispositions des articles 1564 et suivants s'appliquent à cette restitution. Ces articles ne visent formellement que la restitution normale à la dissolution du mariage. Nous les étendrons tout de même à notre hypothèse, à l'exception toutefois des dispositions contraires au but et à l'essence de la séparation de biens. Le respect pour la volonté, que les époux ont manifestée en adoptant le régime dotal, nous paraît imposer ce principe; ils

ont eu en vue ces dispositions pour régler la restitution de la dot, et s'ils n'ont envisagé que la dissolution du mariage, c'est qu'ils ne pouvaient pas penser, à cette époque, à la séparation de biens; mais au fond, et sous la réserve que nous avons faite, la cause de la restitution est indifférente. Pourquoi en effet, ne pas appliquer, par exemple l'article 1571 qui détermine comment cesse la jouissance du mari, ou celle de l'article 1569 qui règle le mode de preuve, suivant lequel la femme pourra établir la réception de la dot par le mari ? Sous le régime de la communauté, qu'il y ait dissolution du mariage ou séparation de biens, la femme jouit dans les deux hypothèses de la faculté de renoncer à la communauté ou de l'accepter, et dans ce cas, elle peut invoquer le bénéfice d'émolument. Pourquoi ne pas appliquer le même principe *mutatis mutandis*, lorsque les époux sont mariés sous le régime dotal ?

En second lieu, on doit se demander si après que la restitution de la dot a été effectuée, la condition des biens de la femme, la jouissance et l'administration de ces biens et par conséquent les droits des créanciers, sont soumis aux mêmes règles qu'auparavant. En d'autres termes, la femme est-elle simplement, mais entièrement substituée au mari, rien n'étant changé pour le surplus, ou bien le régime dotal disparaît-il complètement pour faire place à celui de la séparation de biens ?

La réponse paraît aisée en présence de l'article 1563. Ce texte renvoie, en effet, purement et simplement aux articles 1443 et suivants, qui déterminent les causes, la procédure et les effets de la séparation de

2° *Règles relatives à la jouissance et à l'administration de ces biens.* — Le mari a la jouissance et l'administration des biens dotaux, avec des pouvoirs très étendus (art. 1549). La femme jouit de ses paraphernaux et les administre, sauf à contribuer aux charges du ménage si les revenus dotaux sont insuffisants (art. 1575 et 1576).

3° *Droit des créanciers de la femme.* — Ces droits dépendent des règles précédentes. Par suite, sous notre régime, ces créanciers ont en principe action sur les paraphernaux, mais non sur les biens dotaux.

4° *Liquidation des intérêts pécuniaires des époux à la dissolution du mariage.* — Cette liquidation est simple sous le régime dotal ; elle consiste dans la restitution de la dot. Mais il y a des règles spéciales soit pour le délai de la restitution (art. 1565), soit pour la preuve que la femme a à fournir (art. 1569), soit pour la cessation de la jouissance du mari (art. 1571).

C'est sur ces divers groupes de règles que portent les effets de la séparation de biens. Le premier de ces effets étant d'obliger le mari à restituer la dot, la question qui se pose tout d'abord est celle de savoir si les dispositions des articles 1564 et suivants s'appliquent à cette restitution. Ces articles ne visent formellement que la restitution normale à la dissolution du mariage. Nous les étendrons tout de même à notre hypothèse, à l'exception toutefois des dispositions contraires au but et à l'essence de la séparation de biens. Le respect pour la volonté, que les époux ont manifestée en adoptant le régime dotal, nous paraît imposer ce principe ; ils

ont eu en vue ces dispositions pour régler la restitution de la dot, et s'ils n'ont envisagé que la dissolution du mariage, c'est qu'ils ne pouvaient pas penser, à cette époque, à la séparation de biens ; mais au fond, et sous la réserve que nous avons faite, la cause de la restitution est indifférente. Pourquoi en effet, ne pas appliquer, par exemple l'article 1571 qui détermine comment cesse la jouissance du mari, ou celle de l'article 1569 qui règle le mode de preuve, suivant lequel la femme pourra établir la réception de la dot par le mari ? Sous le régime de la communauté, qu'il y ait dissolution du mariage ou séparation de biens, la femme jouit dans les deux hypothèses de la faculté de renoncer à la communauté ou de l'accepter, et dans ce cas, elle peut invoquer le bénéfice d'émolument. Pourquoi ne pas appliquer le même principe *mutatis mutandis*, lorsque les époux sont mariés sous le régime dotal ?

En second lieu, on doit se demander si après que la restitution de la dot a été effectuée, la condition des biens de la femme, la jouissance et l'administration de ces biens et par conséquent les droits des créanciers, sont soumis aux mêmes règles qu'auparavant. En d'autres termes, la femme est-elle simplement, mais entièrement substituée au mari, rien n'étant changé pour le surplus, ou bien le régime dotal disparaît-il complètement pour faire place à celui de la séparation de biens ?

La réponse paraît aisée en présence de l'article 1563. Ce texte renvoie, en effet, purement et simplement aux articles 1443 et suivants, qui déterminent les causes, la procédure et les effets de la séparation de biens sous le régime de la communauté. Il semble dès lors, à prendre ce renvoi à la lettre, que le régime dotal doit disparaître complètement. Ce fut, en effet, l'opinion des premiers commentateurs du Code civil. C'est ainsi que Delvincourt (1) et Toullier (2) ont admis que la dot devient aliénable après la séparation de biens, car l'article 1449, auquel renvoie l'article 1563, permet à la femme d'aliéner seule son mobilier et ses immeubles avec l'autorisation de son mari ou de justice.

Cette dernière conséquence est aujourd'hui rejetée par l'unanimité de la doctrine et de la jurisprudence (3), et cela avec raison. La séparation de biens, étant elle-même une mesure de protection, ne peut pas se retourner contre la femme et avoir pour effet de détruire les garanties particulières qu'elle avait stipulées dans son contrat de mariage.

A l'inverse, d'après d'autres auteurs, ces mots de l'article 1563 : « *Ainsi qu'il est dit aux articles 1443 et suivants* », voudraient simplement dire que sous le régime dotal comme sous celui de la communauté, la séparation de biens peut avoir lieu pour les mêmes causes, que l'on doit suivre la même marche pour l'obtenir et l'exécuter. Ce renvoi ne viserait pas ses

(1) Delvincourt, t. III, 2e partie, notes et explications, p. 114, note 10.

(2) Toullier, t. XIV, p. 280. — *Sic*, Nimes, 23 avril 1842, S., 43. 2. 209.

(3) Cass. req., 19 avril 1819 : Devilleneuve et Carette, 1819, p. 118. Cet arrêt a inauguré et fixé cette jurisprudence.

effets ; car, la stabilité des conventions matrimoniales exige que les changements, qui en résultent, soient aussi légers que possible. « La seule modification, que la séparation de corps ou de biens apporte au régime dotal, disent Rodière et Pont (1), c'est que la dot, au lieu d'être administrée et jouie par le mari, est administrée et jouie par la femme. La femme, en d'autres termes, n'acquiert d'autres droits sur la dot, que ceux qu'avait le mari lui-même avant la séparation ».

Durauton (2), Marcadé (3), Colmet de Santerre (4), expriment à peu près le même sentiment.

Ce raisonnement ne nous satisfait pas davantage. Rigoureusement il conduirait à substituer entièrement la femme au mari dans l'administration et la jouissance de sa dot, à lui donner les mêmes droits, à régler en un mot sa capacité non d'après l'article 1449, mais d'après l'article 1549. On devrait, par conséquent, décider que la femme dotale séparée est notamment pleinement capable pour intenter les actions relatives à ses biens dotaux ; qu'elle pourrait aliéner seule les immeubles dotaux, que le contrat de mariage permettait au mari d'aliéner à charge de remploi, etc..... Or, on ne saurait admettre de telles conséquences ; ce serait porter atteinte à la puissance maritale, attachée au mariage lui-même, et qui subsiste entière après la séparation de biens.

(1) Rodière et Pont, t. III, n° 2498, p. 663.

(2) Durauton, t. XV, n° 547.

(3) Marcadé et Pont, t. VI, article 1854-V.

(4) Colmet de Santerre, t. VI, p. 538.

biens sous le régime de la communauté. Il semble dès lors, à prendre ce renvoi à la lettre, que le régime dotal doit disparaître complètement. Ce fut, en effet, l'opinion des premiers commentateurs du Code civil. C'est ainsi que Delvincourt (1) et Toullier (2) ont admis que la dot devient aliénable après la séparation de biens, car l'article 1449, auquel renvoie l'article 1563, permet à la femme d'aliéner seule son mobilier et ses immeubles avec l'autorisation de son mari ou de justice.

Cette dernière conséquence est aujourd'hui rejetée par l'unanimité de la doctrine et de la jurisprudence (3), et cela avec raison. La séparation de biens, étant elle-même une mesure de protection, ne peut pas se retourner contre la femme et avoir pour effet de détruire les garanties particulières qu'elle avait stipulées dans son contrat de mariage.

À l'inverse, d'après d'autres auteurs, ces mots de l'article 1563 : « *Ainsi qu'il est dit aux articles 1443 et suivants* », voudraient simplement dire que sous le régime dotal comme sous celui de la communauté, la séparation de biens peut avoir lieu pour les mêmes causes, que l'on doit suivre la même marche pour l'obtenir et l'exécuter. Ce renvoi ne viserait pas ses

(1) Delvincourt, t. III, 2e partie, notes et explications, p. 114, note 10.
(2) Toullier, t. XIV, p. 280. — *Sic*, Nîmes, 23 avril 1812, S., 13. 2. 209.
(3) Cass. req., 10 avril 1819 : Devilleneuve et Carette, 1819, p. 118. Cet arrêt a inauguré et fixé cette jurisprudence.

effets; car, la stabilité des conventions matrimoniales exige que les changements, qui en résultent, soient aussi légers que possible. « La seule modification, que la séparation de corps ou de biens apporte au régime dotal, disent Rodière et Pont (1), c'est que la dot, au lieu d'être administrée et jouie par le mari, est administrée et jouie par la femme. La femme, en d'autres termes, n'acquiert d'autres droits sur la dot, que ceux qu'avait le mari lui-même avant la séparation ».

Duranton (2), Marcadé (3), Colmet de Santerre (4), expriment à peu près le même sentiment.

Ce raisonnement ne nous satisfait pas davantage. Rigoureusement il conduirait à substituer entièrement la femme au mari dans l'administration et la jouissance de sa dot, à lui donner les mêmes droits, à régler en un mot sa capacité non d'après l'article 1449, mais d'après l'article 1549. On devrait, par conséquent, décider que la femme dotale séparée est notamment pleinement capable pour intenter les actions relatives à ses biens dotaux; qu'elle pourrait aliéner seule les immeubles dotaux, que le contrat de mariage permettait au mari d'aliéner à charge de remploi, etc..... Or, on ne saurait admettre de telles conséquences; ce serait porter atteinte à la puissance maritale, attachée au mariage lui-même, et qui subsiste entière après la séparation de biens.

(1) Rodière et Pont, t. III, n° 2196, p. 663.
(2) Duranton, t. XV, n° 547.
(3) Marcadé et Pont, t. VI, article 1554-V.
(4) Colmet de Santerre, t. VI, p. 538.

Quant à la jurisprudence, ses décisions ne découlent pas d'un même principe général. Ainsi, elle décide que la femme n'est pas de plein droit soumise à la nécessité de faire emploi de ses capitaux dotaux, et voici la raison qu'elle en donne : « Attendu qu'au rang des actes d'administration, l'article 1549 place la faculté de recevoir les capitaux de la dot sans aucune restriction...., que la femme, étant par la séparation de biens substituée au mari pour l'administration de la dot, *reprend nécessairement cette administration aux mêmes conditions* (1) ».

Toujours en vertu du même principe, elle accorde aux créanciers de la femme après la séparation de biens le droit de saisir sur les revenus dotaux l'excédent de ceux qui sont nécessaires à l'entretien du ménage, parce qu'elle admet que les créanciers du mari peuvent saisir ce même excédent avant la séparation. Et cependant, bien qu'elle fasse découler pour le mari le droit de disposer de la dot mobilière de l'article 1549, qu'elle vient d'invoquer, elle n'accorde pas ce droit à la femme après la séparation de biens. Il n'est donc pas vrai de dire qu'elle reprend l'administration du mari aux mêmes conditions.

Pour nous, il faut poser en principe que les règles de la séparation de biens ordinaire sous le régime de la communauté doivent s'appliquer, mais on doit aussi respecter et maintenir les garanties particulières au régime dotal et celles que le contrat du mariage aurait pu y ajouter. La femme dotale séparée sera donc en

(1) Cass. civ., 21 mai 1867, S., 68. 1. 452.

principe dans la même situation qu'une femme commune séparée ; son droit de jouissance sera notamment réglé par l'article 1448, sa capacité par l'article 1449 et non par l'article 1549 ; mais elle devra respecter l'inaliénabilité de sa dot et les clauses d'emploi ou de remploi insérées au contrat de mariage.

Logiquement on devrait décider, en vertu de ce principe, que l'imprescriptibilité subsiste également ; mais pour des raisons pratiques, le législateur en a décidé autrement. Il a pensé que d'une part on n'avait pas à craindre en fait les aliénations indirectes et volontaires de la dot par l'accomplissement de la prescription, et, d'autre part, que la femme étant désormais en mesure d'empêcher cette prescription de s'accomplir, puisque, par l'effet de la séparation de biens, elle avait recouvré l'exercice des actions dotales, il n'y avait plus lieu de maintenir cette faveur exorbitante.

Il n'en est pas moins vrai que pour atteindre ce résultat, le législateur a dû s'en expliquer formellement; n'est-ce pas la meilleure preuve que pour les autres garanties notre principe est exact? C'est ainsi que l'article 1554, qui pose la règle de l'inaliénabilité, ne distingue aucunement suivant que le régime a été ou non modifié par la séparation de biens. Et il ne faut nullement s'en étonner. Nous sommes, en effet, en présence d'une indisponibilité réelle, qui a sa source dans la destination même des biens ; celle-ci consiste dans la constitution d'un fonds de réserve, que la femme ou sa famille doit trouver intact à la dissolution du mariage ; or, cette destination subsistant tant que dure

3

le mariage, n'est-il pas naturel que l'effet ait la même durée que sa cause.

Bien plus cette analyse nous permet d'échapper à un reproche grave que l'on pourrait nous adresser. Puisque, pourrait-on dire, vous êtes d'accord avec Delvincourt et Toullier pour appliquer l'article 1449 à la femme dotale séparée, comme eux vous devez l'appliquer en entier et décider que la dot est devenue aliénable. Ce reproche pourrait être fondé si l'inaliénabilité consistait dans une incapacité, car l'article 1449 s'occupe d'une question de capacité; mais puisque pour nous l'article 1554 édicte une indisponibilité réelle, rien ne s'oppose à ce qu'il s'applique concurremment avec l'article 1449.

Notre principe a donc l'avantage d'utiliser le renvoi de l'article 1563, mais aussi de n'appliquer ce texte que dans son esprit, car il n'est pas admissible que la séparation de biens, qui est elle-même une mesure de protection, serve à détruire les garanties spéciales du régime adopté par les époux.

Nous pouvons ainsi résumer en ces termes, avec MM. Aubry et Rau (1), les effets de la séparation de biens sous le régime dotal : « A la différence de la dissolution du mariage, qui fait cesser pour l'avenir les effets de la dotalité, et qui rend à la femme la libre disposition de ses biens dotaux, la séparation, tout en déplaçant l'administration et la jouissance de ses biens, en laisse subsister l'inaliénabilité, ainsi que la destination à laquelle ils sont affectés. »

(1) Aubry et Rau, t. V, § 539, p. 617.

Voici le plan que nous suivrons dans cette étude. Après avoir déterminé l'époque à laquelle remontent ces effets de la séparation de biens, nous examinerons les effets à propos de chacun des quatre groupes de règles que nous avons indiqués. Mais nous en intervertirons l'ordre. Normalement, en effet, la liquidation des intérêts pécuniaires des époux, c'est-à-dire sous le régime dotal la restitution de la dot, n'a lieu qu'à la dissolution du mariage ; voilà pourquoi nous avons mentionné les règles qui s'y rapportent en dernier lieu. C'est au contraire le premier effet de la séparation de biens, que d'obliger le mari à restituer la dot ; nous commencerons par conséquent par étudier cette restitution. Après avoir examiné les modifications apportées aux trois autres groupes de règles, nous terminerons en nous demandant quels sont les effets du rétablissement du régime dotal.

Ces divers points feront l'objet des six chapitres suivants :

CHAPITRE I. — A quelle époque remontent les effets de la séparation de biens?

CHAPITRE II. — De la restitution de la dot après la séparation de biens.

CHAPITRE III. — Effets de la séparation de biens sur la condition des biens de la femme.

CHAPITRE IV. — Effets sur la jouissance et l'administration.

CHAPITRE V. — Effets sur les droits des créanciers.

CHAPITRE VI. — Rétablissement du régime dotal.

le mariage, n'est-il pas naturel que l'effet ait la même durée que sa cause.

Bien plus cette analyse nous permet d'échapper à un reproche grave que l'on pourrait nous adresser. Puisque, pourrait-on dire, vous êtes d'accord avec Delvincourt et Toullier pour appliquer l'article 1449 à la femme dotale séparée, comme eux vous devez l'appliquer en entier et décider que la dot est devenue aliénable. Ce reproche pourrait être fondé si l'inaliénabilité consistait dans une incapacité, car l'article 1449 s'occupe d'une question de capacité; mais puisque pour nous l'article 1554 édicte une indisponibilité réelle, rien ne s'oppose à ce qu'il s'applique concurremment avec l'article 1449.

Notre principe a donc l'avantage d'utiliser le renvoi de l'article 1563, mais aussi de n'appliquer ce texte que dans son esprit, car il n'est pas admissible que la séparation de biens, qui est elle-même une mesure de protection, serve à détruire les garanties spéciales du régime adopté par les époux.

Nous pouvons ainsi résumer en ces termes, avec MM. Aubry et Rau [1], les effets de la séparation de biens sous le régime dotal : « A la différence de la dissolution du mariage, qui fait cesser pour l'avenir les effets de la dotalité, et qui rend à la femme la libre disposition de ses biens dotaux, la séparation, tout en déplaçant l'administration et la jouissance de ses biens, en laisse subsister l'inaliénabilité, ainsi que la destination à laquelle ils sont affectés. »

[1] Aubry et Rau, t. V, § 539, p. 617.

Voici le plan que nous suivrons dans cette étude. Après avoir déterminé l'époque à laquelle remontent les effets de la séparation de biens, nous examinerons ces effets à propos de chacun des quatre groupes de règles que nous avons indiqués. Mais nous en intervertirons l'ordre. Normalement, en effet, la liquidation des intérêts pécuniaires des époux, c'est-à-dire sous le régime dotal la restitution de la dot, n'a lieu qu'à la dissolution du mariage ; voilà pourquoi nous avons mentionné les règles qui s'y rapportent en dernier lieu. C'est au contraire le premier effet de la séparation de biens, que d'obliger le mari à restituer la dot ; nous commencerons par conséquent par étudier cette restitution. Après avoir examiné les modifications apportées aux trois autres groupes de règles, nous terminerons en nous demandant quels sont les effets du rétablissement du régime dotal.

Ces divers points feront l'objet des six chapitres suivants :

CHAPITRE PREMIER

En règle générale, les jugements sont *déclaratifs de
droits préexistants*, ils les reconnaissent et ne les créent
pas. Par suite le demandeur doit être traité comme s'il
eût obtenu gain de cause le jour même où l'action a
été introduite ; il ne peut pas souffrir de la résistance
injuste de son adversaire ; voilà pourquoi les effets
du jugement qu'il a obtenu doivent nécessairement
remonter au jour de la demande.

Mais tous les jugements ne sont pas ainsi *déclaratifs*
de droits préexistants : quelques-uns sont *constitutifs*,
créateurs d'une situation juridique nouvelle entre les
parties. De tels jugements ne doivent pas rétroagir,
car on ne comprendrait pas qu'ils pussent créer avant
que d'être eux-mêmes.

Le jugement qui prononce la séparation de biens
rentre dans cette dernière catégorie : il crée entre les
époux un état de chose nouveau. Normalement il ne

CHAPITRE PREMIER

En règle générale, les jugements sont *déclaratifs de droits préexistants*, ils les reconnaissent et ne les créent pas. Par suite le demandeur doit être traité comme s'il eût obtenu gain de cause le jour même où l'action a été introduite ; il ne peut pas souffrir de la résistance injuste de son adversaire ; voilà pourquoi les effets du jugement qu'il a obtenu doivent nécessairement remonter au jour de la demande.

Mais tous les jugements ne sont pas ainsi *déclaratifs* de droits préexistants : quelques-uns sont *constitutifs*, créateurs d'une situation juridique nouvelle entre les parties. De tels jugements ne doivent pas rétroagir, car on ne comprendrait pas qu'ils pussent créer avant que d'être eux-mêmes.

Le jugement qui prononce la séparation de biens rentre dans cette dernière catégorie : il crée entre les époux un état de chose nouveau. Normalement il ne devrait produire d'effets que du jour où il a été prononcé et non rétroagir au jour de la demande. Cependant l'application des principes généraux eût ici présenté de nombreux inconvénients : le péril de la dot, telle est la cause de la séparation de biens, ne fallait-il pas la protéger contre les conséquences des actes accomplis pendant l'instance par le mari ? et sans une dérogation à la rigueur des principes, ce moyen de protection, résultant de la séparation de biens, moyen surtout préventif, n'aurait-il pas été le plus souvent illusoire ? C'est ce qu'a pensé le législateur, et, dans l'article 1445, il n'a pas hésité à créer une fiction par laquelle un jugement constitutif de droits nouveaux rétroagirait au jour de la demande. Cet article est ainsi conçu dans son 2e alinéa : « *Le jugement qui prononce la séparation de biens remonte quant à ses effets au jour de la demande.*

A quelle époque exacte remonte cette rétroactivité, quelle en est la portée, s'applique-t-elle également à la séparation de biens accessoire résultant de tout jugement de séparation de corps ? Telles sont les trois questions auxquelles nous avons à répondre.

§ 1er. — *A quelle époque exacte remonte cette rétroactivité ?*

L'article 1445 répond : au jour de la demande. Il faut entendre par ses expressions : le jour où l'assignation a été lancée contre le mari ; ce n'est pas celui où la femme a présenté sa requête au président du tribunal pour obtenir l'autorisation d'assigner le mari confor-

mément à l'article 865 du Code de procédure civile. Cette requête ne constitue pas en effet une véritable demande. C'est une formalité nécessaire sans doute, mais elle n'est que préparatoire ; on ne doit la considérer que comme un simple projet, qui sera peut-être abandonné à la suite des observations du président du tribunal (1). La même solution devrait être admise pour l'ordonnance du président qui autorise la femme à assigner son mari, et le jugement ne rétroagirait pas à sa date (2).

Si le jugement de séparation de biens ne peut pas remonter à une date antérieure au jour de la demande tel que nous venons de le déterminer, dans certains cas, au contraire, son effet rétroactif ne se trouve-t-il pas reporté à une date postérieure ? Par exemple, si la femme a interrompu ses poursuites, le jugement remonte-t-il au jour de la demande ou seulement à celui de la reprise de l'instance ?

Les auteurs, qui prévoient la question, se prononcent pour cette dernière solution lorsque l'interruption c'est produite sans nécessité (3). Ils ajoutent que l'article 1445 ne vise que le cas de poursuites régulières et

---

(1) Rodière et Pont, t. III, n° 2168. — Marcadé, t. V, art. 1448, 1449-1. — Bordeaux, 28 nov. 1880, S., 81. 2. 76. Cet arrêt statue sur le cas d'une séparation de biens accessoire; qui rétroagit également, nous le verrons, au jour de la demande dans l'opinion de la jurisprudence. Il n'y a aucun motif pour ne pas adopter la même solution pour la séparation principale.

(2) Trib. de Troyes, 10 août 1881, S., 81. 2. 220. Même observation que pour l'arrêt de Bordeaux précité.

(3) Rodière et Pont, t. III, n° 2167. — Guillouard, t. III, n° 1163.

devrait produire d'effets que du jour où il a été prononcé et non rétroagir au jour de la demande. Cependant l'application des principes généraux eût ici présenté de nombreux inconvénients : le péril de la dot, telle est la cause de la séparation de biens, ne fallait-il pas la protéger contre les conséquences des actes accomplis pendant l'instance par le mari ? et sans une dérogation à la rigueur des principes, ce moyen de protection, résultant de la séparation de biens, moyen surtout préventif, n'aurait-il pas été le plus souvent illusoire ? C'est ce qu'a pensé le législateur, et, dans l'article 1445, il n'a pas hésité à créer une fiction par laquelle un jugement constitutif de droits nouveaux rétroagirait au jour de la demande. Cet article est ainsi conçu dans son 2e alinéa : « *Le jugement qui prononce la séparation de biens remonte quant à ses effets au jour de la demande.*

A quelle époque exacte remonte cette rétroactivité, quelle en est la portée, s'applique-t-elle également à la séparation de biens accessoire résultant de tout jugement de séparation de corps ? Telles sont les trois questions auxquelles nous avons à répondre.

§ 1er. — A quelle époque exacte remonte cette rétroactivité ?

L'article 1445 répond : au jour de la demande. Il faut entendre par ses expressions : le jour où l'assignation a été lancée contre le mari ; ce n'est pas celui où la femme a présenté sa requête au président du tribunal pour obtenir l'autorisation d'assigner le mari confor-

mément à l'article 865 du Code de procédure civile. Cette requête ne constitue pas en effet une véritable demande. C'est une formalité nécessaire sans doute, mais elle n'est que préparatoire ; on ne doit la considérer que comme un simple projet, qui sera peut-être abandonné à la suite des observations du président du tribunal (1). La même solution devrait être admise pour l'ordonnance du président qui autorise la femme à assigner son mari, et le jugement ne rétroagirait pas à sa date (2).

Si le jugement de séparation de biens ne peut pas remonter à une date antérieure au jour de la demande tel que nous venons de le déterminer, dans certains cas, au contraire, son effet rétroactif ne se trouve-t-il pas reporté à une date postérieure ? Par exemple, si la femme a interrompu ses poursuites, le jugement remonte-t-il au jour de la demande ou seulement à celui de la reprise de l'instance ?

Les auteurs, qui prévoient la question, se prononcent pour cette dernière solution lorsque l'interruption s'est produite sans nécessité (3). Ils ajoutent que l'article 1445 ne vise que le cas de poursuites régulières et

(1) Rodière et Pont, t. III, nº 2168. — Marcadé, t. V, art. 1448, 1449-1. — Bordeaux, 28 nov. 1880, S., 81. 2. 76. Cet arrêt statue sur le cas d'une séparation de biens accessoire; qui rétroagit également, nous le verrons, au jour de la demande dans l'opinion de la jurisprudence. Il n'y a aucun motif pour ne pas adopter la même solution au cas de séparation principale.

(2) Trib. de Troyes, 10 août 1884, S., 81. 2. 220. Même observation que pour l'arrêt de Bordeaux précité.

(3) Rodière et Pont, t. III, nº 2167. — Guillouard, t. III, nº 1163.

non celui où elles ont été interrompues et reprises au
gré de la femme. Cette solution ne nous paraît pas
exacte, en ce sens tout au moins qu'une inaction plus
ou moins prolongée de la femme ne suffit pas à faire
échec au principe de l'article 1445. Le Code de procédure civile parle bien d'interruptions et de reprises
d'instances, mais ces expressions ne visent nullement le
cas d'inaction du demandeur; elles prévoient soit le
décès de l'une des parties, soit la cessation des fonctions de l'avoué, etc. Le seul effet de l'inaction du
demandeur est d'entraîner, au bout de trois ans, la
péremption de l'instance que le défendeur pourra invoquer (art. 397 et 399, C. procéd. civ.). Dans ce cas
l'instance est éteinte et avec elle tous les effets de la
demande. Si donc la femme ne fait pendant trois ans
aucun acte de procédure, le mari pourra demander la
péremption de l'instance. Dans ces conditions, si elle
recommence son action, le jugement qui interviendra
ne remontera, quant à ses effets, qu'à ce que l'on peut
appeler improprement la reprise de l'instance. Le
même résultat se produirait en cas de désistement de
la femme accepté par le mari (art. 403, C. procéd. civ.).
Mais qu'on le remarque, ce n'est pas alors déroger à
l'article 1445, car on se trouve en présence d'une nouvelle demande et d'une nouvelle action.

On cite en général deux arrêts qui, au premier
abord, paraissent être contradictoires sur la question
que nous examinons. D'après un arrêt de la Chambre
des requêtes du 4 février 1846 (1), si l'instance a été

(1) Cass. req., 4 février 1846, S., 46. 1. 553.

interrompue, les intérêts de la dot ne sont dus par le
mari que du jour de la reprise de l'instance. On lui
oppose un arrêt de la Cour d'Agen du 29 avril 1868 (1).
Cet arrêt décidait que les intérêts étaient dus du jour
de la demande, malgré l'interruption des poursuites
de la part de la femme pendant plusieurs années. Ces
deux décisions peuvent se concilier en les rattachant
à la théorie que nous avons proposée. Dans l'espèce,
en effet, sur laquelle a statué la Cour de cassation,
l'interruption des poursuites s'était produite après une
transaction intervenue entre la femme et le mari.
Cette transaction a très bien pu être considérée
comme un désistement d'instance. Au contraire, dans
l'hypothèse de l'arrêt de la Cour d'Agen l'inaction de
de la femme ayant duré plus de trois ans (2), le mari
aurait pu invoquer la péremption de l'instance, ce qui
eut sans doute amené une autre solution; mais, en
fait il ne l'avait pas demandée; il avait couvert dès
lors cette péremption.

Ce qui a été décidé pour le cours des intérêts doit
s'appliquer également à tous les autres effets de la
rétroactivité du jugement de séparation de biens. Nous

(1) Agen, 29 avril 1868, S., 68. 2. 199.
(2) Dans cette espèce le Tribunal civil de Gourdon avait constaté, sans que cela ait été contredit par l'arrêt, que la femme, après
avoir formé sa demande le 19 avril 1855, avait attendu six années
avant de la porter à l'audience du Tribunal qui l'avait rejetée le
28 août 1861. Sur l'appel elle était encore restée cinq années dans
l'inaction et elle n'avait fait entendre ses conclusions à l'audience
que le 27 déc. 1866, jour où la séparation fut prononcée.

non celui où elles ont été interrompues et reprises au gré de la femme. Cette solution ne nous paraît pas exacte, en ce sens tout au moins qu'une inaction plus ou moins prolongée de la femme ne suffit pas à faire échec au principe de l'article 1445. Le Code de procédure civile parle bien d'interruptions et de reprises d'instances, mais ces expressions ne visent nullement le cas d'inaction du demandeur; elles prévoient soit le décès de l'une des parties, soit la cessation des fonctions de l'avoué, etc. Le seul effet de l'inaction du demandeur est d'entraîner, au bout de trois ans, la péremption de l'instance que le défendeur pourra invoquer (art. 397 et 399, C. procéd. civ.). Dans ce cas l'instance est éteinte et avec elle tous les effets de la demande. Si donc la femme ne fait pendant trois ans aucun acte de procédure, le mari pourra demander la péremption de l'instance. Dans ces conditions, si elle recommence son action, le jugement qui interviendra ne remontera, quant à ses effets, qu'à ce que l'on peut appeler improprement la reprise de l'instance. Le même résultat se produirait en cas de désistement de la femme accepté par le mari (art. 403, C. procéd. civ.). Mais qu'on le remarque, ce n'est pas alors déroger à l'article 1445, car on se trouve en présence d'une nouvelle demande et d'une nouvelle action.

On cite en général deux arrêts qui, au premier abord, paraissent être contradictoires sur la question que nous examinons. D'après un arrêt de la Chambre des requêtes du 4 février 1846 (1), si l'instance a été

(1) Cass. req., 4 février 1846, S., 46. 1. 553.

interrompue, les intérêts de la dot ne sont dus par le mari que du jour de la reprise de l'instance. On lui oppose un arrêt de la Cour d'Agen du 29 avril 1808 (1). Cet arrêt décidait que les intérêts étaient dus du jour de la demande, malgré l'interruption des poursuites de la part de la femme pendant plusieurs années. Ces deux décisions peuvent se concilier en les rattachant à la théorie que nous avons proposée. Dans l'espèce, en effet, sur laquelle a statué la Cour de cassation, l'interruption des poursuites s'était produite après une transaction intervenue entre la femme et le mari. Cette transaction a très bien pu être considérée comme un désistement d'instance. Au contraire, dans l'hypothèse de l'arrêt de la Cour d'Agen l'inaction de de la femme ayant duré plus de trois ans (2), le mari aurait pu invoquer la péremption de l'instance, ce qui eut sans doute amené une autre solution; mais, en fait il ne l'avait pas demandée; il avait couvert dès lors cette péremption.

Ce qui a été décidé pour le cours des intérêts doit s'appliquer également à tous les autres effets de la rétroactivité du jugement de séparation de biens. Nous

(1) Agen, 29 avril 1808, S., 08. 2. 129.

(2) Dans cette espèce le Tribunal civil de Gourdon avait constaté, sans que cela ait été contredit par l'arrêt, que la femme, après avoir formé sa demande le 19 avril 1855, avait attendu six années avant de la porter à l'audience du Tribunal qui l'avait rejetée le 28 août 1861. Sur l'appel elle était encore restée cinq années dans l'inaction et elle n'avait fait entendre ses conclusions à l'audience que le 27 déc. 1866, jour où la séparation fut prononcée.

avons maintenant, avec le deuxième paragraphe, à en déterminer la portée.

§ 2. — Quel est la portée de cette rétroactivité?

Un premier point qui, actuellement, est unanimement admis, c'est que les effets de cette rétroactivité sont opposables au tiers (1), tout comme elle s'applique dans les rapports des époux entre eux. Non seulement, en effet, l'article 1445 ne fait aucune distinction, mais son esprit et son but exigent qu'il en soit ainsi. En édictant cette disposition, le législateur a voulu éviter que le mari pût, par des actes accomplis pendant l'instance, aggraver le péril de la dot; pour cela il fallait bien que la femme pût opposer la rétroactivité du jugement aux tiers qui avaient traité avec lui. Au surplus, la publicité de la demande ordonnée par les articles 866 à 868 du Code de procédure civile, ne peut avoir d'autre but que d'avertir ces tiers.

Néanmoins, quelque étendu que soient ces effets, ils ne sont pas absolus, et nous devons les examiner d'abord dans les rapports des époux entre eux, et en

(1) Troplong, t. II, n° 1389. — Marcadé, t. V, art. 1448, 1449-I. — Rodière et Pont, t. III, n° 2178. — Aubry et Rau, t. V, § 510, pp. 400 et 401. — Laurent, t. XXII, n° 336. — Guillouard, t. III, n° 1102. — Cass. civ., 22 avril 1845, S., 46. 1. 554. — Bordeaux, 14 juillet 1870, S., 71. 2. 13. — Contra, Bellot des Minières : Contrat de mariage, t. II, p. 129. — Riom, 31 janv. 1826, S., 27. 2. 99. — Rouen, 9 août 1839, S., 40. 2. 153.

second lieu dans les rapports des époux et des tiers qui ont traité avec eux.

Entre les époux, la rétroactivité du jugement de séparation de biens produit cette conséquence générale que, pour la liquidation de leurs intérêts pécuniaires, on doit se placer au jour de la demande.

Sous le régime dotal, ce sera donc à partir de cette date que la restitution de la dot sera due par le mari. En conséquence, la cessation de la jouissance du mari est censée remonter à cette époque, et il devra à la femme les revenus de ses biens dotaux, et les intérêts des sommes dotales.

Sur ce dernier point, la question a fait quelque difficulté. Un arrêt de la Cour de cassation, du 28 mars 1848 (1), a décidé que les intérêts des sommes dotales n'étaient dus qu'à partir du jugement de séparation de biens. Mais actuellement la jurisprudence, soit de la Cour de Cassation, soit des Cours d'appel, admet la solution contraire (2). C'est aussi l'avis de la grande majorité des auteurs (3). Il est de principe, trouve-t-on dans l'arrêt de la Cour de Cassation du 28 mars 1848, que les intérêts moratoires ne sont dus qu'à raison du retard et seulement du jour de la demande (art. 1153).

(1) Cass. req., 28 mars 1848, S., 48. 1. 354.
(2) Cass. civ., 18 juin 1877, S., 77. 1. 406. — Bordeaux, 28 mai 1873, S., 73. 2. 291. — Toulouse, 30 déc. 1891. D., 92. 2. 05.
(3) Dutrue : Des sép. de biens judiciaires, n° 273. — Rodière et Pont, t. III, n° 2160 et 2173. — Aubry et Rau, t. V, § 540, note 35; p. 632. — Laurent, t. XXII, n° 341. — Guillouard, t. IV, n° 2155. — Contra Troplong, t. IV, n° 3672.

avons maintenant, avec le deuxième paragraphe, à en déterminer la portée.

§ 2. — Quelle est la portée de cette rétroactivité?

Un premier point qui, actuellement, est unanimement admis, c'est que les effets de cette rétroactivité sont opposables au tiers (1), tout comme elle s'applique dans les rapports des époux entre eux. Non seulement, en effet, l'article 1445 ne fait aucune distinction, mais son esprit et son but exigent qu'il en soit ainsi. En édictant cette disposition, le législateur a voulu éviter que le mari pût, par des actes accomplis pendant l'instance, aggraver le péril de la dot; pour cela il fallait bien que la femme pût opposer la rétroactivité du jugement aux tiers qui avaient traité avec lui. Au surplus, la publicité de la demande ordonnée par les articles 866 à 868 du Code de procédure civile, ne peut avoir d'autre but que d'avertir ces tiers.

Néanmoins, quelque étendu que soient ces effets, ils ne sont pas absolus, et nous devons les examiner d'abord dans les rapports des époux entre eux, et en

(1) Troplong, t. II, n° 4389. — Marcadé, t. V, art. 1448, 1449-1. — Rodière et Pont, t. III, n° 2178. — Aubry et Rau, t. V, § 540, pp. 400 et 401. — Laurent, t. XXII, n° 336. — Guillouard, t. III, n° 1102. — Cass. civ., 22 avril 1845, S., 46. 1. 554. — Bordeaux, 14 juillet 1870, S., 74. 2. 13. — Contra, Bellot des Minières : Contrat de mariage, t. II, p. 129. — Riom, 31 janv. 1820, S., 27. 2. 99. — Rouen, 9 août 1839, S., 40. 2. 153.

second lieu dans les rapports des époux et des tiers qui ont traité avec eux.

Entre les époux, la rétroactivité du jugement de séparation de biens produit cette conséquence générale que, pour la liquidation de leurs intérêts pécuniaires, on doit se placer au jour de la demande.

Sous le régime dotal, ce sera donc à partir de cette date que la restitution de la dot sera due par le mari. En conséquence, la cessation de la jouissance du mari est censée remonter à cette époque, et il devra à la femme les revenus de ses biens dotaux, et les intérêts des sommes dotales.

Sur ce dernier point, la question a fait quelque difficulté. Un arrêt de la Cour de cassation, du 28 mars 1848 (1), a décidé que les intérêts des sommes dotales n'étaient dus qu'à partir du jugement de séparation de biens. Mais actuellement la jurisprudence, soit de la Cour de Cassation, soit des Cours d'appel, admet la solution contraire (2). C'est aussi l'avis de la grande majorité des auteurs (3). Il est de principe, trouve-t-on dans l'arrêt de la Cour de Cassation du 28 mars 1848, que les intérêts moratoires ne sont dus qu'à raison du retard et seulement du jour de la demande (art. 1153).

(1) Cass. req., 28 mars 1848, S., 48. 1. 354.
(2) Cass. civ., 18 juin 1877, S., 77. 1. 406. — Bordeaux, 28 mai 1873, S., 73. 2. 291. — Toulouse, 30 déc. 1891. D., 92. 2. 95.
(3) Dutruc : Des sép. de biens judiciaires, n° 273. — Rodière et Pont, t. III, n° 2169 et 2173. — Aubry et Rau, t. V, § 540, note 35, p. 632. — Laurent, t. XXII n° 341. — Guillouard, t. IV, n° 2155. — Contra Troplong, t. IV, n° 3672.

C'est l'objection la plus sérieuse contre notre solution. D'après cet arrêt, alors qu'il est de principe qu'on ne peut faire courir les intérêts d'une somme d'argent sans un texte formel, nous n'en aurions aucun qui nous autorisât à exiger les intérêts des sommes dotales du jour de la demande en séparation de biens. Tout d'abord, il faut remarquer que si elle est exacte, cette objection se retourne également contre la solution de l'arrêt. On ne trouve pas davantage un texte faisant courir ces intérêts de plein droit du jour du jugement de séparation de biens, et l'on devrait exiger, par conséquent, une demande spéciale. Mais l'argument ne porte pas, parce qu'en réalité nous pouvons invoquer un texte à l'appui de notre solution. C'est l'article 1570-1° combiné avec l'article 1445. Nous avons admis, en effet, que les règles relatives à la restitution de la dot, édictées sous le régime dotal pour le cas normal de dissolution du mariage, doivent être étendues en cas de séparation de biens; on ne doit excepter que celles qui seraient contraires au but de cette séparation. La disposition de l'article 1570-1° n'ayant évidemment rien de contraire à ce but, son application s'impose; et comme l'article 1445 fait remonter les effets de la restitution de la dot au jour de la demande en séparation, c'est aussi à partir de ce jour que doit s'appliquer l'article 1570.

On objecte, en outre, que le mari ne pouvant effectivement restituer la dot qu'après le jugement de séparation de biens, on ne peut pas dire qu'il soit du jour de la demande en retard injuste. Mais cette objec-

tion s'appliquerait également, soit sous le régime de communauté, soit pour les autres conséquences de l'article 1445, et elle n'a pas pour cela arrêté le législateur. D'ailleurs, si le mari n'est pas en retard, il est du moins en faute; la femme, au contraire, n'a rien à se reprocher.

On ajoute enfin qu'il serait injuste de faire cesser le droit d'usufruit du mari du jour de la demande, alors qu'il reste chargé, pendant l'instance, des dépenses du ménage. Il n'en est rien, car c'est aussi une conséquence du principe établi en l'article 1445, que d'obliger la femme à contribuer rétroactivement à ces dépenses. Aussi est-ce avec raison, et ceci réduit l'objection à néant, que, d'après la jurisprudence, le mari ne doit les intérêts et fruits de la dot, que déduction faite de la contribution de la femme aux charges du ménage.

La rétroactivité, dont nous nous occupons, devrait, semble-t-il, valider les paiements à valoir sur la dot, faits par le mari pendant l'instance (1). La jurisprudence (2) et les auteurs (3) décident en général le contraire, par cette raison que ce serait permettre au mari d'acquiescer à la demande; or l'article 1443, 2° alinéa, interdit toute séparation volontaire, et par là

(1) En ce sens Bourges, 17 avril 1867, S., 67. 2. 233.
(2) Bourges, 25 janvier 1871, D., 71. 2. 172 et sur pourvoi. Cass. civ., 2 juillet 1873, D., 73. 1. 464. — Besançon, 10 déc. 1882, D., Sup. v° contrat de mariage, t. XIII, p. 121.
(3) Aubry et Rau, t. V, § 516, p. 402. — Laurent, t. XXII, n° 544. — Guillouard, t. III, n° 1172.

(3) Aubry et Rau, t. V, § 516, p. 402. — Laurent, t. XXII, n° 344. — Guillouard, t. III, n° 1172.

tout acquiescement et toute exécution de la séparation avant le jugement qui la prononce. Un tel paiement de la dot ne saurait donc être libératoire pour le mari, et la femme pourrait lui en réclamer une seconde fois le montant, déduction faite, néanmoins, de ce dont elle aurait réellement profité.

Arrivons maintenant aux effets de l'article 1445, dans les rapports des époux et des tiers qui ont traité avec eux. Ces tiers peuvent être des ayants cause, soit du mari, soit de la femme.

En ce qui concerne les ayants cause du mari, les droits qu'ils tiennent de lui pendant l'instance sont en principe rétroactivement résolus ; ces droits ne sont pas opposables à la femme. Ainsi elle peut faire annuler les saisies pratiquées, après la demande en séparation de biens, par des créanciers du mari sur les fruits ou revenus de la dot (1). Tous les actes de disposition, passés par le mari après cette époque, tombent également ; notamment, l'aliénation d'un immeuble dotal, lorsque le contrat de mariage permettait au mari d'aliéner les immeubles dotaux ou, ce qui est plus pratique, la cession de la portion des revenus excédant les besoins du ménage (2) ; elle ne

(1) Cass. civ., 22 avril 1845, S., 45. 1. 354. — Bordeaux, 11 juillet 1843, S., 43. 2. 541. — Bordeaux, 14 juillet 1870, S., 71. 2. 13. — Contra, Rouen, 9 août 1839, S., 40. 2. 153.

(2) Cass. req., 14 déc. 1858, D., 54. 5. 087 (tables). Cet arrêt statue sur le cas de cession des revenus des propres de la femme sous le régime de communauté ; mais il n'y a aucun motif de ne pas l'étendre au régime dotal pour la portion excédant les besoins du ménage.

vaut que pour ceux échus au moment de la demande.

Mais il en serait autrement, en ce qui concerne les actes d'administration. Nous avons vu que le mari ne se libérait pas en restituant la dot pendant l'instance ; il est donc forcé de la détenir jusqu'au jugement de séparation, et, par conséquent, il doit pouvoir l'administrer. Sans doute, l'article 1445 ne fait aucune distinction entre les actes d'administration et les actes de disposition ; mais cette distinction est tout au moins dans son esprit, car elle résulte d'une nécessité pratique. C'est ainsi que l'on admet généralement que, malgré la rétroactivité des conditions (art. 1179), on doit respecter les actes d'administration passés par le propriétaire sous condition résolutoire, tant que la condition était en suspens. C'est ainsi encore que l'article 1673, 2e alinéa, faisant une application de cette idée, dispose que le vendeur qui exerce le pacte de rachat doit exécuter les baux faits sans fraude par l'acquéreur. Cette solution doit être généralisée et appliquée à notre matière par identité de motifs. Nous déciderons, dès lors, avec la majorité des auteurs (1), que la femme doit respecter les actes d'administration passés par son mari pendant l'instance en séparation. Elle ne pourrait faire tomber que ceux qui auraient été le résultat d'un concert frauduleux entre le mari et le tiers ; mais le seul préjudice que l'acte aurait

(1) Troplong, t. II, n° 1382. — Aubry et Rau, t. V, § 516, note 50, p. 402. — Rodière et Pont, t. III, n° 2177. — Colmet de Santerre, t. VI, n° 94, bis-II. — Guillouard, t. III, n° 1468. - Laurent, t. XXII, n° 345. — Contra, Toullier, t. XIII, n° 62.

(1) Troplong, t. II, no 1382. — Aubry et Rau, t. V, § 516, note 50, p. 402. — Rodière et Pont, t. III, no 2177. — Colmet de Santerre, t. VI, no 94, bis-II. — Guillouard, t. III, no 1168. — Laurent, t. XXII, no 345. — Contra, Toullier, t. XIII, no 62.

causé à la femme, le tiers étant de bonne foi, ne suffirait pas (1); décider autrement serait exposer le mari à ne trouver personne qui voulut traiter avec lui pour l'administration de la dot. La femme pourrait d'ailleurs prévenir les conséquences de la fraude de son mari en prenant les mesures conservatoires nécessaires pour garantir ses intérêts (2) (Arg., art. 869, Code pr. civ.).

L'article 1549 donne au mari dotal des pouvoirs très étendus sur la dot, et la jurisprudence a interprété cet article d'une façon extensive ; ainsi, elle accorde au mari le pouvoir d'aliéner seul la dot mobilière, et elle fait découler ce pouvoir de son large droit d'administration. Tous les actes faits par le mari pendant l'instance, et qui rentrent dans cette catégorie étendue d'actes, devront-ils être maintenus? Nous ne le pensons pas. Pour nous d'abord, le mari qui n'est pas propriétaire des meubles dotaux ne peut pas les aliéner ; en conséquence, les aliénations qu'il en aurait faites pendant l'instance doivent tomber, sous réserve de l'application de l'article 2279. Mais en outre, lorsqu'on parle d'actes d'administration qui sont maintenus malgré la rétroactivité du jugement de séparation de biens, on veut parler des actes véritablement nécessaires ; on entend le mot administration dans un sens restreint, dans le sens par exemple où il est pris dans l'article 1988. Ainsi, même dans le système de la jurisprudence, nous annulerions les cessions de créances

(1) *Contra*, Laurent, t. XXII, n° 348.
(2) Aubry et Rau, t. V, § 516, note 52, p. 402.

dotales faites par le mari pendant l'instance; ainsi encore la femme pourrait attaquer l'acte par lequel le mari aurait compensé une créance dotale avec une de ses propres dettes, etc. La séparation de biens est surtout un moyen préventif de sauvegarder la dot; la rétroactivité du jugement qui la prononce en est le complément nécessaire, et pour atteindre ce but, elle doit nécessairement s'appliquer à ces sortes d'actes.

Nous devons examiner maintenant la situation des ayants cause de la femme. Elle a consenti un bail par exemple sur un de ses immeubles dotaux pendant l'instance, doit-elle être considérée après le jugement de séparation de biens comme rétroactivement capable? Nous ne le pensons pas (1); la rétroactivité de ce jugement a été établie contre les actes du mari et non pour augmenter la capacité de la femme. Au surplus, jusqu'au jour du jugement, le mari est obligé de conserver la dot, et par suite il en a conservé aussi l'administration. Or, la capacité de la femme séparée de biens principalement se borne aux actes d'administration (art. 1449) (2). Il ne pouvait donc pas venir à l'esprit du législateur de faire rétroagir ainsi la capacité de la femme. C'eût été sans objet.

(1) *Sic*, Laurent, t. XXII, n° 346. - - Guillouard, t. III, n° 1167.
(2) Autrefois il en était ainsi même pour les femmes séparées de corps. Depuis la loi du 6 février 1893, le jugement de séparation de corps leur rend le plein exercice de leur capacité civile. Mais pour elles la question de savoir si elles sont à considérer comme rétroactivement capables ne se posera pas, car, même dans l'opinion qui fait rétroagir la séparation de biens accessoire, on n'admet cette rétroactivité qu'entre époux.

causé à la femme, le tiers étant de bonne foi, ne suffirait pas (1) ; décider autrement serait exposer le mari à ne trouver personne qui voulut traiter avec lui pour l'administration de la dot. La femme pourrait d'ailleurs prévenir les conséquences de la fraude de son mari en prenant les mesures conservatoires nécessaires pour garantir ses intérêts (2) (Arg., art. 869, Code pr. civ.).

L'article 1549 donne au mari dotal des pouvoirs très étendus sur la dot, et la jurisprudence a interprété cet article d'une façon extensive ; ainsi, elle accorde au mari le pouvoir d'aliéner seul la dot mobilière, et elle fait découler ce pouvoir de son large droit d'administration. Tous les actes faits par le mari pendant l'instance, et qui rentrent dans cette catégorie étendue d'actes, devront-ils être maintenus ? Nous ne le pensons pas. Pour nous d'abord, le mari qui n'est pas propriétaire des meubles dotaux ne peut pas les aliéner ; en conséquence, les aliénations qu'il en aurait faites pendant l'instance doivent tomber, sous réserve de l'application de l'article 2279. Mais en outre, lorsqu'on parle d'actes d'administration qui sont maintenus malgré la rétroactivité du jugement de séparation de biens, on veut parler des actes véritablement nécessaires ; on entend les actes d'administration dans un sens restreint, dans le sens par exemple où il est pris dans l'article 1988. Ainsi, même dans le système de la jurisprudence, nous annulerions les cessions de créances

(1) *Contra*, Laurent, t. XXII, n° 348.
(2) Aubry et Rau, t. V, § 516, note 52, p. 402.

dotales faites par le mari pendant l'instance ; ainsi encore la femme pourrait attaquer l'acte par lequel le mari aurait compensé une créance dotale avec une de ses propres dettes, etc. La séparation de biens est surtout un moyen préventif de sauvegarder la dot ; la rétroactivité du jugement qui la prononce en est le complément nécessaire, et pour atteindre ce but, elle doit nécessairement s'appliquer à ces sortes d'actes.

Nous devons examiner maintenant la situation des ayants cause de la femme. Elle a consenti un bail par exemple sur un de ses immeubles dotaux pendant l'instance, doit-elle être considérée après le jugement de séparation de biens comme rétroactivement capable ? Nous ne le pensons pas (1) ; la rétroactivité de ce jugement a été établie contre les actes du mari et non pour augmenter la capacité de la femme. Au surplus, jusqu'au jour du jugement, le mari est obligé de conserver la dot, et par suite il en a conservé aussi l'administration. Or, la capacité de la femme séparée de biens principalement se borne aux actes d'administration (art. 1449) (2). Il ne pouvait donc pas venir à l'esprit du législateur de faire rétroagir ainsi la capacité de la femme. C'eût été sans objet.

(1) *Sic*, Laurent, t. XXII, n° 346. -- Guillouard, t. III, n° 1107.
(2) Autrefois il en était ainsi même pour les femmes séparées de corps. Depuis la loi du 6 février 1893, le jugement de séparation de corps leur rend le plein exercice de leur capacité civile. Mais pour elles la question de savoir si elles sont à considérer comme rétroactivement capables ne se pose pas, car, même dans l'opinion qui fait rétroagir la séparation de biens accessoire, on n'admet cette rétroactivité qu'entre époux.

En ce qui touche l'étendue de la rétroactivité de l'article 1445 à l'égard des tiers, une question toute spéciale au régime dotal se pose. C'est celle de savoir à partir de quel moment les immeubles dotaux deviennent prescriptibles. Par exemple, un tiers se met pendant le mariage (1) en possession d'un immeuble dotal. L'article 1561, 2e alinéa, dispose qu'il devient prescriptible après la séparation de biens ; doit-on combiner cet article avec l'article 1445, et dire que le tiers a commencé à prescrire du jour de la demande, ou bien la rétroactivité du jugement de séparation de biens n'est-elle pas applicable à notre hypothèse ? Les auteurs ne prévoient pas, au moins formellement, la question, et la jurisprudence n'a pas eu, à notre connaissance, à se prononcer sur elle. Pour nous, la prescription ne commence à courir que du jour du jugement. Nous n'invoquerons pas cette raison, qui vient dès l'abord à l'esprit, à savoir que la rétroactivité, ayant été établie uniquement dans l'intérêt de la femme, ne saurait se retourner contre elle ; cette idée n'est pas vraie d'une façon absolue ; c'est ainsi que la femme commune ne profite pas des successions mobilières échues à son mari pendant l'instance, et c'est cependant un résultat désavantageux pour elle. Mais nous nous rattacherons à l'esprit qui a dicté la disposition finale de l'article 1561. Si les immeubles deviennent prescriptibles après la sépara-

(1) Si la possession avait commencé avant le mariage, la question ne se poserait pas, car le tiers aurait continué à prescrire (art. 1561, 1er alinéa).

tion de biens, c'est uniquement parce que la femme recouvre avec l'administration de ses biens l'exercice des actions dotales. Or, nous avons admis que le mari conservait cette administration jusqu'au jugement de séparation de biens, et que la femme ne recouvrait sa capacité qu'à compter de cette époque. Puisque ce n'est qu'à cette date que se produit la cause de la prescriptibilité des immeubles dotaux, ce ne doit être aussi qu'à compter de cette époque que doit se produire l'effet.

§ 3. — *La rétroactivité de l'article 1445 s'applique-t-elle à la séparation de biens accessoire à un jugement de séparation de corps.*

Nous avons supposé jusqu'ici un jugement de séparation de biens ; mais que décider pour un jugement de séparation de corps, rétroagit-il, en ce qui concerne la séparation de biens accessoire qu'il entraîne, au jour de la demande ? Telle est la dernière question que nous avons à résoudre.

La jurisprudence se prononce unanimement pour l'application de l'article 1445 à cette séparation de biens accessoire (1) ; mais les demandes en séparation de corps n'étant pas publiées, comme les demandes en séparation de biens, elle décide que la rétroactivité

(1) Cass. req., 13 mai 1802, D., 62. 1. 122. — Cass. civ., 5 août 1868, D., 68. 1. 407. — Cass. civ., 12 mai 1869, D., 69. 1. 270. — Cass. civ., 13 mars 1872, D., 72. 1. 49 — Cass. civ., 18 juin 1877, D., 77. 1. 145. — Toulouse, 29 juin 1882, D., 83. 2. 146.

n'a lieu qu'entre époux. La doctrine est divisée (1); actuellement, le système de la jurisprudence nous paraît avoir été consacré législativement par la loi du 18 avril 1886.

Avant cette loi nous serions prononcé contre cette solution. Nous avons montré, en effet, que le jugement de séparation de biens, étant attributif de droits, ne devait pas normalement rétroagir au jour de la demande et que l'article 1445 contenait une exception au droit commun. Cette exception ne devait pas être par suite étendue en dehors de ses termes, et notre article ne pouvait pas être appliqué par analogie au jugement de séparation de corps. On opposait contre ce système l'article 311. Cet article dispose, dans son deuxième alinéa, que toute séparation de corps emporte la séparation de biens; nous aurions répondu que le législateur n'a voulu parler dans cet article que des effets de cette séparation de biens et non des causes, de la procédure, ou de l'époque à laquelle doivent remonter ces effets. Ce qui le prouve, c'est que les articles 1443 à 1449, ne parlent que de la séparation de biens, tandis que les articles 1449 et suivants parlent de la séparation, soit de corps et de biens, soit de

(1) Dans le sens de la jurisprudence : Toullier, t. 11, n° 705 et 776. — Troplong. t. 11, n°s 1386 et suiv. — Dutruc : *Des sép. de biens judiciaires*, n° 283. — Aubry et Rau, t. V, § 494, texte et notes 18 et 19, pp. 202 et suiv. — Contrà, Colmet de Santerre, t. VI, n° 94 bis-III. — Demolombe, t. IV, n°s 514 et suiv. — Laurent, t. XXII, n° 338. — Rodière et Pont, t. III, n° 2179. — Guillouard, t. III, n° 1174. — Bonfils : *Traité de procédure*, 1re éd., n° 537, p. 557.

biens seulement. Pour faire rétroagir le jugement au jour de la demande en cas de séparation de biens principale, le législateur avait un motif que l'on ne retrouve pas pour la séparation accessoire : La dot en péril entre les mains du mari, telle est la cause de la séparation de biens ; la rétroactivité du jugement qui la prononce est destinée à prévenir l'aggravation de ce péril par les actes de dissipation du mari faits pendant l'instance. Cette cause étant étrangère à la séparation de corps, on n'a plus à craindre un pareil danger. Il n'y avait donc pas lieu d'établir dans cette hypothèse la rétroactivité du jugement qui la prononce.

On objectait bien que l'inimitié, existant entre les époux par suite de la demande en séparation de corps, pouvait amener le mari à compromettre les intérêts de sa femme; et qu'en conséquence le législateur avait pu considérer la rétroactivité du jugement comme également nécessaire dans ce cas; mais l'objection ne portait pas; nous avons dit, en effet, que la jurisprudence, à raison du défaut de publicité de la demande, n'admettait la rétroactivité du jugement de séparation de corps qu'entre les époux, et non dans leurs rapports avec les tiers. Par suite, le danger subsistait, puisque la femme, pour faire tomber les actes passés pendant l'instance par le mari avec des tiers, devait prouver non seulement le préjudice qu'elle en éprouvait, mais encore la fraude de ces derniers : preuve toujours difficile à rapporter et qui, d'ailleurs, aurait suffi à faire tomber l'acte, sans avoir besoin d'invoquer la rétroactivité du jugement.

La femme pour écarter ce danger avait un moyen

n'a lieu qu'entre époux. La doctrine est divisée (1); actuellement, le système de la jurisprudence nous paraît avoir été consacré législativement par la loi du 18 avril 1886.

Avant cette loi nous nous serions prononcé contre cette solution. Nous avons montré, en effet, que le jugement de séparation de biens, étant attributif de droits, ne devait pas normalement rétroagir au jour de la demande et que l'article 1445 contenait une exception au droit commun. Cette exception ne devait pas être par suite étendue en dehors de ses termes, et notre article ne pouvait pas être appliqué par analogie au jugement de séparation de corps. On opposait contre ce système l'article 311. Cet article dispose, dans son deuxième alinéa, que toute séparation de corps emporte la séparation de biens ; nous aurions répondu que le législateur n'a voulu parler dans cet article que des effets de cette séparation de biens et non des causes, de la procédure, ou de l'époque à laquelle doivent remonter ces effets. Ce qui le prouve, c'est que les articles 1443 à 1449, ne parlent que de la séparation de biens, tandis que les articles 1449 et suivants parlent de la séparation, soit de corps et de biens, soit de

(1) Dans le sens de la jurisprudence : Toullier, t. 11, n° 705 et 776. — Troplong, t. 11, n° 1386 et suiv. — Dutruc : *Des sép. de biens judiciaires*, n° 283. — Aubry et Rau, t. V, § 494, texte et notes 18 et 19, pp. 202 et suiv. — *Contrà*, Colmet de Santerre, t. VI, n° 94 bis-III. — Demolombe, t. IV, n°s 514 et suiv. — Laurent, t. XXII, n° 338. — Rodière et Pont, t. III, n° 2179. — Guillouard, t. III, n° 1174. — Bonfils : *Traité de procédure*, 1re éd., n° 537, p. 537.

biens seulement. Pour faire rétroagir le jugement au jour de la demande en cas de séparation de biens principale, le législateur avait un motif que l'on ne retrouve pas pour la séparation accessoire : La dot en péril entre les mains du mari, telle est la cause de la séparation de biens ; la rétroactivité du jugement qui la prononce est destinée à prévenir l'aggravation de ce péril par les actes de dissipation du mari faits pendant l'instance. Cette cause étant étrangère à la séparation de corps, on n'a plus à craindre un pareil danger. Il n'y avait donc pas lieu d'établir dans cette hypothèse la rétroactivité du jugement qui la prononce.

On objectait bien que l'inimitié, existant entre les époux par suite de la demande en séparation de corps, pouvait amener le mari à compromettre les intérêts de sa femme; et qu'en conséquence le législateur avait pu considérer la rétroactivité du jugement comme également nécessaire dans ce cas; mais l'objection ne portait pas; nous avons dit, en effet, que la jurisprudence, à raison du défaut de publicité de la demande, n'admettait la rétroactivité du jugement de séparation de corps qu'entre les époux, et non dans leurs rapports avec les tiers. Par suite, le danger subsistait, puisque la femme, pour faire tomber les actes passés pendant l'instance par le mari avec des tiers, devait prouver non seulement le préjudice qu'elle en éprouvait, mais encore la fraude de ces derniers : preuve toujours difficile à rapporter et qui, d'ailleurs, aurait suffi à faire tomber l'acte, sans avoir besoin d'invoquer la rétroactivité du jugement.

La femme pour écarter ce danger avait un moyen

très simple : elle n'avait qu'à joindre à sa demande en séparation de corps une demande subsidiaire en séparation de biens.

Actuellement, la discussion a changé, et il nous paraît que le législateur de 1886 a voulu confirmer la jurisprudence. Il a ajouté à l'article 252 le paragraphe suivant : « *Le jugement dûment transcrit remonte quant à ses effets entre époux au jour de la demande* ». Or, il est un principe général d'interprétation en matière de séparation de corps, c'est « que les dispositions du Code Napoléon sur le divorce peuvent et doivent être consultées pour l'interprétation et le complément de celles que ce Code contient sur la séparation de corps, à moins que leur application à cette dernière matière ne soit en opposition avec la nature même de la séparation de corps, avec une disposition expresse ou implicite de la loi ou avec les principes généraux du Droit (1) ». Cette règle nouvelle de l'article 252 n'est nullement contraire à la nature de la séparation de corps, ni à un texte de loi ; tout au plus pourrait-on dire qu'elle est contraire aux principes généraux, puisqu'elle contient une exception au droit commun, qui ne saurait être étendue. Mais, les travaux préparatoires de cet article sont si formels, qu'il ne peut pas y avoir de doute sur l'intention du législateur d'assimiler sur ce point la séparation de corps au divorce.

Voici, en effet, les paroles de M. Labiche, le rappor-

(1) Aubry et Rau, t. V, § 490, 2e, p. 473.

teur de la loi de 1886 au Sénat (1). Un sénateur, M. de Gavardie, trouvait la disposition proposée inutile, « puisque, disait-il, il est de principe incontestable et incontesté jusqu'à ce jour que l'autorité d'un jugement remonte au jour de la demande. »

M. Labiche répondit :

« Messieurs, notre honorable collègue se trompe : la rétroactivité au jour de la demande des effets du jugement est exacte en ce qui concerne les demandes en séparation de biens, il en est autrement en ce qui concerne *les demandes en séparation de corps et de divorce*. Pourquoi? Parce que les jugements qui prononcent la séparation de corps ne sont pas, comme ceux qui prononcent la séparation de biens, déclaratifs de droits antérieurs, mais constitutifs d'un état nouveau.

« Ainsi jusqu'à présent quoiqu'en dise notre honorable collègue, les jugements en séparation de corps ou en divorce n'ont jamais produit d'effets, même entre époux, que du jour du prononcé de l'arrêt ou du jugement. La disposition que nous vous proposons ne maintient donc pas, comme le suppose M. de Gavardie, le régime actuel, *mais elle constitue une innovation.* »

Le rapporteur commet bien une erreur lorsqu'il déclare que les jugements de séparation de biens sont déclaratifs de droits antérieurs; de même, il semble ignorer la jurisprudence qui faisait, déjà à cette époque, rétroagir la séparation de biens accessoire au jour de la demande; mais il n'en est pas moins vrai

(1) *Journal officiel* du 25 déc. 1885. Sénat, Débats parlementaires, p. 1309.

que dans sa pensée il met sur la même ligne la séparation de corps et le divorce.

La grande majorité des auteurs, qui ont traité la question depuis la loi de 1886, reconnaissent que l'article 252 *in fine* s'applique à la séparation de corps [1].

Cette rétroactivité n'a lieu qu'entre époux, et, par conséquent, elle n'exclue pas l'utilité d'une demande subsidiaire de la femme en séparation de biens, s'il est à craindre que le mari ne dissipe la dot pendant l'instance.

[1] Huc, t. IX, n° 272. — De Loynes, note dans Dalloz, 1891. 2. 257. — Baudry-Lacantinerie, Le Courtois et Surville : *Contrat de mariage*, t. II, n° 979, pp. 166 et suiv. — Vigié, *Précis de droit civil*, t. III, n° 284, p. 171.

CHAPITRE II

DE LA RESTITUTION DE LA DOT APRÈS LA SÉPARATION DE BIENS

Nous avons déjà remarqué que le premier effet de la séparation de biens était d'obliger le mari à restituer la dot. Cette restitution doit être immédiate. Le législateur a pensé que si elle était retardée, il apparaîtrait que le péril de la dot n'était pas à craindre. Aussi, dans l'article 1444, oblige-t-il la femme à poursuivre l'exécution du jugement de séparation de biens, qu'elle a obtenu, dans la quinzaine, c'est-à-dire à se faire payer réellement le montant de la dot, ou tout au moins à commencer des poursuites contre son mari. La sanction est énergique; elle consiste dans la nullité de la séparation prononcée; mais elle est juste, car ce retard de la part de la femme démontre que cette mesure extrême était inutile, et qu'elle cachait sans doute quelque fraude contre les créanciers du mari.

C'est encore pour éviter toute séparation frauduleuse que, toujours d'après l'article 1444, la femme doit faire constater le paiement réel de ses droits et que dans sa pensée il met sur la même ligne la séparation de corps et le divorce.

La grande majorité des auteurs, qui ont traité la question depuis la loi de 1886, reconnaissent que l'article 252 *in fine* s'applique à la séparation de corps (1).

Cette rétroactivité n'a lieu qu'entre époux, et, par conséquent, elle n'exclue pas l'utilité d'une demande subsidiaire de la femme en séparation de biens, s'il est à craindre que le mari ne dissipe la dot pendant l'instance.

(1) Hue, t. IX, n° 272. — De Loynes, note dans Dalloz, 1891. 2. 257. — Baudry-Lacantinerie, Le Courtois et Surville : *Contrat de mariage*, t. II, n° 979, pp. 465 et suiv. — Vigié, *Précis de droit civil*, t. III, n° 284, p. 171.

CHAPITRE II

DE LA RESTITUTION DE LA DOT APRÈS LA SÉPARATION DE BIENS

Nous avons déjà remarqué que le premier effet de la séparation de biens était d'obliger le mari à restituer la dot. Cette restitution doit être immédiate. Le législateur a pensé que si elle était retardée, il apparaîtrait que le péril de la dot n'était pas à craindre. Aussi, dans l'article 1444, oblige-t-il la femme à poursuivre l'exécution du jugement de séparation de biens, qu'elle a obtenu, dans la quinzaine, c'est-à-dire à se faire payer réellement le montant de la dot, ou tout au moins à commencer des poursuites contre son mari. La sanction est énergique ; elle consiste dans la nullité de la séparation prononcée ; mais elle est juste, car ce retard de la part de la femme démontre que cette mesure extrême était inutile, et qu'elle cachait sans doute quelque fraude contre les créanciers du mari.

C'est encore pour éviter toute séparation frauduleuse que, toujours d'après l'article 1444, la femme doit faire constater le paiement réel de ses droits et reprises, en d'autres termes la restitution de la dot, dans un acte authentique.

A quelles règles cette restitution sera-t-elle soumise? Rappelons le principe d'interprétation que nous avons admis : les règles relatives à la restitution de la dot, établies au chapitre du régime dotal pour le cas normal de la dissolution du mariage, doivent être étendues au cas de séparation de biens ; on doit toutefois excepter les dispositions contraires à l'essence et au but de cette séparation. En conséquence, nous avons à examiner rapidement ces diverses règles. Pour cela, nous nous demanderons dans trois sections : 1° De quelle manière la restitution doit-elle être faite? 2° à quelle époque? et 3° quelle preuve la femme a-t-elle à fournir de la réception de la dot par le mari, si la restitution n'est pas volontaire?

SECTION PREMIÈRE

De quelle manière la restitution de la dot doit-elle être faite?

La loi distingue entre les biens dont la propriété est restée à la femme, et ceux dont le mari est devenu propriétaire.

Pour les premiers, c'est-à-dire les immeubles, même les immeubles estimés sans déclaration que l'estimation vaut vente (art. 1552), les immeubles autres que les choses fongibles ou consomptibles *primo usu* non estimés, ou estimés avec la déclaration que l'estimation

ne vaut pas vente (art. 1551), la restitution doit en être faite en nature, dans l'état où ils se trouvent.

Les risques sont à la charge de la femme, car en même temps qu'elle est propriétaire de ces biens, elle est créancière de leur délivrance et comme tout créancier d'un corps certain, elle doit en supporter la perte par cas fortuit (art. 1138). C'est d'ailleurs au mari qui se prétend ainsi libéré à prouver le cas fortuit (art. 1302, 3°). Quant à la perte ou aux détériorations provenant de son fait, il en doit la réparation; et l'action en indemnité de la femme est garantie par son hypothèque légale, qui prend rang du jour du mariage (art. 2135).

Si nous supposons au contraire, que les biens dotaux ont augmenté de valeur, c'est la femme qui en profite. Mais que décider pour le cas où cette augmentation de valeur provient d'impenses faites par le mari? A-t-il action sur les biens dotaux pour rentrer dans ses déboursés, et au cas de l'affirmative, jouit-il d'un droit de rétention sur ces biens? Pour répondre à ces deux questions il faut distinguer entre les diverses impenses.

En ce qui concerne les impenses voluptuaires, le mari n'a droit à aucune indemnité; il peut toutefois enlever, si bon lui semble, les matériaux incorporés aux biens dotaux, pourvu qu'il n'en résulte aucune détérioration (1).

Pour les impenses utiles, il peut réclamer une indemnité, dont le montant est fixé par la plus-value

_____

(1) *Sic*, Rodière et Pont, t. III, n° 1940. — Guillouard, t. IV, n° 2149. — Aubry et Rau, t. V, § 540, note 25, p. 629.

reprises, en d'autres termes la restitution de la dot, dans un acte authentique.

A quelles règles cette restitution sera-t-elle soumise? Rappelons le principe d'interprétation que nous avons admis : les règles relatives à la restitution de la dot, établies au chapitre du régime dotal pour le cas normal de la dissolution du mariage, doivent être étendues au cas de séparation de biens; on doit toutefois excepter les dispositions contraires à l'essence et au but de cette séparation. En conséquence, nous avons à examiner rapidement ces diverses règles. Pour cela, nous nous demanderons dans trois sections : 1° De quelle manière la restitution doit-elle être faite? 2° A quelle époque? et 3° quelle preuve la femme a-t-elle à fournir de la réception de la dot par le mari, si la restitution n'est pas volontaire?

Section Première

De quelle manière la restitution de la dot doit-elle être faite ?

La loi distingue entre les biens dont la propriété est restée à la femme, et ceux dont le mari est devenu propriétaire.

Pour les premiers, c'est-à-dire les immeubles, même les immeubles estimés sans déclaration que l'estimation vaut vente (art. 1552), les immeubles autres que les choses fongibles ou consomptibles *primo usu* non estimés, ou estimés avec la déclaration que l'estimation

ne vaut pas vente (art. 1551), la restitution doit en être faite en nature, dans l'état où ils se trouvent.

Les risques sont à la charge de la femme, car en même temps qu'elle est propriétaire de ces biens, elle est créancière de leur délivrance et comme tout créancier d'un corps certain, elle doit en supporter la perte par cas fortuit (art. 1138). C'est d'ailleurs au mari qui se prétend ainsi libéré à prouver le cas fortuit (art. 1302, 3°). Quant à la perte ou aux détériorations provenant de son fait, il en doit la réparation; et l'action en indemnité de la femme est garantie par son hypothèque légale, qui prend rang du jour du mariage (art. 2135).

Si nous supposons au contraire, que les biens dotaux ont augmenté de valeur, c'est la femme qui en profite. Mais que décider pour le cas où cette augmentation de valeur provient d'impenses faites par le mari? A-t-il action sur les biens dotaux pour rentrer dans ses déboursés, et au cas de l'affirmative, jouit-il d'un droit de rétention sur ces biens? Pour répondre à ces deux questions il faut distinguer entre les diverses impenses.

En ce qui concerne les impenses voluptuaires, le mari n'a droit à aucune indemnité; il peut toutefois enlever, si bon lui semble, les matériaux incorporés aux biens dotaux, pourvu qu'il n'en résulte aucune détérioration (1).

Pour les impenses utiles, il peut réclamer une indemnité, dont le montant est fixé par la plus-value

---

(1) *Sic*, Rodière et Pont, t. III, n° 1910. — Guillouard, t. IV, n° 2140. — Aubry et Rau, t. V, § 540, note 25, p. 699.

que ces impenses ont procurée au biens dotaux (1). Néanmoins, seuls les paraphernaux répondent du paiement de cette indemnité, et le mari n'a pas d'action sur la dot. Cette solution a été doublement contestée. Pour les uns, faisant application de l'article 599 à la jouissance dotale, le mari n'aurait droit à aucune indemnité. Pour d'autres (2), il aurait au contraire droit à la plus-value, et il pourrait poursuivre les biens dotaux, car, disent-ils, la femme est ici tenue en vertu de ce principe d'équité que nul ne doit s'enrichir aux dépens d'autrui. Ces deux théories sont également inexactes : L'article 599 d'abord est inapplicable. Lorsqu'on se trouve, en effet, en présence d'un usufruitier ordinaire, le législateur a supposé que cet usufruitier avait fait ces impenses dans l'intérêt du nu-propriétaire et qu'en tout cas il avait dû trouver une compensation dans la jouissance; mais il n'en est plus de même du mari dotal; il n'a la jouissance de la dot qu'à charge de pourvoir aux besoins du ménage et, par suite, il a très bien pu ne pas se trouver indemnisé. D'un autre côté, le mari ne pourra pas poursuivre le paiement de l'indemnité qui lui est due sur les biens dotaux. Ils sont indisponibles, il importe peu, dès lors, que la volonté de la femme ait ou non concouru à l'obligation dont elle est tenue; il en serait autrement si la femme était frappée d'une incapacité spéciale, car

(1) Rodière et Pont, t. III, n⁰ˢ 1795, 1781, 1909. — Aubry et Rau, t. V, § 535, note 28, p. 552. — Laurent, t. XXIII, n° 482. — Guillouard, t. IV, n⁰ˢ 1807, 2151.

(2) Aubry et Rau, t. V, § 540, note 27, p. 630.

on trouverait un puissant argument d'analogie dans l'article 1312. Ce qui prouve, au surplus, le bien fondé de notre solution, c'est l'article 1558-4°. Cet article ne donne, en effet, aux tribunaux le pouvoir d'autoriser l'aliénation d'un bien dotal que pour faire de grosses réparations nécessaires à sa conservation. Le législateur a voulu permettre par là à la femme de prévenir les poursuites des créanciers qui ont fait ces réparations. Il résulte de cette explication qu'en ne donnant pas aux tribunaux cette faculté pour le cas d'impenses simplement utiles, le législateur a refusé par là même à ceux qui les avaient faites tout droit de poursuite sur la dot (1). Puisque nous avons admis que le mari n'avait pas d'action sur les biens dotaux pour le remboursement de la plus-value résultant de ces impenses, nous repoussons à plus forte raison tout droit de rétention.

En ce qui concerne les impenses nécessaires, le mari peut réclamer le montant intégral de ses débours (2). Il peut même poursuivre les biens dotaux, s'il s'est fait autoriser par les tribunaux à exécuter les travaux, sauf le cas d'urgence. On rentre bien dans ce cas dans l'hypothèse de l'article 1558-4°. Dans ce cas a-t-il sur la dot un droit de rétention?

(1) Caen, 19 juillet 1866 et 20 juillet 1866, S., 67. 2. 291. — Agen, 29 mars 1892, S., 93. 2. 81. — Ils s'agissait dans ces arrêts de constructions et d'améliorations sur un immeuble dotal.

(2) Lyon, 11 mars 1886, D., 87. 2. 129. — Rodière et Pont, t. III, n° 1908. — Aubry et Rau, t. V, § 535, p. 552 et § 540, p. 629. — Laurent, t. XXIII, n° 482. — Guillouard, t. IV, n° 2151.

que ces impenses ont procurée au biens dotaux (1). Néanmoins, seuls les paraphernaux répondent du paiement de cette indemnité, et le mari n'a pas d'action sur la dot. Cette solution a été doublement contestée. Pour les uns, faisant application de l'article 599 à la jouissance dotale, le mari n'aurait droit à aucune indemnité. Pour d'autres (2), il aurait au contraire droit à la plus-value, et il pourrait poursuivre les biens dotaux, car, disent-ils, la femme est ici tenue en vertu de ce principe d'équité que nul ne doit s'enrichir aux dépens d'autrui. Ces deux théories sont également inexactes : L'article 599 d'abord est inapplicable. Lorsqu'on se trouve, en présence d'un usufruitier ordinaire, le législateur a supposé que cet usufruitier avait fait ces impenses dans l'intérêt du nu-propriétaire et qu'en tout cas il avait dû trouver une compensation dans la jouissance ; mais il n'en est plus de même du mari dotal ; il n'a la jouissance de la dot qu'à charge de pourvoir aux besoins du ménage et, par suite, il a très bien pu ne pas se trouver indemnisé. D'un autre côté, le mari ne pourra pas poursuivre le paiement de l'indemnité qui lui est due sur les biens dotaux. Ils sont indisponibles, il importe peu, dès lors, que la volonté de la femme ait ou non concouru à l'obligation dont elle est tenue ; il en serait autrement si la femme était frappée d'une incapacité spéciale, car

(1) Rodière et Pont, t. III, n°s 1725, 1731, 1900. — Aubry et Rau, t. V, § 535, note 28, p. 552. — Laurent, t. XXIII, n° 482. — Guillouard, t. IV, n°s 1807, 2151.

(2) Aubry et Rau, t. V, § 540, note 27, p. 630.

on trouverait un puissant argument d'analogie dans l'article 1312. Ce qui prouve, au surplus, le bien fondé de notre solution, c'est l'article 1558-4°. Cet article ne donne, en effet, aux tribunaux le pouvoir d'autoriser l'aliénation d'un bien dotal que pour faire de grosses réparations nécessaires à sa conservation. Le législateur a voulu permettre par là à la femme de prévenir les poursuites des créanciers qui ont fait ces réparations. Il résulte de cette explication qu'on ne donnant pas aux tribunaux cette faculté pour le cas d'impenses simplement utiles, le législateur a refusé par là même à ceux qui les avaient faites tout droit de poursuite sur la dot (1). Puisque nous avons admis que le mari n'avait pas d'action sur les biens dotaux pour le remboursement de la plus-value résultant de ces impenses, nous repoussons à plus forte raison tout droit de rétention.

En ce qui concerne les impenses nécessaires, le mari peut réclamer le montant intégral de ses débursés (2). Il peut même poursuivre les biens dotaux, s'il s'est fait autoriser par les tribunaux à exécuter les travaux, sauf le cas d'urgence. On rentre bien dans ce cas dans l'hypothèse de l'article 1558-4°. Dans ce cas a-t-il sur la dot un droit de rétention ?

(1) Caen, 19 juillet 1866 et 20 juillet 1866, S., 67. 2. 261. — Agen, 29 mars 1892, S., 93. 2. 81. — Ils s'agissait dans ces arrêts de constructions et d'améliorations sur un immeuble dotal.

(2) Lyon, 11 mars 1886, D., 87. 2. 129. — Rodière et Pont, t. III, n° 1908. — Aubry et Rau, t. V, § 535, p. 552 et § 540, p. 629. — Laurent, t. XXIII, n° 482. — Guillouard, t. IV, n° 2151.

La solution de la question dépend du parti que l'on prend sur la théorie générale du droit de rétention. Pour nous, on ne peut admettre ce droit sans texte, car il implique, au moins indirectement, une cause de préférence. Aucune disposition légale n'accordant ce droit au mari dotal, nous devons le lui refuser [1]. La solution contraire admise par la majorité des auteurs et la jurisprudence [2] est sans doute plus équitable, mais il est un principe supérieur qui s'impose à l'interprète, c'est que les causes de préférence ne peuvent résulter que d'une disposition formelle de la loi (art. 2093).

Si le mari ne peut pas invoquer un droit de rétention, il peut toutefois compenser cette indemnité avec les sommes dotales qu'il doit à sa femme. Nous avons admis, en effet, que le mari peut dans notre hypothèse saisir les biens dotaux pour rentrer dans ses déboursés et rien ne s'oppose dès lors à la compensation [3]; car la compensation est une saisie sur soi-même.

Dans l'hypothèse que nous venons d'examiner, où la femme est restée propriétaire des biens dotaux, elle les

(1) Sic, Laurent, t. XXIII, n° 567.
(2) Rodière et Pont. t. III, n°s 1908, 1909. Cet auteur accorde au mari un droit de rétention même pour les impenses utiles. — Aubry et Rau, t. V, § 5.0, note 27, p. 630. — Guillouard, t. IV, n° 2132. — Hoc, t. IX, n° 494.
(3) Grenoble, 8 février 1879, S., 80. 2. 69. Cet arrêt admet la compensation même pour la plus-value résultant des impenses utiles. Pour nous, c'est aller trop loin, car nous avons montré que le mari ne pouvait pas dans ce cas exécuter sa créance sur les biens dotaux.

reprend à ce titre et, par conséquent, n'a pas à subir le concours des créanciers du mari.

Arrivons maintenant à la seconde hypothèse : le mari est devenu propriétaire de la dot. C'est ce qui se produit pour les immeubles estimés avec la déclaration que l'estimation vaut vente, pour les meubles estimés et pour les meubles fongibles ou consomptibles par le premier usage.

La femme n'est alors que créancière ; le mari débiteur d'une chose de genre supporte les risques et profite des accroissements de valeur. Pour les objets estimés, le mari est libéré par le paiement de l'estimation portée au contrat de mariage (art. 1551). Pour les autres meubles, la restitution s'opère par la remise d'une égale quantité d'objets de même qualité, ou par le paiement de leur valeur au moment de la cessation de jouissance du mari, c'est-à-dire en cas de séparation de biens au jour de la demande (Arg., art. 1445). Par exception, la femme a le droit de reprendre en nature les linges et hardes à son usage (art. 1566-2e).

La femme dans cette hypothèse ne vient qu'à titre de créancière ; sa créance est bien garantie par une hypothèque légale sur les immeubles son mari, dont le rang est fixé par l'article 2135 ; mais elle n'a aucun privilège sur les meubles. Bien plus, elle doit subir le concours des créanciers de son mari sur les meubles dotaux fongibles ou autres, dont le mari est devenu propriétaire, et qui se trouvent encore en nature au moment de la séparation de biens. Elle doit notamment respecter les saisies pratiquées par ces créanciers. C'est ce qu'a décidé, avec beaucoup de raison, la Cour

La solution de la question dépend du parti que l'on prend sur la théorie générale du droit de rétention. Pour nous, on ne peut admettre ce droit sans texte, car il implique, au moins indirectement, une cause de préférence. Aucune disposition légale n'accordant ce droit au mari dotal, nous devons le lui refuser (1). La solution contraire admise par la majorité des auteurs et la jurisprudence (2) est sans doute plus équitable, mais il est un principe supérieur qui s'impose à l'interprète, c'est que les causes de préférence ne peuvent résulter que d'une disposition formelle de la loi (art. 2093).

Si le mari ne peut pas invoquer un droit de rétention, il peut toutefois compenser cette indemnité avec les sommes dotales qu'il doit à sa femme. Nous avons admis, en effet, que le mari peut dans notre hypothèse saisir les biens dotaux pour rentrer dans ses déboursés et rien ne s'oppose dès lors à la compensation (3); car la compensation est une saisie sur soi-même.

Dans l'hypothèse que nous venons d'examiner, où la femme est restée propriétaire des biens dotaux, elle les

(1) Sic, Laurent, t. XXIII, n° 567.
(2) Rodière et Pont. t. III, n°s 1908, 1909. Cet auteur accorde au mari un droit de rétention même pour les impenses utiles. — Aubry et Rau, t. V, § 5.0, note 27, p. 630. — Guillouard, t. IV, n° 2452. — Hue, t. IX, n° 494.
(3) Grenoble, 8 février 1879, S., 80. 2. 89. Cet arrêt admet la compensation même pour la plus-value résultant des impenses utiles. Pour nous, c'est aller trop loin, car nous avons montré que le mari ne pouvait pas dans ce cas exécuter sa créance sur les biens dotaux.

reprend à ce titre et, par conséquent, n'a pas à subir le concours des créanciers du mari.

Arrivons maintenant à la seconde hypothèse : le mari est devenu propriétaire de la dot. C'est ce qui se produit pour les immeubles estimés avec la déclaration que l'estimation vaut vente, pour les meubles estimés et pour les meubles fongibles ou consomptibles par le premier usage.

La femme n'est alors que créancière; le mari débiteur d'une chose de genre supporte les risques et profite des accroissements de valeur. Pour les objets estimés, le mari est libéré par le paiement de l'estimation portée au contrat de mariage (art. 1551). Pour les autres meubles, la restitution s'opère par la remise d'une égale quantité d'objets de même qualité, ou par le paiement de leur valeur au moment de la cessation de jouissance du mari, c'est-à-dire en cas de séparation de biens au jour de la demande (Arg., art. 1445). Par exception, la femme a le droit de reprendre en nature les linges et hardes à son usage (art. 1566-2°).

La femme dans cette hypothèse ne vient qu'à titre de créancière; sa créance est bien garantie par une hypothèque légale sur les immeubles de son mari, dont le rang est fixé par l'article 2135 ; mais elle n'a aucun privilège sur les meubles. Bien plus, elle doit subir le concours des créanciers de son mari sur les meubles dotaux fongibles ou autres, dont le mari est devenu propriétaire, et qui se trouvent encore en nature au moment de la séparation de biens. Elle doit notamment respecter les saisies pratiquées par ces créanciers. C'est ce qu'a décidé, avec beaucoup de raison, la Cour de Cassation dans un arrêt du 22 mars 1882 (1), à propos de meubles consomptibles par le premier usage.

Le mari est un quasi-usufruitier de ces objets. C'est donc la livraison qui lui en a été faite en vertu du contrat de mariage et non la consommation qui l'a rendu propriétaire. D'un côté, on ne voit aucun motif de déroger, en notre hypothèse, aux règles générales du quasi-usufruit. D'un autre côté, la séparation de biens ne peut pas avoir pour effet par elle seule, et en dehors de toute dation en paiement, de transférer immédiatement à la femme la propriété de ces objets. Dès lors, si avant toute cession à la femme, en paiement de ces reprises, des meubles qui composaient sa dot, des créanciers du mari les avaient saisis, la femme serait obligée de respecter leurs droits. Ce que la Cour de Cassation a décidé à propos des choses consomptibles *primo usu* doit être étendu à tous les biens dotaux dont le mari est devenu propriétaire.

Nous avons supposé jusqu'ici que la dot ne comprenait que des biens (meubles ou immeubles) corporels. Les articles 1567 et 1568 prévoient le cas où la femme s'était constituée en dot des créances, des rentes ou un usufruit. Leurs dispositions doivent être appliquées à la restitution rendue nécessaire par la séparation de biens. Le mari, pour les créances et les rentes, doit rendre à la femme les titres qui les constatent; il n'est

(1) Cass. civ., 22 mars 1882, S., 82. 1. 241, et conclusions conformes de M. l'avocat général Desjardins; sur renvoi, Orléans, 11 janv. 1883, S., 84. 2. 188.

pas responsable de l'insolvabilité des débiteurs, s'il n'a, à leur égard, aucune négligence à se reprocher. Par exemple, dans le cas de conversion de titres, le mari n'est obligé de rendre que les titres nouveaux. Quant à l'usufruit, il ne doit restituer que le droit lui-même et non les fruits échus jusqu'à la demande en séparation de biens.

Pour cette restitution, les époux peuvent convenir qu'elle sera faite d'une autre manière que celle indiquée par la loi. La femme peut donc, en dehors de toute pensée de fraude, pour garantir sa fortune personnelle compromise par la mauvaise administration du mari, accepter une dation en paiement (arg., art. 1595-2°). Ainsi, elle peut se faire céder des valeurs et du mobilier pour se couvrir de ces reprises en espèces. La Cour de Dijon a décidé, en conséquence, le 18 novembre 1891 (1), que cet acte ne devait pas être présumé entaché de fraude, par ce seul fait qu'il constituait une dation en paiement, et que les créanciers du mari ne pouvaient pas l'attaquer de ce chef.

Avec le capital, le mari doit aussi restituer les intérêts, fruits ou revenus quelconques de la dot, et au cas de séparation de biens, nous l'avons déjà vu, du jour de la demande et non du jour du jugement. Conformément à notre principe d'interprétation, nous appliquerons à tous les fruits l'article 1571 (2). En con-

(1) Dijon, 18 novembre 1891, D., 93. 2. 118.

(2) *Sic*, Troplong, t. IV, n° 3678. — Aubry et Rau, t. V, § 540, note 41, p. 634. — Guillouard, t. IV, n° 2157. — *Contrà*, Thibault : *Séparation de biens sous le régime dotal*, thèse, n° 71, p. 417.

5

de Cassation dans un arrêt du 22 mars 1882 (1), à propos de meubles consomptibles par le premier usage.

Le mari est un quasi-usufruitier de ces objets. C'est donc la livraison qui lui en a été faite en vertu du contrat de mariage qui l'a rendu propriétaire. D'un côté, on ne voit aucun motif de déroger, en notre hypothèse, aux règles générales du quasi-usufruit. D'un autre côté, la séparation de biens ne peut pas avoir pour effet par elle seule, et en dehors de toute dation en paiement, de transférer immédiatement à la femme la propriété de ces objets. Dès lors, si avant toute cession à la femme, en paiement de ces reprises, des meubles qui composaient sa dot, des créanciers du mari les avaient saisis, la femme serait obligée de respecter leurs droits. Ce que la Cour de Cassation a décidé à propos des choses consomptibles *primo usu* doit être étendu à tous les biens dotaux dont le mari est devenu propriétaire.

Nous avons supposé jusqu'ici que la dot ne comprenait que des biens (meubles ou immeubles) corporels. Les articles 1567 et 1568 prévoient le cas où la femme s'était constituée en dot des créances, des rentes ou un usufruit. Leurs dispositions doivent être appliquées à la restitution rendue nécessaire par la séparation de biens. Le mari, pour les créances et les rentes, doit rendre à la femme les titres qui les constatent; il n'est

(1) Cass. civ., 22 mars 1882, S., 82. 1. 241, et conclusions conformes de M. l'avocat général Desjardins; sur renvoi, Orléans, 11 janv. 1883, S., 84. 2. 188.

pas responsable de l'insolvabilité des débiteurs, s'il n'a, à leur égard, aucune négligence à se reprocher. Par exemple, dans le cas de conversion de titres, le mari n'est obligé de rendre que les titres nouveaux. Quant à l'usufruit, il ne doit restituer que le droit lui-même et non les fruits échus jusqu'à la demande en séparation de biens.

Pour cette restitution, les époux peuvent convenir qu'elle sera faite d'une autre manière que celle indiquée par la loi. La femme peut donc, en dehors de toute pensée de fraude, pour garantir sa fortune personnelle compromise par la mauvaise administration du mari, accepter une dation en paiement (arg., art. 1595-2°). Ainsi, elle peut se faire céder des valeurs et du mobilier pour se couvrir de ces reprises en espèces. La Cour de Dijon a décidé, en conséquence, le 18 novembre 1891 (1), que cet acte ne devait pas être présumé entaché de fraude, par ce seul fait qu'il constituait une dation en paiement, et que les créanciers du mari ne pouvaient pas l'attaquer de ce chef.

Avec le capital, le mari doit aussi restituer les intérêts, fruits ou revenus quelconques de la dot, et au cas de séparation de biens, nous l'avons déjà vu, du jour de la demande et non du jour du jugement. Conformément à notre principe d'interprétation, nous appliquerons à tous les fruits l'article 1571 (2). En con-

(1) Dijon, 18 novembre 1891, D., 93. 2. 118.

(2) Sic, Troplong, t. IV, n° 3678. — Aubry et Rau, t. V, § 540, note 41, p. 634. — Guillouard, t. IV, n° 2157. — Contrà, Thibault : *Séparation de biens sous le régime dotal*, thèse, n° 71, p. 117.

séquence, ils seront tous assimilés à des fruits civils
réguliers, et le mari n'en profitera qu'en proportion de
la durée de sa jouissance. Pendant l'année où cette
jouissance a cessé, on fera une masse de tous les revenus;
cette masse sera partagée ensuite entre le mari et la
femme dans la proportion du nombre de jours qui se
sont écoulés entre l'anniversaire du jour de la célébration du mariage (l'année pour ce calcul commence
à cette époque) et la demande en séparation de biens.
On a objecté contre cette solution que l'article 1571
était une dérogation au droit commun, d'après lequel
l'usufruitier ne gagne les fruits naturels que par la perception; on a soutenu, par conséquent, qu'il ne doit
pas être étendu en dehors de l'hypothèse qu'il vise;
mais en l'appliquant à la restitution survenue à la suite
de la séparation de biens, nous ne nous heurtons pas
à son esprit; en parlant de dissolution de mariage, le
législateur a prévu le cas de restitution le plus fréquent,
et, d'autre part, on ne trouve aucune bonne raison de
ne pas l'appliquer en cas de séparation de biens; il n'a
d'abord rien de contraire au but que la femme poursuit
en demandant cette séparation, et ensuite il est bien
conforme à la tradition et à l'esprit du régime dotal,
qui a voulu que la durée de la jouissance du mari fut
adéquate à la durée pendant laquelle ce dernier a dû
faire face aux charges du ménage. Nous n'encourions
le reproche d'extension abusive de l'article 1571, que si
nous voulions appliquer son principe à un autre
régime.

Section II

A quelle époque la restitution de la dot doit-elle être faite ?

Lorsque la restitution de la dot a lieu après la dissolution du mariage, le législateur distingue suivant que
la femme vient à titre de propriétaire ou à titre de
créancière. Vient-elle à titre de propriétaire, la restitution doit se faire en nature, et elle est immédiatement exigible (art. 1564). Au contraire, vient-elle
comme créancière, le mari ou ses héritiers ont un
délai d'un an (art. 1565).

Il est trop naturel d'appliquer l'article 1564 au cas
de séparation de biens, pour qu'il y ait eu la moindre
difficulté. Mais il n'en va pas de même de l'article 1565.
Doit-on accorder au mari, dans cette hypothèse, le
délai d'un an? Nous ne le pensons pas. Nous ne raisonnerons pas toutefois comme certains auteurs[1] en
disant que la disposition de l'article 1565, étant exceptionnelle, ne saurait être étendue à d'autres cas que
ceux qu'elle a formellement prévus; car nous savons
que, dans le chapitre relatif à la restitution de la dot, le
législateur a visé l'hypothèse normale où elle avait lieu,
il a statué *de eo quod plerumque fit*. Et cela est si vrai,
que quelques lignes plus loin ces auteurs, abandonnant leur principe d'interprétation, appliquent l'ar-

[1] Baudry-Lacantinerie, *Précis de droit civil*, t. III, n° 436. —
Huc, t. IX, n° 403.

séquence, ils seront tous assimilés à des fruits civils réguliers, et le mari n'en profitera qu'en proportion de la durée de sa jouissance. Pendant l'année où cette jouissance a cessé, on fera une masse de tous les revenus; cette masse sera partagée ensuite entre le mari et la femme dans la proportion du nombre de jours qui se sont écoulés entre l'anniversaire du jour de la célébration du mariage (l'année pour ce calcul commence à cette époque) et la demande en séparation de biens. On a objecté contre cette solution que l'article 1571 était une dérogation au droit commun, d'après lequel l'usufruitier ne gagne les fruits naturels que par la perception; on a soutenu, par conséquent, qu'il ne doit pas être étendu en dehors de l'hypothèse qu'il vise; mais en l'appliquant à la restitution survenue à la suite de la séparation de biens, nous ne nous heurtons pas à son esprit; en parlant de dissolution de mariage, le législateur a prévu le cas de restitution le plus fréquent, et, d'autre part, on ne trouve aucune bonne raison de ne pas l'appliquer en cas de séparation de biens; il n'a d'abord rien de contraire au but que la femme poursuit en demandant cette séparation, et ensuite il est bien conforme à la tradition et à l'esprit du régime dotal, qui a voulu que la durée de la jouissance du mari fut adéquate à la durée pendant laquelle ce dernier a dû faire face aux charges du ménage. Nous n'encourions le reproche d'extension abusive de l'article 1571, que si nous voulions appliquer son principe à un autre régime.

Section II

À quelle époque la restitution de la dot doit-elle être faite ?

Lorsque la restitution de la dot a lieu après la dissolution du mariage, le législateur distingue suivant que la femme vient à titre de propriétaire ou à titre de créancière. Vient-elle à titre de propriétaire, la restitution doit se faire en nature, et elle est immédiatement exigible (art. 1564). Au contraire, vient-elle comme créancière, le mari ou ses héritiers ont un délai d'un an (art. 1565).

Il est trop naturel d'appliquer l'article 1564 au cas de séparation de biens, pour qu'il y ait eu la moindre difficulté. Mais il n'en va pas de même de l'article 1565. Doit-on accorder au mari, dans cette hypothèse, le délai d'un an ? Nous ne le pensons pas. Nous ne raisonnerons pas toutefois comme certains auteurs (1) en disant que la disposition de l'article 1565, étant exceptionnelle, ne saurait être étendue à d'autres cas que ceux qu'elle a formellement prévus; car nous savons que, dans le chapitre relatif à la restitution de la dot, le législateur a visé l'hypothèse normale où elle avait lieu, il a statué *de eo quod plerumque fit*. Et cela est si vrai, que quelques lignes plus loin ces auteurs, abandonnant leur principe d'interprétation, appliquent l'ar-

(1) Baudry-Lacantinerie, *Précis de droit civil*, t. III, n° 436. — Hue, t. IX, n° 403.

ticle 1571, disposition exceptionnelle elle aussi à la séparation de biens (1). Partant de cette interprétation, ces mêmes auteurs refusent au mari le délai d'un an, soit au cas de séparation de biens principale, soit au cas de séparation accessoire. Quant à nous, avec la majorité des auteurs (2), nous appliquerons l'article 1565 à la séparation de corps, mais non à la séparation de biens. Si nous avons admis, en effet, que les articles 1564 et suivants s'appliquent en principe à la séparation de biens, ce n'est que sous réserve des dispositions contraires à son but, à son essence. Or, accorder un délai d'un an au mari dotal, contre lequel la femme vient d'obtenir la séparation de biens, n'est-ce pas évidemment aller contre le but qu'elle a poursuivi? La cause de cette séparation, c'est le péril de la dot; le législateur a permis que la femme la retirât au plus tôt d'entre les mains du mari; pour cela, il a fait rétrouagir le jugement, il a ordonné que, si c'était possible, le paiement réel des reprises dotales, constaté par acte authentique, soit fait dans la quinzaine, ou tout au moins que des poursuites soient intentées à cet effet dans ce délai (art. 1444), et son intention de ne pas accorder au mari dotal un délai d'un an serait douteuse? Ce mari est insolvable, ou du moins son insolvabilité est imminente, et on lui accorderait pour se libérer un pareil délai? Mais ce serait le plus souvent

(1) Baudry-Lacantinerie, op. cit., t. III, n° 439.
(2) Troplong, t. IV, n° 3637. — Rodière et Pont, t. III, n° 1913. — Aubry et Rau, t. V, § 540, pp. 635 et 636. — Guillouard, t. IV, n°s 2123, 2124.

vent attendre cette insolvabilité. D'autant plus que la femme n'agit pas en tant que propriétaire, elle ne se présente qu'en qualité de créancière, et si le mari n'a pas d'immeubles, elle est réduite au rang de simple chirographaire. La séparation de biens deviendrait pour elle un secours illusoire. Ce motif, pourtant si puissant, n'a pas arrêté M. Colmet de Santerre, et cet auteur applique même au cas de séparation de biens principale l'article 1565 (1). Il faut remarquer, en outre, que notre solution était admise dans notre ancien droit (2), et qu'en dehors du motif que nous venons d'indiquer, il en est un autre qui, le plus souvent tout au moins, permettra de refuser le délai d'un an au mari; c'est qu'en général le mari, contre qui la femme vient d'obtenir la séparation de biens, pourra être considéré comme étant en état de déconfiture, et à ce titre, il sera déchu du bénéfice du terme par application de l'article 1188.

Ces diverses raisons ne se rencontrent pas, en cas de séparation de corps. Il n'est plus question ici de péril de la dot, d'insolvabilité du mari; la femme n'est pas obligée de poursuivre le paiement de ses reprises dans la quinzaine. Aussi devons-nous revenir au principe général, qui veut que les règles de restitution de la dot, édictées dans les articles 1564 et suivants, s'appliquent à tous les cas où elle est due. Le mari jouira donc en ce cas du délai de l'article 1565.

(1) Colmet de Santerre, t. VI, n° 236 bis-III.
(2) Roussilhe : Traité de la dot, chap. XVII, sect. II, § 3, n°s 495, 497.

ticle 1571, disposition exceptionnelle elle aussi à la séparation de biens (1). Partant de cette interprétation, ces mêmes auteurs refusent au mari le délai d'un an, soit au cas de séparation de biens principale, soit au cas de séparation accessoire. Quant à nous, avec la majorité des auteurs (2), nous appliquerons l'article 1565 à la séparation de corps, mais non à la séparation de biens. Si nous avons admis, en effet, que les articles 1564 et suivants s'appliquent en principe à la séparation de biens, ce n'est que sous réserve des dispositions contraires à son but, à son essence. Or, accorder un délai d'un an au mari dotal, contre lequel la femme vient d'obtenir la séparation de biens, n'est-ce pas évidemment aller contre le but qu'elle a poursuivi? La cause de cette séparation, c'est le péril de la dot; le législateur a permis que la femme la retirât au plus tôt d'entre les mains du mari; pour cela, il a fait rétrouvir le jugement, il a ordonné que, si c'était possible, le paiement réel des reprises dotales, constaté par acte authentique, soit fait dans la quinzaine, ou tout au moins que des poursuites soient intentées à cet effet dans ce délai (art. 1444), et son intention de ne pas accorder au mari un délai d'un an serait douteuse? Ce mari est insolvable, ou du moins son insolvabilité est imminente, et on lui accorderait pour se libérer un pareil délai? Mais ce serait le plus sou-

(1) Baudry-Lacantinerie, *op. cit.*, t. III, n° 439.
(2) Troplong, t. IV, n° 3637. — Rodière et Pont, t. III, n° 1913. — Aubry et Rau, t. V, § 540, pp. 635 et 636. — Guillouard, t. IV, n° 2123, 2124.

vent attendre cette insolvabilité. D'autant plus que la femme n'agit pas en tant que propriétaire, elle ne se présente qu'en qualité de créancière, et si le mari n'a pas d'immeubles, elle est réduite au rang de simple chirographaire. La séparation de biens deviendrait pour elle un secours illusoire. Ce motif, pourtant si puissant, n'a pas arrêté M. Colmet de Santerre, et cet auteur applique même au cas de séparation de biens principale l'article 1565 (1). Il faut remarquer, en outre, que notre solution était admise dans notre ancien droit (2), et qu'en dehors du motif que nous venons d'indiquer, il en est un autre qui, le plus souvent tout au moins, permettra de refuser le délai d'un an au mari; c'est qu'en général le mari, contre qui la femme vient d'obtenir la séparation de biens, pourra être considéré comme étant en état de déconfiture, et à ce titre, il sera déchu du bénéfice du terme par application de l'article 1188.

Ces diverses raisons ne se rencontrent pas, en cas de séparation de corps. Il n'est plus question ici de péril de la dot, d'insolvabilité du mari; la femme n'est pas obligée de poursuivre le paiement de ses reprises dans la quinzaine. Aussi devons-nous revenir au principe général, qui veut que les règles de restitution de la dot, édictées dans les articles 1564 et suivants, s'appliquent à tous les cas où elle est due. Le mari jouira donc dans ce cas du délai de l'article 1565.

(1) Colmet de Santerre, t. VI, n° 236 *bis*-III.
(2) Roussilhe : *Traité de la dot*, chap. XVII, sect. II, § 3, n° 495, 497.

SECTION III

Quelle preuve la femme a-t-elle à fournir de la réception de la dot par le mari ?

Si, après la séparation de biens, le mari ne restitue pas volontairement la dot, nous savons que la femme doit poursuivre cette restitution dans la quinzaine. Comme toute personne qui invoque un fait à l'appui de sa prétention, elle devra prouver et la réception de la dot par le mari, et la consistance de cette dot. Le législateur a de beaucoup facilité cette preuve au cas de dissolution du mariage ; mais ses dispositions, toujours en vertu du même principe, doivent être étendues au cas de séparations de biens, soit principale, soit accessoire. Cette solution est d'autant plus naturelle en cette matière, qu'il s'agit de dispositions relatives à un état de choses antérieur à la séparation de biens. La femme a dû compter sur ces modes spéciaux de preuve, par le fait même de l'adoption dans son contrat de mariage du régime dotal ; la séparation de biens ne saurait sans injustice la priver de cette faveur.

Voyons donc rapidement les modes de preuve dont peut user la femme après la séparation de biens. Il faut distinguer suivant que la dot a été constituée par un tiers et suivant qu'elle l'a été par la femme elle-même.

Si la dot a été constituée par un tiers, la femme a été étrangère au paiement ; il lui a été dès lors impossible

de s'en réserver une preuve écrite, et par suite elle peut user de tous autres moyens : témoignages, présomptions, même si le montant de la dot dépasse 150 francs, et s'il n'y a pas commencement de preuve par écrit (arg., art. 1348) (1). Bien plus, la loi établit en faveur de la femme une présomption légale : Si le mariage a duré 10 ans depuis l'échéance des termes pris pour le paiement de la dot, le mari est présumé l'avoir reçue (art. 1569), ou tout au moins être en faute de ne pas l'avoir reçue. Cette présomption est-elle susceptible d'être combattue par la preuve contraire ? L'article 1569 répond que le mari peut l'écarter en justifiant de diligences inutilement faites contre le constituant. Ces diligences sont laissées à l'appréciation souveraine des tribunaux. Mais il ne serait pas admis à prouver simplement qu'on fait il n'a pas reçu la dot (2). Les termes mêmes de l'article 1569 et son esprit repoussent cette solution. Le mari est, en effet, présumé en faute de ne pas avoir reçu la dot sans avoir fait les diligences nécessaires. La femme peut donc le poursuivre en restitution. Décider autrement ce serait imposer à cette dernière le constituant pour débiteur, alors qu'actuellement il est peut-être insolvable. Que le mari, qui a été ainsi obligé de restituer la dot, se retourne contre le constituant (il le pourra, car l'article 1569, n'étant

(1) Cass. req., 2 mars 1886, D., 87. 1. 75. — Rodière et Pont, t. III, nº 1917. — Aubry et Rau, t. V, § 540, p. 625. — Guillouard, t. IV, nº 2131. — Huc, t. IX, nº 497.

(2) Aubry et Rau, t. V, § 540, note 12, p. 626. — Contrà, Troplong, t. IV, nº 3001.

SECTION III

Quelle preuve la femme a-t-elle à fournir de la réception de la dot par le mari ?

Si, après la séparation de biens, le mari ne restitue pas volontairement la dot, nous savons que la femme doit poursuivre cette restitution dans la quinzaine. Comme toute personne qui invoque un fait à l'appui de sa prétention, elle devra prouver et la réception de la dot par le mari, et la consistance de cette dot. Le législateur a de beaucoup facilité cette preuve au cas de dissolution du mariage ; mais ses dispositions, toujours en vertu du même principe, doivent être étendues au cas de séparations de biens, soit principale, soit accessoire. Cette solution est d'autant plus naturelle en cette matière, qu'il s'agit de dispositions relatives à un état de choses antérieur à la séparation de biens. La femme a dû compter sur ces modes spéciaux de preuve, par le fait même de l'adoption dans son contrat de mariage du régime dotal ; la séparation de biens ne saurait sans injustice la priver de cette faveur.

Voyons donc rapidement les modes de preuve dont peut user la femme après la séparation de biens. Il faut distinguer suivant que la dot a été constituée par un tiers et suivant qu'elle l'a été par la femme elle-même.

Si la dot a été constituée par un tiers, la femme a été étrangère au paiement ; il lui a été dès lors impossible de s'en réserver une preuve écrite, et par suite elle peut user de tous autres moyens : témoignages, présomptions, même si le montant de la dot dépasse 150 francs, et s'il n'y a pas commencement de preuve par écrit (arg., art. 1348) (1). Bien plus, la loi établit en faveur de la femme une présomption légale : Si le mariage a duré 10 ans depuis l'échéance des termes pris pour le paiement de la dot, le mari est présumé l'avoir reçue (art. 1569), ou tout au moins être en faute de ne pas l'avoir reçue. Cette présomption est-elle susceptible d'être combattue par la preuve contraire ? L'article 1569 répond que le mari peut l'écarter en justifiant de diligences inutilement faites contre le constituant. Ces diligences sont laissées à l'appréciation souveraine des tribunaux. Mais il ne serait pas admis à prouver simplement qu'en fait il n'a pas reçu la dot (2). Les termes mêmes de l'article 1569 et son esprit repoussent cette solution. Le mari est, en effet, présumé en faute de ne pas avoir reçu la dot sans avoir fait les diligences nécessaires. La femme peut donc le poursuivre en restitution. Décider autrement ce serait imposer à cette dernière le constituant pour débiteur, alors qu'actuellement il est peut-être insolvable. Que le mari, qui a été ainsi obligé de restituer la dot, se retourne contre le constituant (il le pourra, car l'article 1569, n'étant

---

(1) Cass. req., 2 mars 1886, D., 87. 1. 75. — Rodière et Pont, t. III, n° 1917. — Aubry et Rau, t. V, § 540, p. 625. — Guillouard, t. IV, n° 2131. — Huc, t. IX, n° 407.

(2) Aubry et Rau, t. V, § 540, note 12, p. 626. — *Contrà*., Troplong, t. IV, n° 3691.

établi qu'en faveur de la femme, ne peut pas être invoqué par ce constituant) et qu'il subisse les conséquences de l'insolvabilité de ce dernier, puisqu'il n'a pas agi en temps utile.

Pour que la femme puisse invoquer cette présomption, il est nécessaire, d'après l'article 1569, que le mariage ait duré dix ans. Il faut entendre par là le mariage *integris status*, si l'on peut ainsi dire. Si la séparation de biens avait été prononcée avant l'expiration des dix ans, le mari n'ayant pas eu, pendant l'intégralité de ce délai, d'action contre le constituant, la femme ne pourrait pas invoquer plus tard la disposition de l'article 1569 (1).

Voilà dans ce cas comment la femme prouvera la réception de la dot; il lui restera encore à établir la consistance de cette dot. Cette preuve lui sera très facile, s'il s'agit d'une constitution de dot à titre particulier; on se reportera alors au contrat de mariage. S'agit-il, au contraire, d'une institution contractuelle, après le décès du constituant, comment la femme établira-t-elle le montant de l'actif qu'elle a recueilli dans sa succession ? Pas de difficulté pour les immeubles. Quant aux meubles, elle établira leur consistance au moyen de l'inventaire que le mari en sa qualité d'usufruitier a dû faire dresser (art. 1562 et 600). S'il avait négligé de faire dresser cet inventaire,

la femme pourrait avoir recours à la preuve par commune renommée (1).

Arrivons à la seconde hypothèse, celle où la dot a été constituée par la femme elle-même. Si le montant de la dot est supérieur à 150 francs, elle doit produire une quittance, car il lui a été possible de se réserver du paiement une preuve écrite. Elle doit fournir cette quittance même si le paiement a été effectué pendant le mariage (2), car en dehors de la preuve d'un abus de puissance maritale, on ne peut pas dire que la femme ait été dans l'impossibilité de se procurer une preuve littérale aux termes de l'article 1348. On objecte que le mari, en ne délivrant pas de quittance à la femme, a commis un quasi-délit; l'objection ne porte pas, puisque, pour prouver ce quasi-délit, il faudrait prouver d'abord le fait qui lui a donné naissance, c'est-à-dire la réception de la dot, et ceci elle ne peut le faire que conformément au droit commun. La preuve testimoniale ne sera donc admissible, et, par conséquent aussi les présomptions, que si la dot est inférieure à 150 francs ou si la femme a un commencement de preuve par écrit.

En tout cas, on est d'accord en doctrine (3) pour

---

(1) Rodière et Pont, t. III, n° 1927. — Aubry et Rau, t. V, § 540, notes 8 et 10, pp. 625 et 626. — Paris, 9 mai 1888, D., Sup. v° *Contrat de mariage*, n° 1497, p. 265.

(1) Aubry et Rau, t. V, § 540, p. 627 et 628, note 17.

(2) Aubry et Rau, t. V, § 540, note 14, p. 627. — Laurent, t. XXIII, n° 564. — Guillouard, t. IV, n° 2140. — *Contrà*, Taulier, t. V, p. 353. — Rodière et Pont, t. III, n° 1917.

(3) Troplong, t. IV, n° 3958. — Laurent, t. XXIII, n° 564. — Aubry et Rau, t. V, § 540, note 16, p. 627. — Guillouard, t. IV, n° 2133. — Colmet de Santerre, t. VI, n° 241 *bis*-IV. — Labbé, note sous Caen, 3 mars 1875. S., 75. 2. 201.

établi qu'en faveur de la femme, ne peut pas être invoqué par ce constituant) et qu'il subisse les conséquences de l'insolvabilité de ce dernier, puisqu'il n'a pas agi en temps utile.

Pour que la femme puisse invoquer cette présomption, il est nécessaire, d'après l'article 1569, que le mariage ait duré dix ans. Il faut entendre par là le mariage *integris status*, si l'on peut ainsi dire. Si la séparation de biens avait été prononcée avant l'expiration des dix ans, le mari n'ayant pas eu, pendant l'intégralité de ce délai, d'action contre le constituant, la femme ne pourrait pas invoquer plus tard la disposition de l'article 1569 (1).

Voilà dans ce cas comment la femme prouvera la réception de la dot; il lui restera encore à établir la consistance de cette dot. Cette preuve lui sera très facile, s'il s'agit d'une constitution de dot à titre particulier; on se reportera alors au contrat de mariage. S'agit-il, au contraire, d'une institution contractuelle, après le décès du constituant, comment la femme établira-t-elle le montant de l'actif qu'elle a recueilli dans sa succession ? Pas de difficulté pour les immeubles. Quant aux meubles, elle établira leur consistance au moyen de l'inventaire que le mari en sa qualité d'usufruitier a dû faire dresser (art. 1562 et 600). S'il avait négligé de faire dresser cet inventaire,

la femme pourrait avoir recours à la preuve par commune renommée (1).

Arrivons à la seconde hypothèse, celle où la dot a été constituée par la femme elle-même. Si le montant de la dot est supérieur à 150 francs, elle doit produire une quittance, car il lui a été possible de se réserver du paiement une preuve écrite. Elle doit fournir cette quittance même si le paiement a été effectué pendant le mariage (2), car en dehors de la preuve d'un abus de puissance maritale, on ne peut pas dire que la femme ait été dans l'impossibilité de se procurer une preuve littérale aux termes de l'article 1348. On objecte que le mari, en ne délivrant pas de quittance à la femme, a commis un quasi-délit; l'objection ne porte pas, puisque, pour prouver ce quasi-délit, il faudrait prouver d'abord le fait qui lui a donné naissance, c'est-à-dire la réception de la dot, et ceci elle ne peut le faire que conformément au droit commun. La preuve testimoniale ne sera donc admissible, et, par conséquent aussi les présomptions, que si la dot est inférieure à 150 francs ou si la femme a un commencement de preuve par écrit.

En tout cas, on est d'accord en doctrine (3) pour

---

(1) Rodière et Pont, t. III, n° 1927. — Aubry et Rau, t. V, § 540, notes 8 et 10, pp. 695 et 696. — Paris, 9 mai 1888, D., Sup. v° *Contrat de mariage*, n° 1497, p. 265.

---

(1) Aubry et Rau, t. V, § 540, pp. 627 et 628, note 17.
(2) Aubry et Rau, t. V, § 540, note 14, p. 627. — Laurent, t. XXIII, n° 564. — Guillouard, t. IV, n° 2140. — *Contrà*, Taulier, t. V, p. 353. — Rodière et Pont, t. III, n° 1917.
(3) Troplong, t. IV, n° 3958. — Laurent, t. XXIII, n° 564. — Aubry et Rau, t. V, § 540, note 16, p. 627. — Guillouard, t. IV, n° 2133. — Colmet de Santerre, t. VI, n° 241 *bis*-IV. — Labbé, note sous Caen, 3 mars 1875. S., 75. 2. 201.

refuser à la femme le droit d'invoquer la présomption de l'article 1569. Peut-on, en effet, véritablement reprocher au mari, dans cette hypothèse, de ne pas avoir intenté des poursuites rigoureuses contre sa femme et le rendre par ce motif responsable de la dot qu'il [n'a pas reçue? La cour de Caen a cependant décidé le contraire le 3 mars 1875 (1). Quant à Rodière et Pont (2), ils distinguent suivant le cas où lors du mariage la femme avait des paraphernaux qu'elle n'a plus, et celui où il lui reste des valeurs paraphernales égales ou supérieures à la dot promise. Ils n'appliquent l'article 1569 qu'au premier cas. Cette distinction est arbitraire, elle ne se trouve pas dans l'article 1569; cette circonstance pour la femme d'avoir eu lors du mariage des paraphernaux qu'elle n'a plus, n'a de valeur que comme présomption de fait, mais non comme présomption légale; la femme, au lieu d'employer ces valeurs à payer sa dot, a très bien pu les dissiper.

Quant à la preuve de la consistance de la dot, la femme la fournira en produisant la quittance. Si l'on se trouve en présence d'un des cas exceptionnels où elle peut prouver la réception de la dot par d'autres modes de preuve, elle produira le contrat de mariage pour les biens présents qu'elle s'était constituée en dot; quant aux biens à venir, pour ceux qui lui sont échus avant la séparation de biens à titre de donation, elle fournira l'acte même de donation, et pour ceux qu'elle a recueillis à titre de succession, l'inventaire qu'a dû

(1) Caen, 3 mars 1875, S., 75.2.201, et la note contraire de Labbé.
(2) Rodière et Pont, t. III, n° 1924.

faire dresser le mari ; à défaut, elle pourra recourir à la preuve par commune renommée.

Appendice

DE LA RESTITUTION EXCEPTIONNELLE DES PARAPHERNAUX

Jusqu'ici nous avons supposé que la restitution portait sur les biens dotaux. Ce sont, en effet, les seuls sur lesquels en principe le mari a un droit de jouissance et d'administration, la femme ayant la jouissance et l'administration de ses paraphernaux. Il n'y a donc pas lieu, d'ordinaire, à restitution pour ces derniers, mais si elle avait laissé administrer par son mari sa fortune paraphernale, ou même si le mari tenait ce droit du contrat de mariage, il devrait en opérer la restitution après la séparation de biens.

Pour cette restitution, il devrait être considéré comme un débiteur ordinaire et on ne devrait pas lui appliquer les dispositions exceptionnelles qui règlent celle des biens dotaux. Ainsi sa jouissance cesserait comme celle d'un usufruitier ordinaire et on devrait appliquer l'article 585 et non l'article 1571. Il ne jouirait certainement pas non plus du délai d'un an pour rembourser à sa femme les sommes paraphernales, et cela même dans l'opinion qui lui accorde ce délai pour les sommes dotales après la séparation de biens. Par contre, la femme pour prouver la réception des paraphernaux ne pourrait pas invoquer la présomption de l'article 1569. Toutes ces dispositions sont éminemment exceptionnelles et on ne doit pas les étendre à d'autres objets que ceux prévus par le législateur.

refuser à la femme le droit d'invoquer la présomption de l'article 1569. Peut-on, en effet, véritablement reprocher au mari, dans cette hypothèse, de ne pas avoir intenté des poursuites rigoureuses contre sa femme et le rendre par ce motif responsable de la dot qu'il [n'a pas reçue? La cour de Caen a cependant décidé le contraire le 3 mars 1875 (1). Quant à Rodière et Pont (2), ils distinguent suivant le cas où lors du mariage la femme avait des paraphernaux qu'elle n'a plus, et celui où il lui reste des valeurs paraphernales égales ou supérieures à la dot promise. Ils n'appliquent l'article 1569 qu'au premier cas. Cette distinction est arbitraire, elle ne se trouve pas dans l'article 1569; cette circonstance pour la femme d'avoir eu lors du mariage des paraphernaux qu'elle n'a plus, n'a de valeur que comme présomption de fait, mais non comme présomption légale; la femme, au lieu d'employer ces valeurs à payer sa dot, a très bien pu les dissiper.

Quant à la preuve de la consistance de la dot, la femme la fournira en produisant la quittance. Si l'on se trouve en présence d'un des cas exceptionnels où elle peut prouver la réception de la dot par d'autres modes de preuve, elle produira le contrat de mariage pour les biens présents qu'elle s'était constituée en dot ; quant aux biens à venir, pour ceux qui lui sont échus avant la séparation de biens à titre de donation, elle fournira l'acte même de donation, et pour ceux qu'elle a recueillis à titre de succession, l'inventaire qu'a dû

(1) Caen, 3 mars 1875, S., 75. 2. 201, et la note contraire de Labbé.
(2) Rodière et Pont, t. III, n° 1924.

faire dresser le mari ; à défaut, elle pourra recourir à la preuve par commune renommée.

Appendice

DE LA RESTITUTION EXCEPTIONNELLE DES PARAPHERNAUX

Jusqu'ici nous avons supposé que la restitution portait sur les biens dotaux. Ce sont, en effet, les seuls sur lesquels en principe le mari a un droit de jouissance et d'administration, la femme ayant la jouissance et l'administration de ses paraphernaux. Il n'y a donc pas lieu, d'ordinaire, à restitution pour ces derniers, mais si elle avait laissé administrer par son mari sa fortune paraphernale, ou même si le mari tenait ce droit du contrat de mariage, il devrait en opérer la restitution après la séparation de biens.

Pour cette restitution, il devrait être considéré comme un débiteur ordinaire et on ne devrait pas lui appliquer les dispositions exceptionnelles qui règlent celle des biens dotaux. Ainsi sa jouissance cesserait comme celle d'un usufruitier ordinaire et on devrait appliquer l'article 585 et non l'article 1571. Il ne jouirait certainement pas non plus du délai d'un an pour rembourser à sa femme les sommes paraphernales, et cela même dans l'opinion qui lui accorde ce délai pour les sommes dotales après la séparation de biens. Par contre, la femme pour prouver la réception des paraphernaux ne pourrait pas invoquer la présomption de l'article 1569. Toutes ces dispositions sont éminemment exceptionnelles et on ne doit pas les étendre à d'autres objets que ceux prévus par le législateur.

CHAPITRE III

EFFETS DE LA SÉPARATION DE BIENS SUR LA CONDITION DES BIENS DE LA FEMME

Avant d'entrer dans l'étude détaillée de ces effets, rappelons le principe général d'interprétation que nous avons adopté : lorsque la restitution de la dot a été effectuée, les règles du régime dotal disparaissent, pour faire place à celles de la séparation de biens, telle qu'elle a été réglée par les articles 1443 et suivants ; toutefois, cet effet ne se produit que sous réserve du maintien des garanties spéciales au régime dotal.

En partant de ce principe, on aboutit à cette première conséquence que la condition des paraphernaux n'est pas modifiée ; ils restent ce qu'ils étaient auparavant : aliénables et prescriptibles.

En second lieu, la condition spéciale des biens dotaux consistant dans leur inaliénabilité et leur imprescriptibilité, et cette double condition constituant précisément la garantie particulière attachée au régime dotal, on devrait également conclure que ces deux caractères survivent à la séparation de biens. En réalité,

nous savons qu'il n'en est pas ainsi ; et le législateur, dans l'article 1561-2°, pour des raisons purement pratiques, a supprimé l'imprescriptibilité. Il n'en est pas moins vrai que le principe subsiste pour l'inaliénabilité. D'où l'effet général de la séparation de biens sur la condition des biens de la femme peut se résumer dans cette double proposition : l'inaliénabilité est maintenue, mais l'imprescriptibilité cesse. Nous allons développer ces deux propositions dans les deux sections suivantes :

Section I. — Du maintien de l'inaliénabilité.
Section II. — De la cessation de l'imprescriptibilité.

SECTION PREMIÈRE

Du maintien de l'inaliénabilité après la séparation de biens.

Nous devons compléter tout d'abord les explications que nous avons fournies sur le maintien de l'inaliénabilité, lorsque nous avons recherché, dans un chapitre préliminaire, un principe général d'interprétation.

En faveur de cette solution, nous avons observé que la séparation de biens, étant une mesure préventive de protection, ne pouvait pas se retourner contre la femme et anéantir les garanties particulières du régime qu'elle avait adopté. Nous avons dit, en outre, que sous le régime dotal l'indisponibilité de la dot était fondée sur la destination des biens, et, cette destination durant autant que le mariage, qu'il ne pouvait être question

de supprimer l'effet tant qu'existait sa cause. Nous ajouterons à ces remarques une autre considération : si l'inaliénabilité disparaissait, la séparation de biens pourrait être concertée pour rendre possible une aliénation, qui serait immédiatement suivie du rétablissement du régime primitif (arg., art. 1454). On est alors en droit de se demander si la justice serait toujours en état de déjouer la fraude (1).

Voilà pourquoi nous pensons que le législateur, lorsqu'il a rendu dans l'article 1554 les immeubles dotaux inaliénables pendant le mariage, en employant une expression large, l'a fait en connaissance de cause. Il n'a pas statué simplement de eo quod plerumque fit, à propos d'un mariage qui normalement doit exister sans séparation de biens. Il a, au contraire, pensé que cet événement pourrait se produire et néanmoins, sous l'empire des considérations que nous venons de rappeler, il n'a fait aucune distinction.

Qu'on n'objecte pas contre notre solution la cessation de l'imprescriptibilité. Sans doute, avant la séparation de biens, une des causes de cette imprescriptibilité était l'inaliénabilité, mais ce n'était pas la seule; les rédacteurs du Code avaient eu surtout en vue, en second lieu, les pouvoirs exorbitants qu'ils avaient accordés au mari; qu'on songe que ces pouvoirs lui permettaient d'exercer seul, à l'exclusion de sa femme, toutes les actions dotales, même les actions pétitoires immobilières, et l'on ne sera plus étonné

(1) Voir Labbé : Examen doctrinal de jurisprudence, Revue critique, 1887, p. 445.

qu'il ait surtout considéré l'imprescriptibilité comme un secours contre la négligence du mari. La femme ayant recouvré après la séparation de biens l'exercice de ses actions, ce motif n'existait plus; aussi, le législateur a-t-il pensé qu'elle pourrait désormais facilement interrompre les prescriptions en cours; il a, par suite, déclaré de ce jour les immeubles dotaux prescriptibles. Voilà pourquoi l'on peut dire avec Colmet de Santerre (1) que « si l'inaliénabilité engendre l'imprescriptibilité, ce n'est pas une raison pour dire que la prescriptibilité engendre l'aliénabilité. »

Il est bon d'ajouter, en une matière toute traditionnelle comme l'est le régime dotal, que la persistance de l'inaliénabilité était admise par nos anciens auteurs (2). Dans l'ancien droit, on admettait même la persistance de l'imprescriptibilité (3); les rédacteurs du Code civil, ayant voulu repousser cette règle, ont été obligés d'ajouter un paragraphe indiquant formellement leur intention à cet égard. Ce fait seul ne nous montre-t-il pas mieux que tout autre que les termes absolus de de l'article 1554 ne comportent volontairement aucune distinction ?

Aussi cette solution est-elle admise par l'unanimité de la doctrine et de la jurisprudence. Seuls, nous l'avons

(1) Colmet de Santerre, t. VI, n° 235 bis-I.
(2) D'Espeisses, t. I, tit. XV, De la dot, sect. 2, n° 23, I, p. 402. Domat, Lois civiles, liv. I, tit. X, sect. 5, n° 4, p. 118. — Merlin, Répertoire, v° Dot, § 11, n° 3 in fine. — Salviat, v° Dot, n° 9, pp. 199 et 200.
(3) Lapeyrère, Décisions sommaires du Palais, lettre S, n° 27, nota, p. 413.

vu, Delvincourt et Toullier ont soutenu l'opinion contraire au début du siècle (1).

Jusqu'en ces derniers temps, il était admis également sans difficulté que l'inaliénabilité dotale survivait à la séparation du corps, car le mariage n'est pas
dissous. Mais depuis que la loi du 6 février 1893 a
rendu à la femme séparée de corps le plein exercice de
sa capacité civile, on s'est demandé si, par là-même,
cette loi n'avait pas fait disparaître l'inaliénabilité
dotale. Pour nous, sa survivance ne saurait faire de
doute. Nous avons admis, en effet, que cette inaliénabilité s'analysait en une indisponibilité réelle des biens
dotaux et non pas en une incapacité spéciale de la
femme. Dès lors, qu'importe que la capacité de la
femme ait été ou non étendue pour la solution de
notre question?

Pour ceux qui voient, au contraire, dans l'inaliénabilité une incapacité personnelle de la femme, la question peut faire quelque doute, car d'après l'article 311
nouveau la séparation de corps a pour effet de rendre
à la femme le *plein exercice* de sa capacité civile.
Voilà bien des termes absolus et qui ne paraissent
souffrir aucune distinction. Cependant, même dans

(1) Delvincourt : Cours de droit civil, 2ᵉ éd., t. III, 2ᵉ partie :
notes et explications, p. 114, nᵒ 10. — Toullier, t. XIV, p. 280. —
Contrà, Cass. Req., 19 août 1819, Devilleneuve et Carette, 1819,
p. 118. — Duranton, t. XV, nᵒ 590. — Marcadé, sur l'art. 1554,
nᵒ 5. — Troplong, t. IV, nᵒ 3598 — Rodière et Pont, t. III, nᵒˢ 1770
et 2190. — Aubry et Rau, t. V, § 539, nᵒ 618. — Laurent, t. XXIII,
nᵒ 555. — Colmet de Santerre, t. VI, nᵒ 235 bis-I. — Guillouard,
t. IV, nᵒ 2110. — Huc, t. IX, nᵒ 492, p. 580.

cette opinion, on devrait admettre la survivance de
l'inaliénabilité dotale. La loi du 6 février 1893 n'a pas
eu, en effet, pour but de toucher à cette question et on
a voulu laisser subsister sur ce point l'état de choses
antérieur. Par ces expressions : « *Rendre à la femme
le plein exercice de sa capacité civile* », le législateur
a entendu faire simplement disparaître l'incapacité
ordinaire et générale de toute femme mariée; il a
voulu dispenser la femme séparée de corps à son
mari une autorisation quelconque, demande toujours
humiliante et souverainement désagréable pour elle,
étant donné les termes où elle se trouve à son égard.

La discussion de la loi au Sénat, tout comme le rapport fait à la Chambre des députés, montrent clairement que telle a été la pensée du législateur.

Un amendement fut présenté au Sénat par M. Pâris,
pour reprendre le projet admis par le Conseil d'État
et rejeté par la Commission. Il contenait la disposition
actuelle de l'article 311 : « Elle (la séparation de corps)
a pour effet de rendre à la femme le plein exercice de
sa capacité civile, etc. » Un sénateur, M. Roger-Marvaise, vint déclarer que cette réduction comportait la
disparition de l'inaliénabilité dotale. Voici la réponse
de M. Léon Renault, qui soutenait l'amendement (1) :
« D'après la législation actuelle, est-ce qu'un mari
« pourrait autoriser la femme séparée de corps à
« aliéner le fonds dotal? Incontestablement non. Par
« conséquent, la disparition de la nécessité de l'auto-

(1) *Journal officiel*, Séance du 20 janvier 1887, Sénat : Débats
Parlementaires, p. 35, 1ᵉ col.

vu, Delvincourt et Toullier ont soutenu l'opinion contraire au début du siècle (1).

Jusqu'en ces derniers temps, il était admis également sans difficulté que l'inaliénabilité dotale survivait à la séparation du corps, car le mariage n'est pas dissous. Mais depuis que la loi du 6 février 1893 a rendu à la femme séparée de corps le plein exercice de sa capacité civile, on s'est demandé si, par là-même, cette loi n'avait pas fait disparaître l'inaliénabilité dotale. Pour nous, sa survivance ne saurait faire de doute. Nous avons admis, en effet, que cette inaliénabilité s'analysait en une indisponibilité réelle des biens dotaux et non pas en une incapacité spéciale de la femme. Dès lors, qu'importe que la capacité de la femme ait été ou non étendue pour la solution de notre question?

Pour ceux qui voient, au contraire, dans l'inaliénabilité une incapacité personnelle de la femme, la question peut faire quelque doute, car d'après l'article 311 nouveau la séparation de corps a pour effet de rendre à la femme le *plein exercice* de sa capacité civile. Voilà bien des termes absolus et qui ne paraissent souffrir aucune distinction. Cependant, même dans

(1) Delvincourt : Cours de droit civil, 2ᵉ éd., t. III, 2ᵉ partie : notes et explications, p. 114, nᵒ 10. — Toullier, t. XIV, p. 280. — *Contrà*, Cass. Req., 19 août 1819, Devilleneuve et Carette, 1819, p. 118. — Duranton. t. XV, nᵒ 593. — Marcadé, sur l'art. 1554, nᵒ 5. — Troplong, t. IV, nᵒ 3508 — Rodière et Pont, t. III, nᵒˢ 1770 et 2196. — Aubry et Rau, t. V, § 539, p. 648. — Laurent, t. XXIII, nᵒ 555. — Colmet de Santerre, t. VI, nᵒ 235 bis-I. — Guillouard, t. IV, nᵒ 2110. — Huc, t. IX, nᵒ 492, p. 580.

cette opinion, on devrait admettre la survivance de l'inaliénabilité dotale. La loi du 6 février 1893 n'a pas eu, en effet, pour but de toucher à cette question et on a voulu laisser subsister sur ce point l'état de choses antérieur. Par ces expressions : « *Rendre à la femme le plein exercice de sa capacité civile* », le législateur a entendu faire simplement disparaître l'incapacité ordinaire et générale de toute femme mariée; il a voulu dispenser la femme séparée de corps de demander à son mari une autorisation quelconque, demande toujours humiliante et souverainement désagréable pour elle, étant donné les termes où elle se trouve à son égard.

La discussion de la loi au Sénat, tout comme le rapport fait à la Chambre des députés, montrent clairement que telle a été la pensée du législateur.

Un amendement fut présenté au Sénat par M. Pâris, pour reprendre le projet admis par le Conseil d'État et rejeté par la Commission. Il contenait la disposition actuelle de l'article 311 : « Elle (la séparation de corps) a pour effet de rendre à la femme le plein exercice de sa capacité civile, etc. » Un sénateur, M. Roger-Marvaise, vint déclarer que cette réduction comportait la disparition de l'inaliénabilité dotale. Voici la réponse de M. Léon Renault, qui soutenait l'amendement (1) : « D'après la législation actuelle, est-ce qu'un mari « pourrait autoriser la femme séparée de corps à « aliéner le fonds dotal? Incontestablement non. Par « conséquent, la disparition de la nécessité de l'auto-

(1) *Journal officiel*, Séance du 20 janvier 1887, Sénat : Débats parlementaires, p. 35, 1ᵉ col.

« risation maritale après que la séparation de corps a
« été prononcée n'a *rien à voir avec l'inaliénabilité*
« *du fonds dotal*, il ne s'agit que d'autoriser la femme
« séparée à faire seule, en vertu de sa capacité, les
« actes pour lesquels elle est obligée de demander
« aujourd'hui l'autorisation du mari. »

L'amendement Pâris fut rejeté dans cette séance du
20 janvier 1887, et, dans celle du 25 janvier, le Sénat
vota la rédaction suivante : « *Si elle* (la séparation de
corps) *est prononcée contre le mari*, elle a, en outre,
pour effet de rendre à la femme le plein exercice de
sa capacité civile, etc. » Ainsi la modification portait
uniquement sur ce point : que seule la femme en faveur de qui serait prononcée la séparation recouvre-
rait sa pleine capacité. Mais, dans ce cas ce sont les
mêmes expressions qui sont employées : « plein exercice de la capacité civile. » On est donc autorisé à
retenir les paroles de M. Léon Renault pour en expliquer la portée.

Bien plus, la commission de la Chambre des députés repoussa cette distinction et proposa le système
uniforme de l'amendement Pâris et du Conseil d'État.
Dans son rapport, le rapporteur, M. Arnault, expli-
quait ainsi cette formule : « La femme reprend toute
« sa liberté, même d'aliénation, *sauf pour les biens*
« *dotaux, qui restent inaliénables conformément à*
« *l'article 1561 du Code civil* (en réalité 1554), avec
« les exceptions prévues en l'article 1558, où l'auto-
« risation de la justice reste nécessaire (1). »

(1) *Journal officiel*, Ch. des députés, session extraordinaire de
1887. Doc. parlementaires, annexe 2151, p. 440, 3e col.

Et plus loin : « De même restent en vigueur toutes
« les dispositions de la loi qui ne touchent pas à la
« capacité. Nous avons déjà eu l'occasion de men-
« tionner la *survivance de l'inaliénabilité de la dot*
« *sous le régime dotal* (1). »

Ce texte, qui forme aujourd'hui le troisième alinéa
de l'article 311, fut voté par la Chambre le 18 juin 1892
et par le Sénat le 17 janvier 1893.

Cet examen rapide des travaux préparatoires dissipe
toute équivoque, et on comprend que la doctrine ait
été unanime à admettre, malgré la loi du 6 février 1893,
la survivance de l'inaliénabilité dotale à la séparation
de corps (2). Ce qui prouve, d'ailleurs, que la question
ne saurait faire de difficulté, c'est qu'à notre connaissance du moins on ne trouve encore aucune décision
de jurisprudence sur ce point.

Nous venons de montrer que l'inaliénabilité de la
dot survit tant à la séparation de biens qu'à la séparation de corps ; nous devons étudier l'étendue de cette

(1) *Loc. cit.*, p. 441, 3e col.

(2) Huc, t. V, Appendice, n° 480, p. 579. — Cabouat : *Examen
théorique et pratique de la loi du 6 février 1893* dans les *Lois
nouvelles*, 1893, 1re partie, pp. 325 et suiv. — Thénot : *Kratow de
la loi du 6 février 1893*, dans la *Revue critique*, 1893, p. 380.
— Arnault, *Examen du projet de loi voté le 18 juin 1892 par la
Chambre, le 25 juin 1893 par le Sénat, et tendant à modifier le
régime de la sép. de corps*, dans le *Recueil de l'Académie de
législation de Toulouse*, t. XLI, pp. 315 et 346. — Sarraud : *Commentaire de la loi du 6 février 1893*, Thèse, p. 431. — Chrestien,
Capacité civile de la femme séparée de corps, Thèse, pp. 104 et
suiv.

« risation maritale après que la séparation de corps a
« été prononcée *n'a rien à voir avec l'inaliénabilité*
« *du fonds dotal*, il ne s'agit que d'autoriser la femme
« séparée à faire seule, en vertu de sa capacité, les
« actes pour lesquels elle est obligée de demander
« aujourd'hui l'autorisation du mari. »

L'amendement Pâris fut rejeté dans cette séance du
20 janvier 1887, et, dans celle du 25 janvier, le Sénat
vota la rédaction suivante : « *Si elle* (la séparation de
corps) *est prononcée contre le mari*, elle a, en outre,
pour effet de rendre à la femme le plein exercice de
sa capacité civile, etc. » Ainsi la modification portait
uniquement sur ce point : que seule la femme en faveur de qui serait prononcée la séparation recouvre-
rait sa pleine capacité. Mais, dans ce cas ce sont les
mêmes expressions qui sont employées : « plein exercice de la capacité civile. » On est donc autorisé à
retenir les paroles de M. Léon Renault pour en expliquer la portée.

Bien plus, la commission de la Chambre des députés repoussa cette distinction et proposa le système
uniforme de l'amendement Pâris et du Conseil d'État.
Dans son rapport, le rapporteur, M. Arnault, expli-
quait ainsi cette formule : « La femme reprend toute
« sa liberté, même d'aliénation, sauf pour les biens
« *dotaux*, qui restent *inaliénables* conformément à
« *l'article 1564 du Code civil* (en réalité 1554), avec
« les exceptions prévues en l'article 1558, où l'auto-
« risation de la justice reste nécessaire (1). »

(1) *Journal officiel*, Ch. des députés, session extraordinaire de
1887. Doc. parlementaires, annexe 2151, p. 440, 3e col.

Et plus loin : « De même restent en vigueur toutes
« les dispositions de la loi qui ne touchent pas à la
« capacité. Nous avons déjà eu l'occasion de men-
« tionner *la survivance de l'inaliénabilité de la dot
« sous le régime dotal* (1). »

Ce texte, qui forme aujourd'hui le troisième alinéa
de l'article 311, fut voté par la Chambre le 18 juin 1892
et par le Sénat le 17 janvier 1893.

Cet examen rapide des travaux préparatoires dissipe
toute équivoque, et on comprend que la doctrine ait
été unanime à admettre, malgré la loi du 6 février 1893,
la survivance de l'inaliénabilité dotale à la séparation
de corps (2). Ce qui prouve, d'ailleurs, que la question
ne saurait faire de difficulté, c'est qu'à notre connaissance du moins on ne trouve encore aucune décision
de jurisprudence sur ce point.

Nous venons de montrer que l'inaliénabilité de la
dot survit tant à la séparation de biens qu'à la séparation de corps; nous devons étudier l'étendue de cette

(1) *Loc. cit.*, p. 444, 3e col.
(2) Duc, t. V, Appendice, n° 480, p. 579. — Cahouet : *Examen
théorique et pratique de la loi du 6 février 1893* dans les *Lois
nouvelles*, 1893, 1re partie, pp. 325 et suiv. — Thénot : *Examen de
la loi du 6 février 1893*, dans la *Revue critique*, 1893, p. 389.
— Arnault, *Examen du projet de loi voté le 18 juin 1892 par la
Chambre, le 25 janv. 1893 par le Sénat, et tendant à modifier le
régime de la sép. de corps*, dans le *Recueil de l'Académie de
législation de Toulouse*, t. XLI, pp. 315 et 346. — Sarraut : *Commentaire de la loi du 6 février 1893*, Thèse, p. 431. — Chrestien,
Capacité civile de la femme séparée de corps, Thèse, pp. 104 et
suiv.

inaliénabilité soit au point de vue des actes incompatibles avec elle, et qui dès lors sont interdits à la femme, soit au point de vue des biens qui en sont frappés. Cette étude comprendra deux paragraphes.

§ 1er. — Étendue de l'inaliénabilité quant aux actes interdits à la femme séparée.

Cette inaliénabilité subsiste dans les mêmes termes et avec la même étendue qu'avant la séparation de biens. Tel est le principe. Examinons-le successivement à propos des immeubles et à propos des meubles.

A. — Immeubles

D'après la règle que nous venons de poser, nous devons retrouver à propos de cette inaliénabilité la même portée, les mêmes exceptions, la même sanction.

Tout d'abord, l'inaliénabilité a la même portée. Ainsi la femme séparée, quoique autorisée de son mari, ne peut en principe aliéner directement ses immeubles dotaux ni à titre onéreux, ni à titre gratuit ; elle ne peut ni les hypothéquer, ni les grever de servitudes, pas plus qu'elle ne peut les affecter à l'exécution de ses obligations.

Il en résulte en second lieu qu'elle ne peut pas, après la séparation de biens, ratifier l'aliénation d'un immeuble dotal consentie soit par le mari seul, soit par elle et son mari conjointement.

Mais que décider dans le cas où un immeuble dotal a

été compris par erreur dans une saisie ? La femme peut-elle encourir quelque déchéance en ne demandant pas la nullité de la saisie en temps utile, et peut-elle arriver ainsi à aliéner indirectement sa dot ? Deux hypothèses sont à distinguer : 1° L'immeuble a été saisi sur la tête du mari ; on se trouve en présence d'une saisie *super non domino* et la femme, qui est un tiers par rapport à cette procédure, pourra demander la distraction conformément aux articles 725 à 727 du Code de procédure civile ; si elle laisse poursuivre l'adjudication, elle aura une action en revendication.

2° L'immeuble a été saisi sur la tête de la femme ou sur la tête des deux époux conjointement. La femme dans cette hypothèse n'est plus un tiers ; elle ne pourra pas demander la distraction ; elle pourra, conformément à l'article 728, premier alinéa du Code de procédure civile demander la nullité de la saisie : Mais n'aura-t-elle que ce moyen et encourra-t-elle la déchéance établie dans cet article ?

« *Les moyens de nullité*, y trouvons-nous, *tant en la forme qu'au fond contre la procédure qui précède la publication du cahier des charges, devront être proposés à peine de déchéance trois jours au plus tard avant cette publication* ». Appliquer cet article à la dotalité n'est-ce pas permettre à la femme d'aliéner indirectement sa dot ? La question est vivement controversée, car on se trouve en présence d'un conflit entre deux intérêts également chers au législateur et qui s'excluent l'un l'autre : la conservation de la dot d'une part, et la stabilité des ventes publiques d'immeubles d'autre part. Nous pensons avec la jurispru-

dence (1) et la majorité des auteurs (2) que c'est ce dernier intérêt qui doit triompher dans l'espèce.

L'article 728 est, en effet, absolu. Ce ne sont pas seulement les moyens de nullité pour vices de forme, mais aussi ceux qui touchent au fond, qui doivent être proposés à peine de déchéance dans les trois jours qui précèdent la publication du cahier des charges. Parmi ces derniers figure l'insaisissabilité de l'immeuble, et partant la dotalité. L'ordre public est intéressé au premier chef à la stabilité des ventes publiques d'immeubles, pour exciter les adjudicataires à enchérir, et pour aboutir à l'aliénation de l'immeuble au grand avantage du saisi et de ses créanciers. La dot sans doute est indisponible; mais cette indisponibilité ne va pas cependant jusqu'à faire échec à tous les principes d'ordre public. Ainsi elle n'assure pas à la femme l'irresponsabilité pécuniaire à raison de ses crimes et

(1) Cass. civ., 20 août 1861, D., 62. 1. 129. — Cass. req., 21 janvier 1867, D., 67. 1. 209. — Cass. req., 9 mars 1870, D., 72. 1. 85. — Cass. req., 16 mai 1870, D., 72. 1. 85. — Cass. req., 24 mars 1875, D., 75. 1. 488 et la note. — Limoges, 24 juin 1853. D., 53. 2. 197. — Toulouse, 12 juin 1860, D., 61. 2. 35. — Contrà, Poitiers, 20 juillet 1852, D., 53. 2. 21. — Bordeaux, 20 juillet 1857, D., 57. 2. 216. — Agen, 8 février 1861, S., 61. 2. 227.

(2) Aubry et Rau, t. V, § 538, note 19, p. 610. — Colmet-Daage : *Procédure civile*, n° 966. — Demolombe : *Revue critique*, 1854, p. 148, § 11. — Rousseau de Lesmay : *Dictionnaire de procédure*, v° *Ventes judiciaires d'immeubles*, n° 1120 et 1121. — Garsonnet : *Traité de procédure*, t. IV, n° 761, p. 425. — Contrà, Dalloz. *Répertoire*, v° *Vente publique d'immeubles*, n° 1290 et suiv. — Boitou, n° 165. — Vachat : *De la séparation de biens sous le régime dotal*, thèse, pp. 249 et suiv.

délits; ainsi encore elle ne s'oppose pas à ce qu'un jugement relatif à un bien dotal, et qui est défavorable à la femme, acquière l'autorité de la chose jugée. C'est à peu près la même question qui se pose pour l'application de l'article 728 du Code de procédure civile. Dans l'un comme dans l'autre cas, il peut en résulter une perte de la dot pour la femme; mais c'est qu'au dessus de l'indisponibilité dotale se place cet intérêt d'ordre public au premier chef, à savoir la nécessité de mettre un terme aux procès et d'assurer le sort de la propriété.

Dans ce cas, si la femme ne propose pas ce moyen de nullité en temps utile, elle aura perdu l'immeuble dotal, en ce sens qu'elle ne pourra plus le revendiquer entre les mains de l'adjudicataire. Mais comme elle n'a pas pu faire disparaître sa dot, elle doit pouvoir en retrouver la valeur, dans la mesure où la demande de la femme ne peut pas nuire à l'adjudicataire et, par conséquent à la stabilité des ventes judiciaires d'immeubles. L'indisponibilité de la dot reprend alors son empire. La femme pourra donc exiger de l'adjudicataire la totalité du prix et se le faire attribuer dans l'ordre ouvert (1). L'adjudicataire ne souffre ainsi aucun préjudice et, d'un autre côté, les créanciers poursuivants n'ont pas à se plaindre; il s'agit là du prix provenant de biens dotaux et, par conséquent, il n'avait pas pu être affecté aux obligations de la femme.

Puisque l'inaliénabilité a la même portée après la

(1) Aubry et Rau, t. V, § 538, p. 610. — Cass. req., 21 janvier 1856, S., 56. 1. 329.

dence (1) et la majorité des auteurs (2) que c'est ce dernier intérêt qui doit triompher dans l'espèce.

L'article 728 est, en effet, absolu. Ce ne sont pas seulement les moyens de nullité pour vices de forme, mais aussi ceux qui touchent au fond, qui doivent être proposés à peine de déchéance dans les trois jours qui précèdent la publication du cahier des charges. Parmi ces derniers figure l'insaisissabilité de l'immeuble, et partant la dotalité. L'ordre public est intéressé au premier chef à la stabilité des ventes publiques d'immeubles, pour exciter les adjudicataires à enchérir, et pour aboutir à l'aliénation de l'immeuble au grand avantage du saisi et de ses créanciers. La dot sans doute est indisponible; mais cette indisponibilité ne va pas cependant jusqu'à faire échec à tous les principes d'ordre public. Ainsi elle n'assure pas à la femme l'irresponsabilité pécuniaire à raison de ses crimes et

---

(1) Cass. civ., 20 août 1861, D., 62. 1. 129. — Cass. req., 21 janvier 1867, D., 67. 1. 209. — Cass. req., 9 mars 1870, D., 72. 1. 85. — Cass. req., 16 mai 1870, D., 72. 1. 85. — Cass. req , 24 mars 1875, D., 75. 1. 488 et la note. — Limoges, 21 juin 1853. D., 53. 2. 197. — Toulouse, 12 juin 1800, D., 64. 2. 85. — Contrà, Poitiers, 20 juillet 1859, D., 53. 2. 21. — Bordeaux, 29 juillet 1857, D., 57. 2. 216. — Agen, 8 février 1861, S., 61. 2. 227.

(2) Aubry et Rau, t. V, § 538, note 19, p. 610. — Colmet-Daage : *Procédure civile*, n° 905. — Demolombe : *Revue critique*, 1854, p. 148, § 11. — Rousseau de Lesnay : *Dictionnaire de procédure*, v° *Ventes judiciaires d'immeubles*, n°s 1120 et 1121. — Garsonnet : *Traité de procédure*, t. IV, n° 761, p. 493. — Contrà, Dalloz, *Répertoire*, v° *Vente publique d'immeubles*, n°s 1290 et suiv. — Boitou, n° 105. — Vuabat : *De la séparation de biens sous le régime dotal*, thèse, pp. 269 et suiv.

délits; ainsi encore elle ne s'oppose pas à ce qu'un jugement relatif à un bien dotal, et qui est défavorable à la femme, acquière l'autorité de la chose jugée. C'est à peu près la même question qui se pose pour l'application de l'article 728 du Code de procédure civile. Dans l'un comme dans l'autre cas, il peut en résulter une perte de la dot pour la femme; mais c'est qu'au dessus de l'indisponibilité dotale se place cet intérêt d'ordre public au premier chef, à savoir la nécessité de mettre un terme aux procès et d'assurer le sort de la propriété.

Dans ce cas, si la femme ne propose pas ce moyen de nullité en temps utile, elle aura perdu l'immeuble dotal, on se sous qu'elle ne pourra plus le revendiquer entre les mains de l'adjudicataire. Mais comme elle n'a pas pu faire disparaître sa dot, elle doit pouvoir en retrouver la valeur, dans la mesure où la demande de la femme ne peut pas nuire à l'adjudicataire et, par conséquent à la stabilité des ventes judiciaires d'immeubles. L'indisponibilité de la dot reprend alors son empire. La femme pourra donc exiger de l'adjudicataire la totalité du prix et se faire attribuer dans l'ordre ouvert (1). L'adjudicataire ne souffre ainsi aucun préjudice et, d'un autre côté, les créanciers poursuivants n'ont pas à se plaindre; il s'agit là du prix provenant de biens dotaux et, par conséquent, il n'avait pas pu être affecté aux obligations de la femme.

Puisque l'inaliénabilité a la même portée après la

---

(1) Aubry et Rau, t. V, § 538, p. 610. — Cass. req., 21 janvier 1856, S., 56. 1. 321.

séparation de biens qu'antérieurement, nous devons également retrouver les mêmes exceptions à ce principe. Dès lors, la femme peut faire tous les actes qui rentraient dans les pouvoirs du mari ; le tout sous réserve de la question d'autorisation, si ces actes ne rentrent pas dans sa capacité de femme séparée de biens. Nous étudierons ce dernier point dans le chapitre relatif aux effets de la séparation de biens sur l'administration de la dot.

Ces exceptions peuvent résulter soit du contrat de mariage, soit de la loi.

L'exception la plus fréquente que l'on rencontre dans les contrats de mariage est l'aliénabilité sous condition de remploi. Demandons-nous quel est l'effet de cette clause, vis-à-vis du mari et vis-à-vis des tiers.

Vis-à-vis du mari d'abord, lorsque la femme aliène un de ses immeubles dotaux stipulés aliénables à charge de remploi, le mari est-il responsable du défaut de remploi ? En cas de séparation de biens sous le régime de la communauté, l'article 1450 distingue : si le mari a été présent à la vente, ou s'il l'a autorisée, il est responsable du défaut de remploi, mais non de son utilité ; s'il n'a pas assisté à la vente, et si la femme a été autorisée de justice, il n'encourt aucune responsabilité. D'après nous, cet article doit être étendu à la séparation de biens sous le régime dotal. Nous avons admis, en effet, que les règles des articles 1443 et suivants devaient s'appliquer à cette dernière, sauf à tenir compte des garanties propres au régime dotal (arg., art. 1563). Or, loin d'être une diminution de garanties, la disposition de l'article 1450 est une nouvelle mesure de pro-

tection. La seule objection que l'on pourrait nous opposer, c'est que dans les pays de droit écrit on ne retrouve aucune disposition analogue. La réponse est facile : l'article 1450 repose sur la puissance maritale, et sur cette idée que le mari a pu en abuser pour forcer sa femme à vendre un de ses biens ; si donc l'on ne rencontre pas dans les pays de droit écrit cette disposition, c'est parce que l'on n'y connaissait pas non plus la puissance maritale. Mais aujourd'hui la femme dotale y est soumise aussi bien que la femme commune ; dès lors, il y a même raison de lui appliquer l'art. 1450 (1). C'est, d'ailleurs, en raisonnant ainsi que les auteurs et la jurisprudence appliquent cet article à la femme qui aliène un de ses paraphernaux (2).

Ce raisonnement doit nous conduire également, mais en sens inverse, à écarter l'article 1450 au cas de séparation de corps. Depuis la loi du 6 février 1893, la femme séparée n'est plus soumise, en effet, à la puissance maritale ; elle n'a plus besoin pour contracter et, par suite, pour consentir une aliénation, ni

(1) Sic, Vuébal : De la séparation de biens sous le régime dotal, thèse, p. 279. — Thibault : De la séparation de biens sous le régime dotal, thèse, p. 182. — En ce sens que l'article 1450 s'applique à tous les régimes : Aix, 1er déc. 1851, D., 55. 2. 258. — Cass. civ., 27 déc. 1852, D., 53. 1. 39. — Cass. req., 13 nov. 1861, D., 62. 1. 367. — Cass. civ., 5 avril 1882, D., 82. 1. 374. — Toulouse, 28 juin 1883, D., 84. 2. 23.

(2) Cass. civ., 27 avril 1852, S., 52. 1. 401. — Cass. civ., 16 nov. 1861, S., 62. 1. 741. — Aubry et Rau, t. V, § 541, note 42, p. 640. — Rodière et Pont, t. III, no 20.0. — Guillouard, t. IV, no 2177.

de l'autorisation de son mari, ni de celle de la justice.

Si nous passons à l'efficacité de la clause de remploi vis-à-vis des tiers, nous voyons qu'elle produit les mêmes effets qu'avant la séparation. Le remploi est toujours une condition de l'aliénation ; l'acquéreur de l'immeuble dotal sera donc responsable, et du défaut de remploi, et de son utilité s'il a été effectué. Cette responsabilité se traduira par la nullité de l'aliénation que la femme pourra demander, si le tiers n'aime mieux payer une seconde fois.

Cette solution ne fait guère de difficulté, lorsque l'aliénation a été faite par la femme après la séparation de biens ; en est-il de même lorsqu'elle était antérieure, et lorsqu'au moment où la séparation a été prononcée, le remploi n'avait pas encore été effectué ? Le tiers pourra-t-il repousser l'action en nullité de la femme, en lui offrant de l'effectuer ou de payer une seconde fois, s'il avait déjà versé imprudemment le prix entre les mains du mari ? Tout le monde reconnaît que la femme peut accepter le remploi, mais certains auteurs admettent qu'en cela elle est complètement libre, et que les tiers acquéreurs ne peuvent pas la contraindre à l'accepter [1]. L'obligation du remploi, disent-ils, incombait au mari, comme administrateur. Or, son mandat a cessé dès la séparation de biens. À ce moment, la condition à laquelle était soumise l'aliénation n'est pas accomplie ; elle est nulle, et cette

(1) Bonech : De l'emploi et du remploi, nº 88. — Troplong, t. IV, nº 3149. — Dutruc : Des séparations de biens judiciaires, nº 432. — Jouitou, nº 308.

nullité est un droit acquis pour la femme. Ce raisonnement ne porte pas, car s'il était exact, si le tiers ne pouvait plus exiger que la femme acceptât un remploi bon et valable, par la raison énoncée plus haut, la femme ne devrait pas non plus avoir la faculté de l'accepter ; ce serait de sa part ratifier l'aliénation, ce qu'elle ne peut pas faire avant la dissolution du mariage. Il vaut mieux dire qu'à ce point de vue la séparation ne fait que déplacer l'administration des biens dotaux, sans rien changer au caractère de dotalité, qui leur est propre pendant toute la durée du mariage [1]. La jurisprudence se prononce également en ce sens [2].

De même que nous venons d'appliquer les exceptions au principe de l'inaliénabilité résultant du contrat de mariage, de même nous appliquerons celles qui résultent de la loi, c'est-à-dire des articles 1555, 1556, 1558 et 1559.

Dans le cas des articles 1555 et 1556, la séparation de biens apporte cependant quelques modifications : Il s'agit dans ces articles de la donation des biens dotaux pour l'établissement, soit d'enfants du premier lit, soit d'enfants communs. Dans la première hypo-

(1) En ce sens, Rodière et Pont, t. III, nº 1844. — Aubry et Rau, t. V, § 537, note 85, p. 580. — De Folleville : Des clauses de remploi et de société d'acquêts sous le régime dotal dans la Revue pratique de droit, 1875, t. XXXIX, n 24, p. 195. — Guillouard, t. IV, nº 1970.

(2) Cass. req., 28 juin 1853, S., 54. 1. 5. — Caen, 31 mai 1870, S., 71. 2. 31. — Contrà, Toulouse, 14 juillet 1852, S., 52, 2. 636.

de l'autorisation de son mari, ni de celle de la justice.

Si nous passons à l'efficacité de la clause de remploi vis-à-vis des tiers, nous voyons qu'elle produit les mêmes effets qu'avant la séparation. Le remploi est toujours une condition de l'aliénation ; l'acquéreur de l'immeuble dotal sera donc responsable, et du défaut de remploi, et de son utilité s'il a été effectué. Cette responsabilité se traduira par la nullité de l'aliénation que la femme pourra demander, si le tiers n'aime mieux payer une seconde fois.

Cette solution ne fait guère de difficulté, lorsque l'aliénation a été faite par la femme après la séparation de biens; en est-il de même lorsqu'elle était antérieure, et lorsqu'au moment où la séparation a été prononcée, le remploi n'avait pas encore été effectué? Le tiers pourra-t-il repousser l'action en nullité de la femme, en lui offrant de l'effectuer ou de payer une seconde fois, s'il avait déjà versé imprudemment le prix entre les mains du mari? Tout le monde reconnaît que la femme peut accepter le remploi, mais certains auteurs admettent qu'en cela elle est complètement libre, et que les tiers acquéreurs ne peuvent pas la contraindre à l'accepter (1). L'obligation du remploi, disent-ils, incombait au mari, comme administrateur. Or, son mandat a cessé dès la séparation de biens. A ce moment, la condition à laquelle était soumise l'aliénation n'est pas accompli; elle est nulle, et cette

---

(1) Bœuch : *De l'emploi et du remploi*, n° 88. — Troplong, t. IV, n° 3149. — Dutruc : *Des séparations de biens judiciaires*, n° 432. — Jouitou, n° 308.

nullité est un droit acquis pour la femme. Ce raisonnement ne porte pas, car s'il était exact, si le tiers ne pouvait plus exiger que la femme acceptât un remploi bon et valable, par la raison énoncée plus haut, la femme ne devrait pas non plus avoir la faculté de l'accepter; ce serait de sa part ratifier l'aliénation, ce qu'elle ne peut pas faire avant la dissolution du mariage. Il vaut mieux dire qu'à ce point de vue la séparation ne fait que déplacer l'administration des biens dotaux, sans rien changer au caractère de dotalité, qui leur est propre pendant toute la durée du mariage (1). La jurisprudence se prononce également en ce sens (2).

De même que nous venons d'appliquer les exceptions au principe de l'inaliénabilité résultant du contrat de mariage, de même nous appliquerons celles qui résultent de la loi, c'est-à-dire des articles 1555, 1556, 1558 et 1559.

Dans le cas des articles 1555 et 1556, la séparation de biens apporte cependant quelques modifications : Il s'agit dans ces articles de la donation des biens dotaux pour l'établissement, soit d'enfants du premier lit, soit d'enfants communs. Dans la première hypo-

---

(1) En ce sens, Rodière et Pont, t. III, n° 1844. — Aubry et Rau, t. V, § 537, note 85, p. 589. — De Folleville : *Des clauses de remploi et de société d'acquêts sous le régime dotal* dans la *Revue pratique de droit*, 1875, t. XXXIX, n° 21, p. 195. — Guillouard, t. IV, n° 1970.

(2) Cass. req., 28 juin 1853, S., 54. 1. 5. — Caen, 31 mai 1870, S., 71. 2. 31. — *Contrà*, Toulouse, 14 juillet 1852, S., 52, 2. 636.

thèse, la femme peut être autorisée indifféremment du mari ou de la justice, mais, dans ce dernier cas, la jouissance est réservée au mari (art. 1555). Après la séparation de biens, le mari ayant perdu cette jouissance, la femme, même si elle n'est autorisée que de la justice, peut donner à ses enfants du premier lit la pleine propriété des biens dotaux. Vainement, objecterait-on que cette solution rendra plus difficile le rétablissement du régime, vu pourtant avec faveur par la loi; l'argument ne porterait pas, car le mari a tout avantage à ce rétablissement, et il aimera mieux jouir de la dot, même diminuée, que de n'en pas jouir du tout (1).

S'agit-il, au contraire, d'une donation faite par la femme en vue de l'établissement d'un enfant commun, l'article 1556 dispose que la femme devra être autorisée de son mari; il ne parle pas de l'autorisation de la justice. Du rapprochement de cet article avec l'article 1555, les auteurs ont conclu que, dans ce cas, la femme ne pouvait pas, à son refus, s'adresser aux tribunaux; le législateur a pensé que l'affection du mari pour ses enfants était la meilleure garantie qu'il ne refuserait pas sans motif valable l'autorisation. Cette raison est également vraie après la séparation de biens. On peut même dire que le refus injustifié du mari est bien moins à craindre dans ces conditions, car il ne pourra pas avoir pour motif de refus, comme antérieurement, le désir de conserver la jouissance. La femme ne pourra donc pas s'adresser à la justice.

La loi relève ici de plein droit les biens dotaux de

(1) *Contra*, Vuébat, thèse, p. 281.

leur indisponibilité, et l'autorisation, dont il est parlé dans ces articles, est celle qui est destinée à relever la femme de son incapacité générale. Il en résulte que, dans les deux cas, depuis la loi du 6 février 1893, la femme séparée de corps n'a besoin d'avoir recours à aucune de ces autorisations.

Au contraire, la permission de justice nécessaire pour aliéner les biens dotaux, d'après les articles 1558 et 1559, est exigée pour rechercher si l'aliénation se trouve dans les conditions étroitement requises par ces articles; dès lors, cette permission a pour but direct de lever l'inaliénabilité. Elle vient se superposer à l'autorisation maritale. Elle sera donc exigée, non seulement après la séparation de biens, mais après la séparation de corps.

Les tribunaux ne peuvent accorder cette autorisation que dans les cas et les conditions visés par ces articles, comme avant la séparation. Toutefois, dans l'hypothèse d'une séparation de biens, la jurisprudence a ajouté un cas où l'aliénation peut être autorisée, et elle fait rentrer ce cas, par analogie, sous le 4e de l'article 1558. Elle permet l'aliénation pour payer les frais de l'instance en séparation de biens, ainsi que les frais de liquidation après la séparation obtenue (1). On ne peut pas dire à la vérité qu'on se trouve en présence de grosses réparations; néanmoins, la séparation de biens peut être tout aussi utile pour la conservation de la dot que ces réparations, et la solution proposée

(1) Caen, 7 mars, 1845, S., 45. 2. 585. — Nimes, 1er mai 1894, S., 94. 2. 417. — *Contrà*, Agen, 11 mai 1833, S., 38. 2. 49

thèse, la femme peut être autorisée indifféremment du mari ou de la justice, mais, dans ce dernier cas, la jouissance est réservée au mari (art. 1555). Après la séparation de biens, le mari ayant perdu cette jouissance, la femme, même si elle n'est autorisée que de la justice, peut donner à ses enfants du premier lit la pleine propriété des biens dotaux. Vainement, objecterait-on que cette solution rendra plus difficile le rétablissement du régime, vu pourtant avec faveur par la loi; l'argument ne porterait pas, car le mari a tout avantage à ce rétablissement, et il aimera mieux jouir de la dot, même diminuée, que de n'en pas jouir du tout (1).

S'agit-il, au contraire, d'une donation faite par la femme en vue de l'établissement d'un enfant commun, l'article 1556 dispose que la femme devra être autorisée de son mari; il ne parle pas de l'autorisation de la justice. Du rapprochement de cet article avec l'article 1555, les auteurs ont conclu que, dans ce cas, la femme ne pouvait pas, à son refus, s'adresser aux tribunaux; le législateur a pensé que l'affection du mari pour ses enfants était la meilleure garantie qu'il ne refuserait pas sans motif valable l'autorisation. Cette raison est également vraie après la séparation de biens. On peut même dire que le refus injustifié du mari est bien moins à craindre dans ces conditions, car il ne pourra pas avoir pour motif de refus, comme antérieurement, le désir de conserver la jouissance. La femme ne pourra donc pas s'adresser à la justice.

La loi relève ici de plein droit les biens dotaux du

(1) *Contra*, Vacbat, thèse, p. 281.

leur indisponibilité, et l'autorisation, dont il est parlé dans ces articles, est celle qui est destinée à relever la femme de son incapacité générale. Il en résulte que, dans les deux cas, depuis la loi du 6 février 1893, la femme séparée de corps n'a besoin d'avoir recours à aucune de ces autorisations.

Au contraire, la permission de justice nécessaire pour aliéner les biens dotaux, d'après les articles 1558 et 1559, est exigée pour rechercher si l'aliénation se trouve dans les conditions étroitement requises par ces articles; dès lors, cette permission a pour but direct de lever l'inaliénabilité. Elle vient se superposer à l'autorisation maritale. Elle sera donc exigée, non seulement après la séparation de biens, mais après la séparation de corps.

Les tribunaux ne peuvent accorder cette autorisation que dans les cas et les conditions visés par ces articles, comme avant la séparation. Toutefois, dans l'hypothèse d'une séparation de biens, la jurisprudence a ajouté un cas où l'aliénation peut être autorisée, et elle fait rentrer ce cas, par analogie, sous le 4° de l'article 1558. Elle permet l'aliénation pour payer les frais de l'instance en séparation de biens, ainsi que les frais de liquidation après la séparation obtenue (1). On ne peut pas dire à la vérité qu'on se trouve en présence de grosses réparations; néanmoins, la séparation de biens peut être tout aussi utile pour la conservation de la dot que ces réparations, et la solution proposée

(1) Caen, 7 mars, 1845, S., 45. 2. 585. — Nîmes, 1er mai 1861, S., 61. 2. 417. — *Contra*. Agen, 11 mai 1833, S., 38. 2. 49.

rentre bien dans l'esprit de ce texte. Aussi la doctrine approuve-t-elle généralement cette jurisprudence (1). Il n'en serait plus de même des frais de l'instance en séparation de corps; le motif que nous venons d'invoquer ne se retrouve plus dans cette hypothèse; la séparation de corps est, en effet, étrangère à l'idée de conservation de la dot (2).

La séparation de biens apportera une autre modification dans le cas d'échange d'un bien dotal. L'article 1559 suppose, au moins implicitement, que le mari donne son consentement; c'est qu'en effet son droit de jouissance est intéressé. Après la séparation, il a perdu ce droit; en conséquence, l'autorisation de justice suffira à la femme. Elle aura ici un double objet : relever la femme de son incapacité générale et lever l'inaliénabilité. Dès lors, la femme séparée de corps n'aura à solliciter que cette dernière.

Comme dernière conséquence de la survivance de l'inaliénabilité à la séparation de biens nous trouvons la même sanction, attachée à tous les actes contraires à ce principe. C'est une action en nullité, réglée par l'article 1560, si la femme a concouru à l'aliénation, et une action en revendication, si l'aliénation a été consentie par le mari seul; il y a, en effet, dans ce cas, vente de la chose d'autrui et cela que le mari ait pré-

(1) Troplong, t. IV, nos 3334 et 3474. — Rodière et Pont, t. III, nº 1805. — Marcadé, sur l'article 1555, nº 2. — Duranc, op. cit., nº 444. — Guillouard, t. IV, nº 2039. — Contrà, Tessier, De la dot, t. I, p. 452.

(2) Cass. civ., 5 juillet 1865, D., 65. 1. 312.

senté l'immeuble comme dotal ou comme lui appartenant. Le mari vis-à-vis des biens dotaux n'est qu'un mandataire; comme tout mandataire il ne représente son mandant que dans les limites du mandat. Or, ses pouvoirs sur les immeubles tout au moins ne vont pas jusqu'à l'aliénation (1). Lorsque le mari s'est présenté comme administrateur du bien dotal, l'acquéreur devait savoir que ses pouvoirs ne lui donnaient pas le droit de l'aliéner.

Après la séparation de biens, la femme, ayant recouvré l'exercice de ses actions, pourra désormais exercer cette action en revendication.

Si nous reprenons l'hypothèse normale où la femme a concouru à l'aliénation, elle aura une action en nullité. Elle seule, dûment autorisée, pourra l'intenter

(1) En ce sens : Rodière et Pont, t. III, nº 1894. — Colmet de Santerre, t. VI, nos 282 bis-VIII et suivants. — Laurent, t. XXIII, nº 504. — Pour Marcadé, le mari étant usufruitier et administrateur de la dot, il ne doit pas être considéré complétement comme un non dominus, dès lors, la femme n'aurait pas d'après cet auteur, l'action en revendication, mais seulement l'action en nullité de l'article 1560 (t. VI, art. 1560, nº 5). D'autres auteurs distinguent suivant que le mari s'est présenté comme propriétaire, ou comme administrateur du bien dotal; dans le premier cas, la femme aurait l'action en revendication, dans le second cas, elle n'aurait que l'action en nullité ; Troplong, t. IV, nº 3583. — Aubry et Rau, t. V, § 537, note 39, p. 567. Cette distinction est illogique. A l'égard du bien, le mari a ou non le pouvoir de l'aliéner; quant à la qualité qu'il a pu prendre dans l'acte, elle ne nous semble pas de nature à changer le droit de la femme. Or, le mari n'a pas mandat d'aliéner.

rentre bien dans l'esprit de ce texte. Aussi la doctrine approuve-t-elle généralement cette jurisprudence [1]. Il n'en serait plus de même des frais de l'instance en séparation de corps; le motif que nous venons d'invoquer ne se retrouve plus dans cette hypothèse; la séparation de corps est, en effet, étrangère à l'idée de conservation de la dot [2].

La séparation de biens apportera une autre modification dans le cas d'échange d'un bien dotal. L'article 1559 suppose, au moins implicitement, que le mari donne son consentement; c'est qu'en effet son droit de jouissance est intéressé. Après la séparation, il a perdu ce droit; en conséquence, l'autorisation de justice suffira à la femme. Elle aura ici un double objet : relever la femme de son incapacité générale et lever l'inaliénabilité. Dès lors, la femme séparée de corps n'aura à solliciter que cette dernière.

Comme dernière conséquence de la survivance de l'inaliénabilité à la séparation de biens nous trouvons la même sanction, attachée à tous les actes contraires à ce principe. C'est une action en nullité, réglée par l'article 1560, si la femme a concouru à l'aliénation, et une action en revendication, si l'aliénation a été consentie par le mari seul; il y a, en effet, dans ce cas, vente de la chose d'autrui et cela que le mari ait pré-

[1] Troplong, t. IV, nᵒˢ 3334 et 3171. — Rodière et Pont, t. III, nᵒ 1805. — Marcadé, sur l'article 1555, nᵒ 2. — Dutruc, op. cit., nᵒ 444. - Guillouard, t. IV, nᵒ 2089. — Contrà, Tessier, De la dot, t. I, p. 452.

[2] Cass. civ., 5 juillet 1805, D., 05. 1. 312.

senté l'immeuble comme dotal ou comme lui appartenant. Le mari vis-à-vis des biens dotaux n'est qu'un mandataire; comme tout mandataire il ne représente son mandant que dans les limites du mandat. Or, ses pouvoirs sur les immeubles tout au moins ne vont pas jusqu'à l'aliénation [1]. Lorsque le mari s'est présenté comme administrateur du bien dotal, l'acquéreur devait savoir que ses pouvoirs ne lui donnaient pas le droit de l'aliéner.

Après la séparation de biens, la femme, ayant recouvré l'exercice de ses actions, pourra désormais exercer cette action en revendication.

Si nous reprenons l'hypothèse normale où la femme a concouru à l'aliénation, elle aura une action en nullité. Elle seule, dûment autorisée, pourra l'intenter

[1] En ce sens : Rodière et Pont, t. III, nᵒ 1894. — Colmet de Santerre, t. VI, nᵒˢ 232 bis-VIII et suivants. — Laurent, t. XXIII, nᵒ 504. — Pour Marcadé, le mari étant usufruitier et administrateur de la dot, il ne doit pas être considéré complètement comme un non dominus ; dès lors, la femme n'aurait pas d'après cet auteur, l'action en revendication, mais seulement l'action en nullité de l'article 1550 (t. VI, art. 1560, nᵒ 5). D'autres auteurs distinguent suivant que le mari s'est présenté comme propriétaire, ou comme administrateur du bien dotal ; dans le premier cas, la femme aurait l'action en revendication, dans le second cas, elle n'aurait que l'action en nullité : Troplong, t. IV, nᵒ 3583. - Aubry et Rau, t. V, § 537, note 39, p. 507. Cette distinction est illogique. A l'égard du bien, le mari a ou non le pouvoir de l'aliéner ; quant à la qualité qu'il a pu prendre dans l'acte, elle ne nous semble pas de nature à changer le droit de la femme. Or, le mari n'a pas mandat d'aliéner.

après la séparation de biens; son mari ne le pourra plus, car il ne pouvait l'exercer avant la séparation qu'en qualité de mandataire, et cet événement a précisément mis fin à son mandat (1). En vain objecterait-on, que dans son deuxième alinéa, l'article 1560 emploie une formule absolue : « *le mari lui-même pourra faire révoquer l'aliénation pendant le mariage* ». Ce fait s'explique parce que la dernière phrase du premier alinéa, « *la femme aura le même droit après la séparation de biens* » ne figurait pas dans le projet primitif; mais il n'est pas douteux que les deux alinéas doivent être expliqués d'une façon corrélative.

Il est généralement admis que cette nullité est relative (2) et qu'en conséquence l'acquéreur ne pourra pas la demander. Il ne pourrait, dans ce cas, que se refuser à payer le prix en vertu de l'article 1653, ou invoquer l'article 1599 si la vente avait été consentie par le mari seul. Cette nullité est édictée, en effet, uniquement en faveur de la femme et de sa famille. Que l'acheteur ne se plaigne pas d'ailleurs, car son devoir lui dictait de s'enquérir de la nature du bien qu'il achetait et la loi du 10 juillet 1850 lui permettait de savoir s'il était dotal.

L'action en nullité qui appartient ainsi à la femme

(1) En ce sens, Marcadé sur l'article 1560, n° 8. — Rodière et Pont, t. III, n° 1870. — Aubry et Rau, t. 5, § 537, note 29, p. 564. Colmet de Santerre, t. VI, n° 222 *bis*-III. — Laurent, t. XXIII, n° 508. — Guillouard, t. IV, n° 1893.

(2) Aubry et Rau, t. V, § 537, note 29, p. 602. — Cass. req., 13 avril 1895, D., 94. 1. 407.

après la séparation de biens peut-elle être exercée de son chef par ses créanciers? La question est vivement controversée; mais avant de l'examiner, il faut d'abord bien préciser dans quels termes elle se pose. Il faut écarter d'une part les créanciers hypothécaires antérieurs au mariage, ou ceux auxquels la femme a consenti pendant le mariage une hypothèque valable, car ils pourront atteindre l'immeuble aliéné, en vertu de leur droit propre. Il faut écarter d'autre part les créanciers chirographaires postérieurs au contrat de mariage (arg., art. 1558, 4°) ou tout au moins au mariage, car leur titre est en général vicié et ne leur permettrait pas de poursuivre les biens dotaux qu'ils auraient fait rentrer dans le patrimoine de la femme; c'est le cas de leur appliquer l'adage : *Pas d'intérêt, pas d'action*. La question ne se pose donc que pour les créanciers chirographaires qui peuvent atteindre les biens dotaux : c'est-à-dire ceux dont le titre a date certaine antérieure au contrat de mariage, ou encore exceptionnellement ceux qui le sont devenus pendant le mariage à raison des délits de la femme, ou enfin ceux qui sont postérieurs à la séparation de biens, car la jurisprudence admet qu'ils peuvent saisir l'excédent des revenus dotaux, qui n'est pas nécessaire à l'entretien du ménage.

Certains auteurs leur refusent le droit d'invoquer dans ce cas l'article 1166 (1); à leur égard, disent-ils, la femme avait le droit d'aliéner l'immeuble, et leur per-

(1) Marcadé, sur l'article 1560, n° 5. — Aubry et Rau, t. V, § 537, note 25, p. 562.

après la séparation de biens; son mari ne le pourra plus, car il ne pouvait l'exercer avant la séparation qu'en qualité de mandataire, et cet événement a précisément mis fin à son mandat (1). En vain objecterait-on, que dans son deuxième alinéa, l'article 1560 emploie une formule absolue : « *le mari lui-même pourra faire révoquer l'aliénation pendant le mariage* ». Ce fait s'explique parce que la dernière phrase du premier alinéa, « *la femme aura le même droit après la séparation de biens* » ne figurait pas dans le projet primitif; mais il n'est pas douteux que les deux alinéas doivent être expliqués d'une façon corrélative.

Il est généralement admis que cette nullité est relative (2) et qu'en conséquence l'acquéreur ne pourra pas la demander. Il ne pourrait, dans ce cas, que se refuser à payer le prix en vertu de l'article 1653, ou invoquer l'article 1599 si la vente avait été consentie par le mari seul. Cette nullité est édictée, en effet, uniquement en faveur de la femme et de sa famille. Que l'acheteur ne se plaigne pas d'ailleurs, car son devoir lui dictait de s'enquérir de la nature du bien qu'il achetait et la loi du 10 juillet 1850 lui permettait de savoir s'il était dotal.

L'action en nullité qui appartient ainsi à la femme

(1) En ce sens, Marcadé sur l'article 1560, n° 8. — Rodière et Pont, t. III, n° 1670. — Aubry et Rau, t. 5, § 537, note 29, p. 564. Colmet de Santerre, t. VI, n° 282 bis-III. — Laurent, t. XXIII, n° 508. — Guillouard, t. IV, n° 1893.

(2) Aubry et Rau, t. V, § 537, note 22, p. 602. — Cass. req., 13 avril 1893, D., 94. 1. 407.

après la séparation de biens peut-elle être exercée de son chef par ses créanciers? La question est vivement controversée; mais avant de l'examiner, il faut d'abord bien préciser dans quels termes elle se pose. Il faut écarter d'une part les créanciers hypothécaires antérieurs au mariage, ou ceux auxquels la femme a consenti pendant le mariage une hypothèque valable, car ils pourront atteindre l'immeuble aliéné, en vertu de leur droit propre. Il faut écarter d'autre part les créanciers chirographaires postérieurs au contrat de mariage (arg., art. 1558, 4°) ou tout au moins au mariage, car leur titre est en général vicié et ne leur permettrait pas de poursuivre les biens dotaux qu'ils auraient fait rentrer dans le patrimoine de la femme; c'est le cas de leur appliquer l'adage : *Pas d'intérêt, pas d'action*. La question ne se pose donc que pour les créanciers chirographaires qui peuvent atteindre les biens dotaux : c'est-à-dire ceux dont le titre a date certaine antérieure au contrat de mariage, ou encore exceptionnellement ceux qui le sont devenus pendant le mariage à raison des délits de la femme, ou enfin ceux qui sont postérieurs à la séparation de biens, car la jurisprudence admet qu'ils peuvent saisir l'excédent des revenus dotaux, qui n'est pas nécessaire à l'entretien du ménage.

Certains auteurs leur refusent le droit d'invoquer dans ce cas l'article 1166 (1); à leur égard, disent-ils, la femme avait le droit d'aliéner l'immeuble, et leur per-

(1) Marcadé, sur l'article 1560, n° 5. — Aubry et Rau, t. V, § 537, note 25, p. 562.

7

mettre de le poursuivre par une action quelconque entre les mains du tiers acquéreur (si, bien entendu, l'aliénation est exempte de toute fraude) serait leur accorder un droit de suite. « Bien que la faculté accor-
« dée à la femme, ajoutent MM. Aubry et Rau, de
« demander la nullité de la vente du fonds dotal, cons-
« titue pour elle un droit pécuniaire, faisant partie inté-
« grante de son patrimoine, elle ne lui est cependant
« concédée qu'en sa qualité de femme mariée sous le
« régime dotal, qualité qui lui est toute personnelle, et
« dont ses créanciers ne sauraient se prévaloir (1). »

Nous pensons, au contraire, avec la majorité des auteurs (2) que l'article 1166 doit s'appliquer à cette action. Elle fait partie du patrimoine de la femme, elle est donc le gage de ses créanciers. Leur accorder l'action en vertu de l'article 1166 n'est pas leur accorder un véritable droit de suite, car s'il en était ainsi, il faudrait retrancher de la sphère d'application de cet article toutes les actions qui tendent à faire tomber une aliénation, quelle que soit la cause de nullité. Or, on est généralement d'accord pour permettre aux créanciers d'un vendeur incapable ou dont le consentement a été vicié, par exemple, d'intenter l'action en nullité ou en rescision qui lui compète. MM. Aubry et

(1) Aubry et Rau, loc. cit.
(2) Larombière : Traité des obligations, t. I, art. 1166, n° 12. — Demolombe : Contrats et obligations t. II, n° 87. — Colmet de Santerre, t. VI, n° 232 bis-V. — Guillouard, t. IV, 1880. — Baudry-Lacantinerie et Barde : Traité des obligations, n° 647, pp. 524 et suiv.

Rau l'admettent aussi (1) sans s'arrêter à l'objection qui se retrouve également dans ce cas et qui consiste à dire que les créanciers exerceraient un droit de suite. C'est qu'il y a une différence capitale entre l'exercice du droit de suite et l'exercice d'une action du débiteur en vertu de l'article 1166, à savoir que, dans le premier cas, le créancier intente l'action en son nom personnel contre un tiers-détenteur et sans avoir besoin de saisir le bien de le faire rentrer au préalable dans le patrimoine du débiteur; dans le deuxième cas, au contraire, il agit au nom du débiteur, et il faut que le bien rentre dans son patrimoine pour pouvoir le poursuivre.

Cette action en nullité de l'aliénation d'un fonds dotal est exclusivement pécuniaire; elle ne saurait donc être considérée comme exclusivement attachée à la personne de la femme. Qu'on n'oppose pas que le fondement de cette action se trouve dans la conservation de la dot, intérêt personnel à la femme et à sa famille, qu'il s'oppose par conséquent à ce qu'elle puisse être intentée par les créanciers. M. Lacoste a fait une réponse décisive à cet argument : « Admet-
« tons, dit-il, que les créanciers n'aient pas qualité
« pour exercer l'action; que va-t-il arriver? De deux
« choses l'une, ou la femme l'exercera et l'immeuble
« revenu dans son patrimoine sera saisi par ses créan-
« ciers, ou elle ne l'exercera pas et alors elle ne profi-
« tera pas de l'inaliénabilité pour reconstituer son
« patrimoine, puisque l'immeuble restera dans les

(1) Aubry et Rau, t. IV, § 312, notes 47 et 48, p. 128.

mettre de le poursuivre par une action quelconque entre les mains du tiers acquéreur (si, bien entendu, l'aliénation est exempte de toute fraude) serait leur accorder un droit de suite. « Bien que la faculté accor-
« dée à la femme, ajoutent MM. Aubry et Rau, de
« demander la nullité de la vente du fonds dotal, cons-
« titue pour elle un droit pécuniaire, faisant partie inté-
« grante de son patrimoine, elle ne lui est cependant
« concédée qu'en sa qualité de femme mariée sous le
« régime dotal, qualité qui lui est toute personnelle, et
« dont ses créanciers ne sauraient se prévaloir (1). »

Nous pensons, au contraire, avec la majorité des au-
teurs (2) que l'article 1166 doit s'appliquer à cette action. Elle fait partie du patrimoine de la femme, elle est donc le gage de ses créanciers. Leur accorder l'action en vertu de l'article 1166 n'est pas leur accor-
der un véritable droit de suite, car s'il en était ainsi, il faudrait retrancher de la sphère d'application de cet article toutes les actions qui tendent à faire tomber une aliénation, quelle que soit la cause de nullité. Or, on est généralement d'accord pour permettre aux créanciers d'un vendeur incapable ou dont le consentement a été vicié, par exemple, d'intenter l'action en nullité ou en rescision qui lui compète. MM. Aubry et

(1) Aubry et Rau, loc. cit.
(2) Larombière : Traité des obligations, t. I, art. 1166, n° 12.
— Demolombe : Contrats et obligations t. II, n° 87. — Colmet de Santerre, t. VI, n° 232 bis-V. — Guillouard, t. IV, n° 1889. —
Baudry-Lacantinerie et Barde : Traité des obligations, n° 617, pp. 594 et suiv.

Rau l'admettent aussi (1) sans s'arrêter à l'objection qui se retrouve également dans ce cas et qui consiste à dire que les créanciers exerceraient un droit de suite. C'est qu'il y a une différence capitale entre l'exercice du droit de suite et l'exercice d'une action du débiteur en vertu de l'article 1166, à savoir que, dans le premier cas, le créancier intente l'action en son nom personnel contre un tiers-détenteur et sans avoir besoin pour saisir le bien de le faire rentrer au préalable dans le patrimoine du débiteur; dans le deuxième cas, au contraire, il agit au nom du débiteur, et il faut que le bien rentre dans son patrimoine pour pouvoir le pour-
suivre.

Cette action en nullité de l'aliénation d'un fonds dotal est exclusivement pécuniaire; elle ne saurait donc être considérée comme exclusivement attachée à la personne de la femme. Qu'on n'oppose pas que le fondement de cette action se trouve dans la conservation de la dot, intérêt personnel à la femme et à sa famille, qu'il s'oppose par conséquent à ce qu'elle puisse être intentée par les créanciers. M. Lacoste a fait une réponse décisive à cet argument : « Admet-
« tons, dit-il, que les créanciers n'aient pas qualité
« pour exercer l'action; que va-t-il arriver? De deux
« choses l'une, ou la femme l'exercera et l'immeuble
« revenu dans son patrimoine sera saisi par ses créan-
« ciers, ou elle ne l'exercera pas et alors elle ne profi-
« tera pas de l'inaliénabilité pour reconstituer son
« patrimoine, puisque l'immeuble restera dans les

(1) Aubry et Rau, t. IV, § 512, notes 47 et 48, p. 128.

« mains du tiers. En refusant l'action aux créanciers,
« on ne procure donc pas une ressource à la famille (1). »
La jurisprudence est divisée ; mais elle paraît aujour-
d'hui se ranger à cette dernière opinion (2).

Supposons que la femme, et elle seule, peut normalement intenter l'action après la séparation de biens,
ait fait prononcer la nullité de l'aliénation d'un fonds
dotal. Quel sera l'effet de ce jugement ? Les choses
devront être remises en l'état antérieur à l'aliénation.
L'acquéreur devra restituer l'immeuble avec les fruits
qu'il a perçus, sauf s'il était de bonne foi, s'il ignorait
la dotalité de l'immeuble (3) (arg., art. 549 et 550).
Mais, aura-t-il le droit de réclamer à la femme le prix
qu'il a payé ? Il ne peut demander ce dont elle a
profité et encore sa créance se heurte-t-elle à l'indisponibilité de la dot ; il ne pourra agir dès lors que contre les paraphernaux ; à plus forte raison ne pourrait-il
pas invoquer un droit de rétention. Si la femme lui avait
formellement promis garantie, cette obligation serait
valable, mais elle ne serait exécutoire que sur les paraphernaux (4). La prohibition d'aliéner les biens dotaux

(1) Lacoste, note sous Bordeaux, 26 novembre 1889, S., 91. 2. 233,
3e col. in fine.
(2) Sic, Bordeaux, 26 nov. 1889, précité. — Contrà, Paris, 12 juillet 1858, D., 58. 2. 136. — Cass. civ., 18 juillet 1860, D., 59. 1. 398.
(3) Aubry et Rau, t. V, § 537, p. 570. — Guillouard, t. IV,
n° 1916.
(4) Cass. civ., 4 juin 1851, S., 51, 1, 465. — Montpellier, 2 mai 1854.
S., 54. 2. 087. — Pau, 27 juin 1867, S., 69. 2. 69. — Bordeaux, 26 nov.
1889, S., 91. 2. 233. — Rodière et Pont, t. III, n° 1880. — Aubry et
Rau, t. V, § 537, note 51, p. 572. — Colmet de Santerre, t. VI,

n'a pas d'autre but que de les conserver à la famille et
pour cela elle les frappe d'indisponibilité ; mais cette
indisponibilité doit aussi être restreinte à cet objet ; ce
serait dépasser ce but que de rendre la promesse spéciale
et formelle de garantie inefficace même sur les paraphor-
naux. Bien plus, si la femme s'était rendue coupable de
quelque manœuvre dolosive, elle en devrait réparation
sur ses biens dotaux (1). Cependant, la simple déclaration que le bien vendu n'était pas dotal, ou le seul fait
que la femme s'est présentée comme veuve (2) ne suffirait pas.

Il nous reste un dernier point à examiner sur la
sanction de l'inaliénabilité dotale après la séparation
de biens : c'est la question de savoir si, au cas où le
mari a aliéné un immeuble dotal, la femme en est
réduite à l'action en révocation ou en revendication,
ou bien si elle peut, à son choix, agir en indemnité
contre son mari, et se faire colloquer dans un ordre
ouvert contre lui jusqu'à concurrence du prix qu'il a
touché. L'intérêt apparaît pour la femme, lorsque
l'immeuble vendu a diminué de valeur, ou bien a subi
des détériorations du fait de l'acquéreur devenu insolvable. En présence de cet intérêt si légitime et de cette

n° 232 bis-XXI. — Guillouard, t. IV, n°s 1902 et 1903. — Contrà,
Toulouse, 19 août 1843, S., 44. 2. 344. — Agen, 17 juillet 1848,
S., 48. 2. 602. — Marcadé, sur l'article 1560, n° 4. — Troplong,
t. IV, n° 3644. — Gide : Revue critique 1866, t. II, p. 89. — Jouitou
n° 219.
(1) Rouen, 21 mai 1853 et Pau, 3 mars 1853, D., 53. 2. 148.
(2) Cass. civ., 6 avril 1898, D., 98. 1. 305.

« mains du tiers. En refusant l'action aux créanciers,
« on ne procure donc pas une ressource à la famille (1). »
La jurisprudence est divisée; mais elle paraît aujour-
d'hui se ranger à cette dernière opinion (2).

Supposons que la femme, et elle seule, peut normalement intenter l'action après la séparation de biens,
ait fait prononcer la nullité de l'aliénation d'un fonds
dotal. Quel sera l'effet de ce jugement? Les choses
devront être remises en l'état antérieur à l'aliénation.
L'acquéreur devra restituer l'immeuble avec les fruits
qu'il a perçus, sauf s'il était de bonne foi, s'il ignorait
la dotalité de l'immeuble (3) (arg., art. 549 et 550).
Mais, aura-t-il le droit de réclamer à la femme le prix
qu'il a payé? Il ne peut demander que ce dont elle a
profité et encore sa créance se heurte-t-elle à l'indisponibilité de la dot; il ne pourra agir dès lors que contre les paraphernaux; à plus forte raison ne pourrait-il
pas invoquer un droit de rétention. Si la femme lui avait
formellement promis garantie, cette obligation serait
valable, mais elle ne serait exécutoire que sur les paraphernaux (4). La prohibition d'aliéner les biens dotaux

(1) Lacoste, note sous Bordeaux, 26 novembre 1889, S., 91. 2. 233,
3e col. *in fine.*
(2) Sic, Bordeaux, 26 nov. 1889, précité. — *Contrà,* Paris, 12 juillet 1858, D., 58. 2. 136. — Cass. civ., 18 juillet 1859, D., 59. 1. 398.
(3) Aubry et Rau, t. V, § 537, p. 570. — Guillouard, t. IV,
n° 1916.
(4) Cass. civ., 4 juin 1851, S., 51, 1, 465. — Montpellier, 2 mai 1854,
S., 54. 2. 687. — Pau, 27 juin 1857, S., 69. 2. 69. — Bordeaux, 26 nov.
1889, S., 91. 2. 233. — Rodière et Pont, t. III, n° 1880. — Aubry et
Rau, t. V, § 537, note 51, p. 571. — Colmet de Santerre, t. VI,

n'a pas d'autre but que de les conserver à la famille et
pour cela elle les frappe d'indisponibilité; mais cette
indisponibilité doit aussi être restreinte à cet objet; ce
serait dépasser ce but que de rendre la promesse spéciale
et formelle de garantie inefficace même sur les paraphernaux. Bien plus, si la femme s'était rendue coupable de
quelque manœuvre dolosive, elle en devrait réparation
sur ses biens dotaux (1). Cependant, la simple déclaration que le bien vendu n'était pas dotal, ou le seul fait
que la femme s'est présentée comme veuve (2) ne suffirait pas.

Il nous reste un dernier point à examiner sur la
sanction de l'inaliénabilité dotale après la séparation
de biens : c'est la question de savoir si, au cas où le
mari a aliéné un immeuble dotal, la femme en est
réduite à l'action en révocation ou en revendication,
ou bien si elle peut, à son choix, agir en indemnité
contre son mari, et se faire colloquer dans un ordre
ouvert contre lui jusqu'à concurrence du prix qu'il a
touché. L'intérêt apparaît pour la femme, lorsque
l'immeuble vendu a diminué de valeur, ou bien a subi
des détériorations du fait de l'acquéreur devenu insolvable. En présence de cet intérêt si légitime et de cette

n° 232 bis-XXI. — Guillouard, t. IV, n°s 1902 et 1903. — *Contrà,*
Toulouse, 19 août 1843, S., 44. 2. 344. — Agen, 17 juillet 1848,
S., 48. 2. 602. — Marcadé, sur l'article 1560, n° 4. — Troplong,
t. IV, n° 3544. — Gide : *Revue critique* 1866, t. II, p. 89. — Jouitou
n° 219.

(1) Rouen, 21 mai 1853 et Pau, 3 mars 1853, D., 53. 2. 148.
(2) Cass. civ., 6 avril 1898, D., 98. 1. 305.

considération que la femme doit rester juge de la convenance qu'il peut y avoir pour elle à agir en nullité ou à se contenter d'une indemnité, nous pensons qu'elle doit jouir de cette option. On ne saurait opposer contre cette solution les termes soi-disant restrictifs de l'article 1560, qui ne donnent à la femme que l'action en révocation. Le mari, en aliénant un bien dotal a, par le fait même, encouru une responsabilité vis-à-vis de sa femme; elle a donc, dès ce moment, droit à la réparation pécuniaire du préjudice qu'a pu lui causer l'aliénation, et elle a pour cela une hypothèque légale (art. 2121 et 2135). On ne saurait nous opposer davantage l'intérêt des créanciers du mari; sans doute, la femme, en renonçant à son action en nullité, invoquera son hypothèque légale à leur détriment; mais qu'on le remarque, il ne s'agit ici que d'une nullité relative que les créanciers du mari ne peuvent pas faire valoir, et sur l'effet de laquelle ils n'étaient pas légalement autorisés à compter. C'est, d'ailleurs, l'opinion qui triomphe en doctrine et en jurisprudence (1).

On doit observer toutefois qu'après la séparation de biens l'option de la femme et sa demande de collo-

(1) En ce sens Cass. civ., 21 déc. 1853 D., 54. 1. 5. — Toulouse, 18 nov. 1880, D., 90. 2. 199. — Pau, 31 mai 1893, D., 95. 2. 10. — Troplong, t. IV, n° 3560. — Rodière et Pont, t. III, n° 1874. — Aubry et Rau, t. V, § 537, note 27, p. 503. — De Folleville, op. cit., Revue pratique, 1875, t. XXXIX, n° 33, p. 209. — Guillouard, t. IV, n° 1891. — Contrà, Taulier, t. V, p. 338. — Sériziat : Du régime dotal, n° 194.

cation dans l'ordre ouvert sur un immeuble de son mari ne peuvent être que provisoire (1); car admettre que cette option pût être définitive serait reconnaître à la femme le droit de ratifier l'aliénation pendant le mariage. Aussi, n'approuvons-nous pas un arrêt de la Chambre des requêtes du 9 décembre 1861 (2), d'après lequel, lorsque la femme a été autorisée par la justice à opter pour l'indemnité et à convertir le montant de la collocation en rente viagère, elle a perdu définitivement l'action en nullité. Il est faux de dire, en faveur de cette solution, que cette autorisation est l'équivalent de celle exigée pour l'aliénation d'un bien dotal par l'article 1558. Régulièrement, la permission de justice visée par cet article doit précéder, en effet, l'aliénation et elle ne peut être accordée que pour des causes étroitement déterminées, parmi lesquelles ne se trouve pas la conversion de la dot en rente viagère.

Si la femme opte pour la demande de collocation dans l'ordre ouvert contre son mari, quel sera le rang de son hypothèque légale? L'article 2135 pose le principe que les femmes ont hypothèque à raison de leurs dot et conventions matrimoniales sur les immeubles de leur mari à compter du jour du mariage. Puis il édicte plusieurs exceptions et notamment la suivante, dans l'alinéa 3 du § 2° : « *Elle n'a d'hypothèque pour l'indemnité des dettes qu'elle a contractées avec son mari et* POUR LE REMPLOI DE SES PROPRES ALIÉNÉS,

(1) Cass. civ., 21 déc. 1853, précité. — Aubry et Rau, t. V, § 537, note 28, p. 504.

(2) Cass. req., 9 déc. 1861, D., 62. 1. 275.

considération que la femme doit rester juge de la convenance qu'il peut y avoir pour elle à agir en nullité ou à se contenter d'une indemnité, nous pensons qu'elle doit jouir de cette option. On ne saurait opposer contre cette solution les termes soi-disant restrictifs de l'article 1560, qui ne donnent à la femme que l'action en révocation. Le mari, en aliénant un bien dotal a, par le fait même, encouru une responsabilité vis-à-vis de sa femme; elle a donc, dès ce moment, droit à la réparation pécuniaire du préjudice qu'a pu lui causer l'aliénation, et elle a pour cela une hypothèque légale (art. 2121 et 2135). On ne saurait nous opposer davantage l'intérêt des créanciers du mari; sans doute, la femme, en renonçant à son action en nullité, invoquera son hypothèque légale à leur détriment; mais qu'on le remarque, il ne s'agit ici que d'une nullité relative que les créanciers du mari ne peuvent pas faire valoir, et sur l'effet de laquelle ils n'étaient pas légalement autorisés à compter. C'est, d'ailleurs, l'opinion qui triomphe en doctrine et en jurisprudence (1).

On doit observer toutefois qu'après la séparation de biens l'option de la femme et sa demande de collo-

(1) En ce sens Cass. civ., 21 déc. 1853 D., 54. 1. 5. — Toulouse, 18 nov. 1880, D., 90. 2. 199. — Pau, 31 mai 1893, D., 95. 2. 10. — Troplong, t. IV, n° 3550. — Rodière et Pont, t. III, n° 1874. — Aubry et Rau, t. V, § 537, note 27, p. 563. — De Folleville, *op. cit.*, *Revue pratique*, 1875, t. XXXIX, n° 33, p. 300. — Guillouard, t. IV, n° 1891. — *Contrà*, Taulier, t. V, p. 338. — Sériziat : *Du régime dotal*, n° 194.

cation dans l'ordre ouvert sur un immeuble de son mari ne peuvent être que provisoire (1); car admettre que cette option pût être définitive serait reconnaître à la femme le droit de ratifier l'aliénation pendant le mariage. Aussi, n'approuvons-nous pas un arrêt de la Chambre des requêtes du 9 décembre 1861 (2), d'après lequel, lorsque la femme a été autorisée par la justice à opter pour l'indemnité et à convertir le montant de la collocation en rente viagère, elle a perdu définitivement l'action en nullité. Il est faux de dire, en faveur de cette solution, que cette autorisation est l'équivalent de celle exigée pour l'aliénation d'un bien dotal par l'article 1558. Régulièrement, la permission de justice visée par cet article doit précéder, en effet, l'aliénation et elle ne peut être accordée que pour des causes étroitement déterminées, parmi lesquelles ne se trouve pas la conversion de la dot en rente viagère.

Si la femme opte pour la demande de collocation dans l'ordre ouvert contre son mari, quel sera le rang de son hypothèque légale? L'article 2135 pose le principe que les femmes ont hypothèque à raison de leurs dot et conventions matrimoniales sur les immeubles de leur mari à compter du jour du mariage. Puis il édicte plusieurs exceptions et notamment la suivante, dans l'alinéa 3 du § 2e : « *Elle n'a d'hypothèque pour l'indemnité des dettes qu'elle a contractées avec son mari et* POUR LE REMPLOI DE SES PROPRES ALIÉNÉS,

(1) Cass. civ., 21 déc. 1853, précité. — Aubry et Rau, t. V, § 537, note 28, p. 564.

(2) Cass. req., 9 déc. 1861, D., 62. 1. 275.

qu'à compter du jour de l'obligation et de la vente. »
L'aliénation par le mari d'un immeuble dotal rentre,
d'après nous, dans cette exception; il n'en serait autrement que si le contrat de mariage avait conféré au
mari le pouvoir de vendre les immeubles dotaux sans
le concours de la femme et à charge de remploi; dans
ces conditions l'aliénation est un acte auquel la femme
n'a pas pu s'opposer; il est juste que par cela même
elle jouisse de l'hypothèque légale dans toute son
étendue.

On objecterait vainement, en dehors de la réserve
que nous venons de formuler, que notre texte parle
des *propres aliénés*, ce qui supposerait qu'il ne vise
que la femme mariée sous le régime de la communauté; on ne saurait nous opposer non plus qu'en
aliénant un immeuble dotal, inaliénable ou aliénable
seulement à charge de remploi, le mari a violé le contrat de mariage et que l'hypothèque qui garantit sa
responsabilité doit rentrer dans la règle générale;
que cette hypothèque existe dans ce cas pour raison des
conventions matrimoniales et qu'elle doit prendre rang
du jour du mariage. Si ce dernier raisonnement était
exact, il s'appliquerait aussi bien au régime de la communauté, car le mari n'a pas plus le droit d'aliéner les
propres de sa femme, qu'il n'a le droit de disposer des
immeubles dotaux; il viole donc, dans ce cas comme
dans l'autre, les conventions matrimoniales.

Quant à l'objection de texte, elle n'a pas grande
portée; le législateur n'a pas entendu employer des
expressions techniques et, dans ce titre même des
hypothèques, il a manqué souvent de précision. C'est
ainsi que l'article 2135 parle du mariage comme fixant
le rang ou principe de l'hypothèque et que l'article
2195 parle de contrat de mariage. Tout ce qu'on peut
en conclure c'est que la loi n'a pas prévu expressément
notre hypothèse, comme elle en a omis bien d'autres
et on doit la régler par analogie. Or, que l'on se trouve
sous le régime dotal, ou sous le régime de communauté, le motif qui a inspiré le 3e alinéa du § 2 de l'article 2135 existe avec la même force.

Comme le disent MM. Aubry et Rau (1) : « empêcher
que la femme ne puisse, en consentant à l'aliénation de
ses propres, anéantir ou paralyser par l'effet de son
hypothèque légale, pour le prix de vente, des hypothèques antérieurement acquises sur les biens du mari,
et prévenir ainsi les combinaisons frauduleuses concertées au préjudice des créanciers légitimes, tel est
le motif qui a déterminé les rédacteurs du Code à
limiter à la date des aliénations l'hypothèque de la
femme pour remploi de ses immeubles, en répudiant
sur ce point les traditions de l'ancienne jurisprudence.
Or, ce motif, d'une légitimité et d'une utilité pratique
incontestables, repousse toute distinction entre les
différents régimes matrimoniaux. »

La jurisprudence (2) et une partie de la doctrine (3)
se prononcent cependant contre cette solution.

(1) Aubry et Rau, t. III, § 264 ter, note 75, pp. 243 et suiv.
(2) Cass. civ., 16 mai 1865, D., 65. 1. 205 et la note. — Riom,
16 juin 1877, D., 78. 2. 150. — Nîmes, 28 janv. 1879, D., 80. 2. 127.
— Toulouse, 18 nov. 1889, D., 90. 2. 189. — Montpellier,

(3) *Voir la note (3) à la page suivante.*

qu'à compter du jour de l'obligation et de la vente. »
L'aliénation par le mari d'un immeuble dotal rentre, d'après nous, dans cette exception; il n'en serait autrement que si le contrat de mariage avait conféré au mari le pouvoir de vendre les immeubles dotaux sans le concours de la femme et à charge de remploi; dans ces conditions l'aliénation est un acte auquel la femme n'a pas pu s'opposer; il est juste que par cela même elle jouisse de l'hypothèque légale dans toute son étendue.

On objecterait vainement, en dehors de la réserve que nous venons de formuler, que notre texte parle des *propres aliénés*, ce qui supposerait qu'il ne vise que la femme mariée sous le régime de la communauté; on ne saurait nous opposer non plus qu'en aliénant un immeuble dotal, inaliénable ou aliénable seulement à charge de remploi, le mari a violé le contrat de mariage et que l'hypothèque qui garantit sa responsabilité doit rentrer dans la règle générale; que cette hypothèque existe dans ce cas pour raison des conventions matrimoniales et qu'elle doit prendre rang du jour du mariage. Si ce dernier raisonnement était exact, il s'appliquerait aussi bien au régime de la communauté, car le mari n'a pas plus le droit d'aliéner les propres de sa femme, qu'il n'a le droit de disposer des immeubles dotaux; il viole donc, dans ce cas comme dans l'autre, les conventions matrimoniales.

Quant à l'objection de texte, elle n'a pas grande portée; le législateur n'a pas entendu employer des expressions techniques et, dans ce titre même des hypothèques, il a manqué souvent de précision. C'est

ainsi que l'article 2135 parle du mariage comme fixant le rang ou principe de l'hypothèque et que l'article 2195 parle de contrat de mariage. Tout ce qu'on peut en conclure c'est que la loi n'a pas prévu expressément notre hypothèse, comme elle en a omis bien d'autres et on doit la régler par analogie. Or, que l'on se trouve sous le régime dotal, ou sous le régime de communauté, le motif qui a inspiré le 3e alinéa du § 2 de l'article 2135 existe avec la même force.

Comme le disent MM. Aubry et Rau (1) : « empêcher que la femme ne puisse, en consentant à l'aliénation de ses propres, anéantir ou paralyser par l'effet de son hypothèque légale, pour le prix de vente, des hypothèques antérieurement acquises sur les biens du mari, et prévenir ainsi les combinaisons frauduleuses concertées au préjudice des créanciers légitimes, tel est le motif qui a déterminé les rédacteurs du Code à limiter à la date des aliénations l'hypothèque de la femme pour remploi de ses immeubles, en répudiant sur ce point les traditions de l'ancienne jurisprudence. Or, ce motif, d'une légitimité et d'une utilité pratique incontestables, repousse toute distinction entre les différents régimes matrimoniaux. »

La jurisprudence (2) et une partie de la doctrine (3) se prononcent cependant contre cette solution.

---

(1) Aubry et Rau, t. III, § 264 ter, note 74, pp. 245 et suiv.
(2) Cass. civ., 10 mai 1865, D., 65. 1. 205 et la note. — Riom, 16 juin 1877, D., 78. 2. 150. — Nîmes, 28 janv. 1879, D., 80. 2. 127. — Toulouse, 18 nov. 1889, D., 90. 2. 189. — Montpellier,

(3) *Voir la note (3) à la page suivante.*

Après avoir recherché les effets de l'inaliénabilité, après la séparation de biens, sur les immeubles, examinons ces mêmes effets sur les meubles.

B. — Meubles.

Nous avons indiqué, au début de cette étude, que la jurisprudence avait étendu au mobilier dotal, et avec raison selon nous, le principe de l'inaliénabilité. Dès lors, ce principe doit survivre à la séparation de biens comme pour les immeubles. Mais subsistera-t-il dans les mêmes conditions ? Dans le système de la jurisprudence, il se transforme. Nous avons vu qu'avant la séparation de biens, elle reconnaît au mari, en vertu de son large droit d'administration, le pouvoir d'aliéner seul les meubles dotaux, même ceux dont il n'est pas devenu propriétaire. La femme, s'il les aliène, n'a qu'une créance en restitution, garantie par une hypothèque légale. C'est cette créance qui, à son égard, est aliénable, en ce sens qu'elle ne peut pas la compromettre soit directement, soit indirectement, pas plus

---

15 fév. 1890, Pand. fr., 90. 2. 203. — Cass. civ., 10 fév. 1892, D., 92. 1. 118. — Cass. civ., 17 mars 1896, S., 97. 1. 15. — *Contrà*, Caen, 7 juillet 1841, S., 52. 2. 92. — Agen, 10 juin 1859, S., 59. 2. 341. — Caen, 29 nov. 1872, S., 73. 2. 134.

(3) Tessier : *De la dot,* t. II, nº 134. — Bénech : *De l'emploi et du remploi,* pp. 219 et 250. — Troplong : *Hypothèques,* t. II, nº 589 *bis.* — Dans le sens de notre opinion : Duranton, t. XX, nº 34. — Aubry et Rau, t. III, *loc. cit.* — Colmet de Santerre, t. IX, nº 105 *bis*-VI. — Sériziat : *Régime dotal,* nº 111. — Baudry-Lacantinerie et de Loynes : *Privilèges et hypothèques,* t. II, nº 1488.

que l'hypothèque qui y est attachée. Mais après la
séparation de biens, la situation change. Dès que la restitution a été effectuée, cette créance est éteinte, et
l'inaliénabilité frappe alors directement les meubles
dotaux *in specie*, en sorte que même dûment autorisée
(si l'on décide que la femme séparée de biens a besoin
de l'autorisation maritale pour aliéner son mobilier)
la femme ne peut pas aliéner ces meubles, sauf les
exceptions prévues aux articles 1555 à 1559.

Il y a là, semble-t-il, une contradiction. Puisque de
par son droit d'administration le mari avait avant la
séparation le pouvoir d'aliéner les meubles dotaux, la
femme qui lui succède après la séparation et qui
reprend la libre administration de sa dot ne devrait-
elle pas, en vertu de ce même droit, avoir un pouvoir
analogue? Il semble même qu'il dût y avoir un *a for-
tiori* en faveur de cette solution; la femme, en effet,
n'est pas simplement un administrateur ordinaire de
sa dot mobilière, elle en est de plus propriétaire. C'est
aussi la solution adoptée par certains auteurs (1).
Autant vaut dire alors, si la femme séparée peut
aliéner son mobilier dotal, que la séparation de biens
consacre l'aliénabilité de la dot mobilière. Cette conséquence n'est admissible que pour ceux qui décident
que l'inaliénabilité ne s'applique qu'aux immeubles
dotaux. Pour ceux, au contraire, qui admettent l'indisponibilité de la dot mobilière, elle doit subsister tant
que le mariage n'est pas dissous. Si la femme courait,
avant la séparation, les risques de la mauvaise admi-

(1) Guillouard, t. IV, nᵒ 2105 *bis*. — Laurent, t. XXIII, nᵒ 556.

nistration du mari, au moins avait-elle une hypothèque légale à laquelle il lui était impossible de renoncer. Une fois la séparation de biens obtenue, la femme ne pouvant plus invoquer cette hypothèque (1) ne saurait être ainsi laissée sans garantie en butte aux sollicitations pressantes d'un mari, dont les affaires sont dans le plus triste état. Que deviendrait la protection de la dot dans l'intérêt de la famille ? Est-ce donc là le résultat qu'ont poursuivi soit les parties en adoptant le régime dotal, soit le constituant de la dot en faisant de cette adoption une condition de sa libéralité ? Le législateur ne peut avoir consacré rien de tel. Cette solution serait d'ailleurs contraire à l'ancien droit (2) et l'on sait combien les rédacteurs du Code ont voulu suivre la tradition en notre matière.

(1) L'hypothèque légale subsiste bien en théorie au profit de la femme après la séparation de biens, mais comme la mari ne détient plus la dot, il n'encourt qu'exceptionnellement une responsabilité; par suite, la femme séparée ne peut pas invoquer en fait cette hypothèque.

(2) Pothier, sur la Constitution 29 Code Justinien : *De jure dotium* (5, 12) : *Pandectes*, liv. XXIV, tit. III, n° 19, t. IX, p. 201. — Domat s'exprime ainsi : « La femme séparée de biens n'acquiert par la séparation que le droit de jouir de ses biens et de les conserver, mais elle ne peut les aliéner que selon que les lois, les coutumes peuvent le permettre. » *Lois civ.*, liv. 1, tit. X, sect. 3, n° 4, p. 170. — D'après Salviat : « Les *biens dotaux* sont inaliénables, conformément au droit, et les femmes mariées, quoique séparées de biens et autorisées par leur mari ou par la justice, ne peuvent les aliéner, si ce n'est dans le cas où, pour des causes privilégiées, la loi leur permet d'aliéner. » Jurisprudence du Parlement de Bordeaux, v° *Dot*, pp. 199 et 200.

Vainement objecterait-on que la capacité de la femme est désormais réglée par l'article 1449 et que celle-ci trouve dans le deuxième alinéa de ce texte le pouvoir d'aliéner son mobilier. Nous avons déjà rencontré cette objection, et nous y avons répondu : sans doute, ce texte s'applique à la femme dotale, mais il doit rester étranger au débat ; il ne traite qu'une question de capacité personnelle et nous avons à trancher une question d'indisponibilité réelle.

On fait valoir, en outre, contre notre solution une considération très grave : la femme, dit-on, risque dans ce système de perdre sa dot par excès de protection : les valeurs mobilières sont soumises à toutes les fluctuations du marché ; il peut être nécessaire, pour ne pas les perdre complètement, de s'en débarrasser à la veille d'une crise ; comment éviter cette perte et comment conserver la dot dans ce cas, si la femme, même autorisée de son mari, ne peut pas l'aliéner. La jurisprudence, ajoute-t-on, l'avait si bien compris que c'est précisément pour parer à cet inconvénient qu'elle avait accordé au mari seul, avant la séparation, ce droit de disposition. Or, comment expliquer que malgré la persistance du même danger, elle fasse disparaître ce remède sans le remplacer ? N'y a-t-il pas là une contradiction nouvelle ?

Toutes ces raisons ne nous ont pas convaincu. Il pourra arriver, sans doute, dans quelque cas, que cette protection se retourne contre la femme. Car on ne peut songer pratiquement à demander au tribunal l'autorisation d'aliéner des valeurs mobilières, qui périclitent, du chef de l'article 1558, 4°, comme aliéna-

nistration du mari, au moins avait-elle une hypothèque légale à laquelle il lui était impossible de renoncer. Une fois la séparation de biens obtenue, la femme ne pouvant plus invoquer cette hypothèque (1) ne saurait être ainsi laissée sans garantie en butte aux sollicitations pressantes d'un mari, dont les affaires sont dans le plus triste état. Que deviendrait la protection de la dot dans l'intérêt de la famille ? Est-ce donc là le résultat qu'ont poursuivi soit les parties en adoptant le régime dotal, soit le constituant de la dot en faisant de cette adoption une condition de sa libéralité ? Le législateur ne peut avoir consacré rien de tel. Cette solution serait d'ailleurs contraire à l'ancien droit (2) et l'on sait combien les rédacteurs du Code ont voulu suivre la tradition en notre matière.

(1) L'hypothèque légale subsiste bien en théorie au profit de la femme après la séparation de biens, mais comme le mari ne détient plus la dot, il n'encourt qu'exceptionnellement une responsabilité; par suite, la femme séparée ne peut pas invoquer en fait cette hypothèque.

(2) Pothier, sur la Constitution 29 Code Justinien : *De jure dotium* (5, 12): *Pandectes*, liv. XXIV, tit. III, n° 19, t. IX, p. 204. — Domat s'exprime ainsi : « La femme séparée de biens n'acquiert par la séparation que le droit de jouir de ses biens et de les conserver, mais elle ne peut les aliéner que selon que les lois, les coutumes peuvent le permettre. » *Lois civ.*, liv. 1, tit. x, sect. 5, n° 4: p. 170. — D'après Salviat : « Les *biens* dotaux sont inaliénables, conformément au droit, et les femmes mariées, quoique séparées de biens et autorisées par leur mari ou par la justice, ne peuvent les aliéner, si ce n'est dans le cas où, pour des causes privilégiées, la loi leur permet d'aliéner. » Jurisprudence du Parlement de Bordeaux, v° *Dot*, pp. 199 et 200.

Vainement objecterait-on que la capacité de la femme est désormais réglée par l'article 1449 et que celle-ci trouve dans le deuxième alinéa de ce texte le pouvoir d'aliéner son mobilier. Nous avons déjà rencontré cette objection, et nous y avons répondu : sans doute, ce texte s'applique à la femme dotale, mais il doit rester étranger au délai ; il ne traite qu'une question de capacité personnelle et nous avons à trancher une question d'indisponibilité réelle.

On fait valoir, en outre, contre notre solution une considération très grave : la femme, dit-on, risquera dans ce système de perdre sa dot par excès de protection : les valeurs mobilières sont soumises à toutes les fluctuations du marché ; il peut être nécessaire, pour ne pas les perdre complètement, de s'en débarrasser à la veille d'une crise ; comment éviter cette perte et comment conserver la dot dans ce cas, si la femme, même autorisée de son mari, ne peut pas l'aliéner. La jurisprudence, ajoute-t-on, l'avait si bien compris que c'est précisément pour parer à cet inconvénient qu'elle avait accordé au mari seul, avant la séparation, ce droit de disposition. Or, comment expliquer que malgré la persistance du même danger, elle fasse disparaître ce remède sans le remplacer ? N'y a-t-il pas là une contradiction nouvelle ?

Toutes ces raisons ne nous ont pas convaincu. Il pourra arriver, sans doute, dans quelque cas, que cette protection se retourne contre la femme. Car on ne peut songer pratiquement à demander au tribunal l'autorisation d'aliéner des valeurs mobilières, qui périclitent, du chef de l'article 1558, 4°, comme aliénations nécessaires à la conservation de la dot. On pourrait peut-être soutenir, qu'en droit cette demande serait recevable, mais, en fait, elle irait contre le but même que l'on poursuivrait ; en cette occurrence, en effet, ces aliénations doivent se faire promptement et sans donner l'éveil. Quel est le système protecteur, d'ailleurs, qui n'a pas ses inconvénients ? L'objection s'applique au régime dotal lui-même et non à l'hypothèse particulière que nous envisageons. Ne peut-il pas arriver de même qu'un immeuble dotal, à raison de circonstances déterminées, diminue considérablement de valeur ? Ne serait-il pas bon, dans ce cas particulier, que les époux puissent l'aliéner, et cependant, ce n'est pas douteux, cette aliénation leur est interdite. C'est qu'en effet à côté de cet inconvénient, il y a d'autres avantages. En matière de valeurs mobilières surtout, les époux ne seront pas tentés de se livrer à des opérations hasardeuses ; s'ils risquent de subir de mauvais placements, ils sont assurés à l'inverse de conserver les bons. En tout cas, c'est aux parties elles-mêmes et à elles seules, en rédigeant leur contrat de mariage, à peser les avantages et les inconvénients du régime qu'ils adoptent ; ce n'est pas l'interprète, une fois le régime adopté, qui doit se livrer à cet examen.

Quant à la contradiction relevée dans la jurisprudence, elle est, en somme, plus apparente que réelle, car nous avons montré que la situation de la femme n'est plus après la séparation de biens ce qu'elle était auparavant, alors qu'elle avait le secours de son hypothèque légale. A supposer, d'ailleurs, que cette contradiction existât en réalité, elle ne nous atteindrait

pas ; nous avons admis, en effet, qu'avant comme après la séparation, l'inaliénabilité frappait directement les meubles dotaux. Avant la séparation, le mari ne peut pas les aliéner parce qu'il n'est pas propriétaire ; il n'est qu'un administrateur, et tout administrateur n'a pas en principe (sauf pouvoir spécial), le droit d'aliéner (arg., art. 1988). La femme ne le peut pas non plus, même dûment autorisée, à raison de l'indisponibilité de la dot.

Pour bien comprendre cette inaliénabilité, il faut préciser sur quels meubles elle porte. Elle ne frappe directement que les meubles corporels, envisagés comme corps certains, et les meubles incorporels. Mais elle reste étrangère, et ceci résulte de leur nature même, aux meubles consomptibles par le premier usage, aux meubles considérés comme fongibles, ou destinés à être vendus. Leur valeur seule est indisponible ;

Jusqu'à ce que le mari ait restitué effectivement la dot, c'est toujours la créance en restitution dans le système de la jurisprudence qui est seule inaliénable ; la femme ne peut compromettre ni cette créance, ni l'hypothèque légale qui la garantit. Ainsi, elle ne pourrait pas subroger un tiers à cette hypothèque (1).

Mais dès que la restitution a été effectuée par le mari, ce sont les meubles dotaux *in specie* qui ne peuvent pas être aliénés par la femme. Elle ne peut pas en disposer directement, soit à titre onéreux, sauf dans les cas prévus par les articles 1558 et 1559, soit à titre

(1) Cass. req., 27 avril 1880, S., 80. 1. 360.

tions nécessaires à la conservation de la dot. On pourrait peut-être soutenir, qu'en droit cette demande serait recevable, mais, en fait, elle irait contre le but même que l'on poursuivrait ; en cette occurrence, en effet, ces aliénations doivent se faire promptement et sans donner l'éveil. Quel est le système protecteur, d'ailleurs, qui n'a pas ses inconvénients? L'objection s'applique au régime dotal lui-même et non à l'hypothèse particulière que nous envisageons. Ne peut-il pas arriver de même qu'un immeuble dotal, à raison de circonstances déterminées, diminue considérablement de valeur? Ne serait-il pas bon, dans ce cas particulier, que les époux puissent l'aliéner, et cependant, ce n'est pas douteux, cette aliénation leur est interdite. C'est qu'en effet à côté de cet inconvénient, il y a d'autres avantages. En matière de valeurs mobilières surtout, les époux ne seront pas tentés de se livrer à des opérations hasardeuses ; s'ils risquent de subir de mauvais placements, ils sont assurés à l'inverse de conserver les bons. En tout cas, c'est aux parties elles-mêmes et à elles seules, en rédigeant leur contrat de mariage, à peser les avantages et les inconvénients du régime qu'ils adoptent ; ce n'est pas à l'interprète, une fois le régime adopté, qui doit se livrer à cet examen.

Quant à la contradiction relevée dans la jurisprudence, elle est, en somme, plus apparente que réelle, car nous avons montré que la situation de la femme n'est plus après la séparation de biens la même qu'elle était auparavant, alors qu'elle avait le secours de son hypothèque légale. A supposer, d'ailleurs, que cette contradiction existât en réalité, elle ne nous atteindrait

pas ; nous avons admis, en effet, qu'avant comme après la séparation, l'inaliénabilité frappait directement les meubles dotaux. Avant la séparation, le mari ne peut pas les aliéner parce qu'il n'est pas propriétaire ; il n'est qu'un administrateur, et tout administrateur n'a pas en principe (sauf pouvoir spécial), le droit d'aliéner (arg., art. 1988). La femme ne le peut pas non plus, même dûment autorisée, à raison de l'indisponibilité de la dot.

Pour bien comprendre cette inaliénabilité, il faut préciser sur quels meubles elle porte. Elle ne frappe directement que les meubles corporels, envisagés comme corps certains, et les meubles incorporels. Mais elle reste étrangère, et ceci résulte de leur nature même, aux meubles consomptibles par le premier usage, aux meubles considérés comme fongibles, ou destinés à être vendus. Leur valeur seule est indisponible.

Jusqu'à ce que le mari ait restitué effectivement la dot, c'est toujours la créance en restitution dans le système de la jurisprudence qui est seule inaliénable ; la femme ne peut compromettre ni cette créance, ni l'hypothèque légale qui la garantit. Ainsi, elle ne pourrait pas subroger un tiers à cette hypothèque (1). Mais dès que la restitution a été effectuée par le mari, ce sont les meubles dotaux *in specie* qui ne peuvent pas être aliénés par la femme. Elle ne peut pas en disposer directement, soit à titre onéreux, sauf dans les cas prévus par les articles 1558 et 1559, soit à titre

_____

(1) Cass. req., 27 avril 1880, S., 80. 1. 360.

gratuit, à moins que ce ne soit par testament, ou par donation pour l'établissement de ses enfants (art. 1555 et 1556).

En second lieu, si le contrat de mariage autorise l'aliénation sous certaines conditions, de remploi par exemple, la femme peut aliéner (sauf la question d'autorisation), mais elle doit se conformer strictement aux clauses de son contrat de mariage (art. 1557).

Ainsi, même autorisée de son mari, elle ne pourrait pas aliéner des tableaux de maître d'un grand prix (1).

Dans le cas où il s'agit de l'aliénation d'un meuble corporel, l'acquéreur qui a été mis en possession et qui ignorait son caractère de dotalité peut-il opposer à l'action en nullité de la femme une exception péremptoire tirée de l'article 2279 ? Nous ne le pensons pas, car cet article n'a pour but, d'après nous, que d'empêcher la revendication des meubles, lorsque l'acquéreur les a acquis avec juste titre et bonne foi a non domino. Il consacre une prescription acquisitive instantanée. Or, dans notre hypothèse, l'acquéreur a acquis le meuble du véritable propriétaire et la femme ne le réclame pas par une action en revendication, mais par une action en nullité, du chef de l'article 1560 (2). Il en serait autrement, si la femme se trouvait en présence d'un sous-acquéreur de bonne foi. Elle ne pourrait agir contre lui que par l'action en revendication, et le sous-acquéreur pourrait valablement repousser cette action en vertu de l'article 2279.

Ce qu'elle ne peut pas faire directement, la femme ne peut pas non plus le faire indirectement.

Notamment, elle ne peut pas déléguer ses reprises mobilières pour le paiement des dettes du mari ou de celles qu'elle a contractées après la séparation (1).

Elle ne peut faire ni compromis, ni transaction au sujet de sa dot mobilière, ces actes entraînant chez celui duquel ils émanent le pouvoir de disposer des objets qui y sont compris (2).

---

(1) Paris, 9 avril 1897, D., 98. 2. 464 (motifs).

(2) Cette conséquence devrait être admise également par ceux qui voient dans l'article 2279 une présomption de propriété pour le possesseur. Ils décident, en effet (voir notamment Aubry et Rau, t. II, § 183, 4°, pp. 115 et suiv.), que le possesseur, qui détient la chose pour son compte ou pour le compte d'autrui, ne peut pas opposer cette présomption de propriété, lorsqu'il est soumis à une obligation personnelle de restitution. Cette obligation résulte, pour l'acquéreur du meuble dotal, de la nullité de l'aliénation. L'action en nullité est une action personnelle; ce qui le prouve, c'est que la femme, alors même qu'elle ne pourrait pas suivre le meuble entre les mains d'un sous-acquéreur, qui, lui, pourrait invoquer la présomption de l'article 2279, conserverait son action contre le premier acquéreur. L'action aboutirait, en ce cas, au paiement de dommages-intérêts. Le premier acquéreur n'est donc pas tenu en tant que possesseur du meuble, ce qui se produirait si l'action était réelle; il est tenu en vertu d'un rapport d'obligation. En ce sens : Baudry-Lacantinerie et Tissier : De la prescription, n° 884, pp. 549 et 550. — Rennes, 17 mars 1892, S., 94. 2. 73 et la note de M. Tissier.

(1) Cass. req., 29 juillet 1862, S., 63. 1. 443. — Cass. civ., 12 mars 1866, S., 66. 1. 159. - Cass. req., 3 février 1879, S. 79. 1. 353. — Cass. civ., 4 juillet 1881, S., 82. 1. 242.

(2) Cass. civ., 22 août 1865, S., 65. 1. 308. — Toulouse, 1er juin 1871, S., 71. 2. 201.

gratuit, à moins que ce ne soit par testament, ou par donation pour l'établissement de ses enfants (art. 1555 et 1556).

En second lieu, si le contrat de mariage autorise l'aliénation sous certaines conditions, de remploi par exemple, la femme peut aliéner (sauf la question d'autorisation), mais elle doit se conformer strictement aux clauses de son contrat de mariage (art. 1557).

Ainsi, même autorisée de son mari, elle ne pourrait pas aliéner des tableaux de maître d'un grand prix (1).

Dans le cas où il s'agit de l'aliénation d'un meuble corporel, l'acquéreur qui a été mis en possession et qui ignorait son caractère de dotalité peut-il opposer à l'action en nullité de la femme une exception péremptoire tirée de l'article 2279 ? Nous ne le pensons pas, car cet article n'a pour but, d'après nous, que d'empêcher la revendication des meubles, lorsque l'acquéreur les a acquis avec juste titre et bonne foi *a non domino*. Il consacre une prescription acquisitive instantanée. Or, dans notre hypothèse, l'acquéreur a acquis le meuble du véritable propriétaire et la femme ne le réclame pas par une action en revendication, mais par une action en nullité, du chef de l'article 1560 (2). Il en serait autrement, si la femme se trouvait en présence d'un sous-acquéreur de bonne foi. Elle ne pourrait agir contre lui que par l'action en revendication, et le sous-acquéreur pourrait vala-

(1) Paris, 9 avril 1897, D., 98. 2. 464 (motifs).

(2) Cette conséquence devrait être admise également par ceux qui voient dans l'article 2279 une présomption de propriété pour le

blement repousser cette action en vertu de l'article 2279.

Ce qu'elle ne peut pas faire directement, la femme ne peut pas non plus le faire indirectement.

Notamment, elle ne peut pas déléguer ses reprises mobilières pour le paiement des dettes du mari ou de celles qu'elle a contractées après la séparation (1).

Elle ne peut faire ni compromis, ni transaction au sujet de sa dot mobilière, ces actes entraînant chez celui duquel ils émanent le pouvoir de disposer des objets qui y sont compris (2).

possesseur. Ils décident, en effet (voir notamment Aubry et Rau, t. II, § 183, 4°, pp. 115 et suiv.), que le possesseur, qui détient la chose pour son compte ou pour le compte d'autrui, ne peut pas opposer cette présomption de propriété, lorsqu'il est soumis à une obligation personnelle de restitution. Cette obligation résulte, pour l'acquéreur du meuble dotal, de la nullité de l'aliénation. L'action en nullité est une action personnelle; ce qui le prouve, c'est que la femme, alors même qu'elle ne pourrait pas suivre le meuble entre les mains d'un sous-acquéreur, qui, lui, pourrait invoquer la présomption de l'article 2279, conserverait son action contre le premier acquéreur. L'action aboutirait, en ce cas, au paiement de dommages-intérêts. Le premier acquéreur n'est donc pas tenu en tant que possesseur du meuble, ce qui se produirait si l'action était réelle; il est tenu en vertu d'un rapport d'obligation. En ce sens : Baudry-Lacantinerie et Tissier : *De la prescription*, n° 884, pp. 549 et 550. — Rennes, 17 mars 1892, S., 94. 2. 73 et la note de M. Tissier.

(1) Cass. req., 29 juillet 1862, S., 63. 1. 443. — Cass. civ., 12 mars 1855, S., 66. 1. 150. — Cass. req., 3 février 1879, S. 79. 1. 353. — Cass. civ., 4 juillet 1881, S., 82. 1. 212.

(2) Cass. civ., 22 août 1865, S., 65. 1. 308. — Toulouse, 1er juin 1871, S., 71. 2. 201.

Les dettes, quoique contractées valablement par la femme séparée, ne sont pas exécutoires sur la dot mobilière et ses créanciers ne peuvent pas la saisir (1).

La femme séparée est, en outre, soumise à toutes les obligations auxquelles le mari était soumis en vertu du contrat de mariage. En pratique ces obligations consistent dans la nécessité de faire emploi des capitaux dotaux. On pourrait dire que ces clauses ne visent que le mari, administrateur de la fortune de sa femme ; mais elles constituent pour la conservation de la dot une garantie nouvelle ; elles doivent donc survivre à la séparation de biens, car nous savons que cette séparation n'a pas pour effet de faire disparaître les garanties que la femme trouve, soit dans la loi, soit dans son contrat de mariage (2). Il a été jugé en partant de ce principe que la clause du contrat de mariage d'après laquelle : « pour la réception des sommes dotales, le mari serait tenu de justifier de la suffisance de ses immeubles personnels pour faire face aux sommes à recevoir, » obligeait la femme séparée à fournir une garantie hypothécaire sur un tiers, pour pouvoir valablement recevoir ses deniers dotaux (3). On ne pouvait exiger, en effet, qu'elle fournisse une hypothèque

(1) Rennes, 4 mars 1880, S., 81. 2. 255.
(2) Cass. req., 18 janvier 1877, S., 79. 1. 104. — Cass. req., 18 déc. 1888, S., 89. 1. 191, note Demante. — Troplong, t. II, n° 1427 e, 4128. — Dalrue, *Séparations de biens judiciaires*, n° 430. — Bénech, de l'emploi et du remploi, n° 136. — Aubry et Rau, t. V, § 530, p. 620. — Guillouard, t. IV, n° 2105.
(3) Cass. req., 18 déc. 1888, précité.

sur ses paraphernaux par exemple ; car elle est elle-même créancière et nul ne peut avoir d'hypothèque sur ses propres biens.

Quel sera l'effet de cette clause d'emploi, soit à l'égard du mari, soit à l'égard des tiers ? Le mari d'abord sera responsable du défaut d'emploi, s'il y a eu intervention personnelle de sa part dans la réception des deniers dotaux. On doit appliquer l'article 1450 par identité de motifs. Mais comme la femme séparée de biens est pleinement capable, nous le verrons, de recevoir seule les capitaux qui lui sont dus, l'intervention du mari sera rare, et il échappera à toute responsabilité.

Quant aux tiers, et il faut entendre par là les débiteurs de la femme, cette clause leur est-elle opposable ? En d'autres termes, seront-ils exposés à payer une seconde fois à défaut d'emploi et dans ce cas pourront-ils refuser de se libérer, tant que la femme ne leur justifie pas d'un emploi bon et valable ? Avant la séparation de biens, on admet, en général, la négative, à moins que le contrat de mariage ne stipule expressément le contraire (1). On ne saurait, en effet, argumenter par analogie de la solution opposée admise pour la clause de remploi ; celle-ci est une condition même de la validité de l'aliénation, tandis que le mari, ayant normalement pleins pouvoirs pour toucher les capitaux dotaux, la clause d'emploi peut n'être pas une condition de la validité du paiement entre les mains du mari ; elle peut n'avoir pour effet que de l'obliger à l'effectuer

(1) Aubry et Rau, t. V, § 535, note 49, p. 550.

Les dettes, quoique contractées valablement par la femme séparée, ne sont pas exécutoires sur la dot mobilière et ses créanciers ne peuvent pas la saisir (1).

La femme séparée est, en outre, soumise à toutes les obligations auxquelles le mari était soumis en vertu du contrat de mariage. En pratique ces obligations consistent dans la nécessité de faire emploi des capitaux dotaux. On pourrait dire que ces clauses ne visent que le mari, administrateur de la fortune de sa femme ; mais elles constituent pour la conservation de la dot une garantie nouvelle ; elles doivent donc survivre à la séparation de biens, car nous savons que cette séparation n'a pas pour effet de faire disparaître les garanties que la femme trouve, soit dans la loi, soit dans son contrat de mariage (2). Il a été jugé en partant de ce principe que la clause du contrat de mariage d'après laquelle : « pour la réception des sommes dotales, le mari serait tenu de justifier de la suffisance de ses immeubles personnels pour faire face aux sommes à recevoir, » obligeait la femme séparée à fournir une garantie hypothécaire sur un tiers, pour pouvoir valablement recevoir ses deniers dotaux (3). On ne pouvait exiger, en effet, qu'elle fournisse une hypothèque

(1) Rennes, 4 mars 1890, S., 91. 2. 265.
(2) Cass. req., 18 janvier 1877, S., 79. 1. 104. — Cass. req., 18 déc. 1888, S., 89. 1. 461, note Demante. — Troplong, t. II, n° 1427 et 1428. — Durac, *Séparations de biens judiciaires*, n° 430. — Bénech, *de l'emploi et du remploi*, n° 136. — Aubry et Rau, t. V, § 539, p. 620. — Guillouard, t. IV, n° 2105.
(3) Cass. req., 18 déc. 1888, précité.

sur ses paraphernaux par exemple ; car elle est elle-même créancière et nul ne peut avoir d'hypothèque sur ses propres biens.

Quel sera l'effet de cette clause d'emploi, soit à l'égard du mari, soit à l'égard des tiers ? Le mari d'abord sera responsable du défaut d'emploi, s'il y a eu intervention personnelle de sa part dans la réception des deniers dotaux. On doit appliquer l'article 1450 par identité de motifs. Mais comme la femme séparée de biens est pleinement capable, nous le verrons, de recevoir seule les capitaux qui lui sont dus, l'intervention du mari sera rare, et il échappera à toute responsabilité.

Quant aux tiers, et il faut entendre par là les débiteurs de la femme, cette clause leur est-elle opposable ? En d'autres termes, seront-ils exposés à payer une seconde fois à défaut d'emploi et dans ce cas pourront-ils refuser de se libérer, tant que la femme ne leur justifie pas d'un emploi bon et valable ? Avant la séparation de biens, on admet, en général, la négative, à moins que le contrat de mariage ne stipule expressément le contraire (1). On ne saurait, en effet, argumenter par analogie de la solution opposée admise pour la clause de remploi ; celle-ci est une condition même de la validité de l'aliénation, tandis que le mari, ayant normalement pleins pouvoirs pour toucher les capitaux dotaux, la clause d'emploi peut n'être pas une condition de la validité du paiement entre les mains du mari ; elle peut n'avoir pour effet que de l'obliger à l'effectuer

(1) Aubry et Rau, t. V, § 545, note 19, p. 550.

vis-à-vis de sa femme ; celle-ci peut, dans le cas où il
ne remplit pas cette obligation et où par là il met la dot
en péril, demander la séparation de biens. Mais lorsque
la séparation de biens a été prononcée entre les époux,
on ne peut plus interpréter la clause dans ce dernier
sens, elle ne peut être considérée que comme une
condition de la validité du paiement. Si les tiers, en effet,
n'étaient pas exposés à payer une seconde fois à défaut
d'emploi, ils n'auraient aucun intérêt et par conséquent
aucun droit à exiger avant le paiement la justification
d'un emploi ; d'autre part le mari, n'ayant pas à inter-
venir, fût-ce pour donner son autorisation, dans la
réception des deniers dotaux, personne ne pourrait
obliger la femme à respecter cette clause. Si l'on admet
que l'on admet la femme est obligée de faire emploi lorsqu'une
clause du contrat de mariage imposait cette obligation
au mari, on doit nécessairement admettre qu'elle est
opposable aux tiers ; l'une de ces propositions ne va
pas sans l'autre.

Nous avons supposé que le contrat de mariage contenait une clause d'emploi. La femme séparée n'est-elle
pas tenue, même en l'absence d'une stipulation de ce
genre, de faire emploi de ses deniers dotaux ? Nous ne le
pensons pas ; mais comme cette question rentre plutôt
dans l'étude de la capacité de la femme, nous en renvoyons l'examen dans le chapitre relatif aux effets de
la séparation de biens sur l'administration des biens
dotaux.

Nous avons ainsi terminé l'étude de la portée de
l'inaliénabilité quant aux actes interdits à la femme ;
nous avons à nous demander dans un deuxième para-

graphe, quelle est l'étendue de cette inaliénabilité
quant aux biens qu'elle frappe.

§ 2. — *Étendue de l'inaliénabilité après la séparation de biens quant aux biens qu'elle frappe.*

Pour déterminer les biens qui sont frappés d'indisponibilité après la séparation de biens, on doit se
reporter au contrat de mariage.

La femme ne s'était-elle constituée en dot que ses
biens présents, restent dotaux ceux qui l'étaient déjà
au moment où la séparation de biens a été prononcée.

La femme s'était-elle constituée en dot ses biens à
venir, les biens qui lui adviendront, même après la
séparation de biens, à titre de donation ou de succession, seront frappés de dotalité.

Quant aux biens qu'elle acquerra à titre onéreux,
même avec des deniers dotaux, ils ne seront pas dotaux,
malgré la constitution générale de dot (1). Ces expressions
de *biens à venir* désignent, en effet, dans notre matière,
les biens qui viennent augmenter le patrimoine dotal,
qui s'ajoutent aux biens antérieurement acquis ; elles
ne visent pas ceux qui viennent les remplacer. Les
biens à venir ne comprennent donc que ceux qui sont
advenus à la femme à titre gratuit.

Il en serait autrement, si le contrat de mariage contenait une clause d'emploi ou de remploi.

(1) *Contrà*, Dutruc, *Séparations de biens judiciaires*, n° 454,
note 5. — Et Toulouse, 17 décembre 1866, D., 69. 2. 1. — Note
contraire de M. Brésillon.

vis-à-vis de sa femme ; celle-ci peut, dans le cas où il
ne remplit pas cette obligation et où par là il met la dot
en péril, demander la séparation de biens. Mais lorsque
la séparation de biens a été prononcée entre les époux,
on ne peut plus interpréter la clause dans ce dernier
sens, elle ne peut être considérée que comme une
condition de la validité du paiement. Si les tiers, en effet,
n'étaient pas exposés à payer une seconde fois à défaut
d'emploi, ils n'auraient aucun intérêt et par conséquent
aucun droit à exiger avant le paiement la justification
d'un emploi ; d'autre part le mari, n'ayant pas à inter-
venir, fût-ce pour donner son autorisation, dans la
réception des deniers dotaux, personne ne pourrait
obliger la femme à respecter cette clause. Si l'on admet
que la femme est obligée de faire emploi lorsqu'une
clause du contrat de mariage imposait cette obligation
au mari, on admet nécessairement admettre qu'elle est
opposable aux tiers ; l'une de ces propositions ne va
pas sans l'autre.

Nous avons supposé que le contrat de mariage contenait une clause d'emploi. La femme séparée n'est-elle
pas tenue, même en l'absence d'une stipulation de ce
genre, de faire emploi de ses deniers dotaux ? Nous ne le
pensons pas ; mais comme cette question rentre plutôt
dans l'étude de la capacité de la femme, nous en renvoyons l'examen dans le chapitre relatif aux effets de
la séparation de biens sur l'administration des biens
dotaux.

Nous avons ainsi terminé l'étude de la portée de
l'inaliénabilité quant aux actes interdits à la femme ;
nous avons à nous demander dans un deuxième para-

graphe, quelle est l'étendue de cette inaliénabilité
quant aux biens qu'elle frappe.

§ 2. — *Étendue de l'inaliénabilité après la séparation
de biens quant aux biens qu'elle frappe.*

Pour déterminer les biens qui sont frappés d'indisponibilité après la séparation de biens, on doit se
reporter au contrat de mariage.

La femme ne s'était-elle constituée en dot que ses
biens présents, restent dotaux ceux qui l'étaient déjà
au moment où la séparation de biens a été prononcée.

La femme s'était-elle constituée en dot ses biens à
venir, les biens qui lui adviendront, même après la
séparation de biens, à titre de donation ou de succession, seront frappés de dotalité.

Quant aux biens qu'elle acquerra à titre onéreux,
même avec des deniers dotaux, ils ne seront pas dotaux,
malgré la constitution générale de dot(1). Ces expressions
de *biens à venir* désignent, en effet, dans notre matière,
les biens qui viennent augmenter le patrimoine dotal,
qui s'ajoutent aux biens antérieurement acquis ; elles
ne visent pas ceux qui viennent les remplacer. Les
biens à venir ne comprennent donc que ceux qui sont
advenus à la femme à titre gratuit.

Il en serait autrement, si le contrat de mariage contenait une clause d'emploi ou de remploi.

(1) *Contrà,* Dutruc, *Séparations de biens judiciaires,* nº 454,
note 5. — Et Toulouse, 17 décembre 1868, D., 69. 2. 1. — Note
contraire de M. Brésillon.

Il est de principe, en effet, dans notre droit que toute subrogation soit réelle, soit personnelle, n'étant qu'une fiction, ne peut résulter que de la loi ou de la volonté des parties; l'article 1553 a fait une application de cette règle générale. D'après cet article : « *l'immeuble acquis des deniers dotaux n'est pas dotal, si la condition de l'emploi n'a été stipulée dans le contrat de mariage; il en est de même de l'immeuble donné en paiement de la dot constituée en argent.* »

En d'autres termes, cet article formule le principe d'après lequel la dot ne peut pas être transformée pendant le mariage; ce serait, en effet, porter atteinte à l'immutabilité des conventions matrimoniales, que de permettre qu'un nouveau bien vienne prendre la condition juridique exceptionnelle d'un autre bien, et cela en dehors des prévisions du contrat de mariage ou de la loi.

Cette règle est générale et doit s'appliquer même après la séparation de biens. Si donc, à cette époque, la dot promise en argent n'avait pas encore été payée, et si la femme accepte un immeuble en paiement, cet immeuble ne sera pas dotal. Même solution si la femme recueille un immeuble dans la succession du constituant pour se remplir de sa dot promise en argent. Même solution encore si elle acquiert un immeuble avec des deniers dotaux, toujours en supposant, bien entendu, que le contrat de mariage ne contienne aucune clause d'emploi ou de remploi. Enfin, et c'est l'hypothèse où l'application de notre principe se présente le plus fréquemment dans la pratique, si la femme accepte un immeuble du mari en paiement de

ses reprises, lors de la liquidation qui suit la séparation de biens, cet immeuble ne sera pas dotal. Certains auteurs ont cependant essayé de repousser, dans cette hypothèse, l'application de l'article 1553 (1). D'après eux, il n'aurait été écrit qu'en vue de l'hypothèse où le mari a la gestion des deniers dotaux; il viserait uniquement le cas d'une acquisition d'immeubles faite par le mari, ou une dation en paiement acceptée par lui. C'est ce qui ressortirait, d'après ces auteurs, de la place occupée par cet article dans une section qui a pour rubrique : « Des *Droits du mari* sur les biens dotaux et de l'inaliénabilité du fonds dotal. » L'argument n'a aucune valeur, parce qu'il est également question dans cette section des droits de la femme, notamment de celui de demander la séparation de biens, et c'est encore dans cette section que nous trouvons les quelques effets sous le régime dotal de cette séparation, qui sont formellement indiqués par le Code.

« Ni les époux, ni leurs parents n'ayant songé, au moment du mariage, ajoutent Rodière et Pont (2), à l'éventualité d'une séparation judiciaire, qu'on ne prévoit guère au milieu des fêtes nuptiales, il semblerait plus conforme à l'intention des uns et des autres de décider que les immeubles donnés en paiement à la femme séparée sont dotaux, parce qu'ils représentent exactement sa dot. » Cette remarque est juste

(1) Rodière et Pont, t. III, nº 2197. — Rodière, *Journal du Palais*, 1855, t. II, p. 470. — Sériziat, *Du régime dotal*, nº 127.

(2) Rodière et Pont, *loc. cit.*

Il est de principe, en effet, dans notre droit que toute subrogation soit réelle, soit personnelle, n'étant qu'une fiction, ne peut résulter que de la loi ou de la volonté des parties; l'article 1553 a fait une application de cette règle générale. D'après cet article : « *l'immeuble acquis des deniers dotaux n'est pas dotal, si la condition de l'emploi n'a été stipulée dans le contrat de mariage; il en est de même de l'immeuble donné en paiement de la dot constituée en argent.* »

En d'autres termes, cet article formule le principe d'après lequel la dot ne peut pas être transformée pendant le mariage; ce serait, en effet, porter atteinte à l'immutabilité des conventions matrimoniales, que de permettre qu'un nouveau bien vienne prendre la condition juridique exceptionnelle d'un autre bien, et cela en dehors des prévisions du contrat de mariage ou de la loi.

Cette règle est générale et doit s'appliquer même après la séparation de biens. Si donc, à cette époque, la dot promise en argent n'avait pas encore été payée, et si la femme accepte un immeuble en paiement, cet immeuble ne sera pas dotal. Même solution si la femme recueille un immeuble dans la succession du constituant pour se remplir de sa dot promise en argent. Même solution encore si elle acquiert un immeuble avec des deniers dotaux, toujours en supposant, bien entendu, que le contrat de mariage ne contienne aucune clause d'emploi ou de remploi. Enfin, et c'est l'hypothèse où l'application de notre principe se présente le plus fréquemment dans la pratique, si la femme accepte un immeuble du mari en paiement de ses reprises, lors de la liquidation qui suit la séparation de biens, cet immeuble ne sera pas dotal. Certains auteurs ont cependant essayé de repousser, dans cette hypothèse, l'application de l'article 1553 (1). D'après eux, il n'aurait été écrit qu'en vue de l'hypothèse où le mari a la gestion des deniers dotaux, il viserait uniquement le cas d'une acquisition d'immeubles faite par le mari, ou une dation en paiement acceptée par lui. C'est ce qui ressortirait, d'après ces auteurs, de la place occupée par cet article dans une section qui a pour rubrique : « Des *Droits du mari* sur les biens dotaux et de l'inaliénabilité du fonds dotal. » L'argument n'a aucune valeur, parce qu'il est également question dans cette section des droits de la femme, notamment de celui de demander la séparation de biens, et c'est encore dans cette section que nous trouvons les quelques effets sous le régime dotal de cette séparation, qui sont formellement indiqués par le Code.

« Ni les époux, ni leurs parents n'ayant songé, au moment du mariage, ajoutent Rodière et Pont (2), à l'éventualité d'une séparation judiciaire, qu'on ne prévoit guère au milieu des fêtes nuptiales, il semblerait plus conforme à l'intention des uns et des autres de décider que les immeubles donnés en paiement à la femme séparée sont dotaux, parce qu'ils représentent exactement sa dot. » Cette remarque est juste

---

(1) Rodière et Pont, t. III, nº 2497. — Rodière, *Journal du Palais*, 1856, t. II, p. 470. — Sériziat, *Du régime dotal*, nº 127.

(2) Rodière et Pont, *loc. cit.*

dans la plupart des cas; mais comme en ce qui touche la détermination des biens dotaux, tout est de droit étroit, ne sont dotaux que les biens à qui l'on a donné expressément ce caractère, et ceux que la loi ou le contrat de mariage permet formellement de leur subroger. Il était bien simple aux parties de stipuler une clause d'emploi; si elles ne l'ont pas fait, il est impossible de suppléer à leur silence. Ce serait violer l'article 1305.

Une dernière objection est plus grave : De deux choses l'une, dit-on, ou bien l'immeuble est dotal et, par conséquent, inaliénable, ou bien il est paraphernal et, dans ce cas, il doit être aliénable et saisissable par les créanciers de la femme? Que devient alors l'inaliénabilité de la dot mobilière? Qu'on ne dise pas, ajoute-t-on, que cet immeuble se trouve grevé de la dot de la femme. On répondrait avec Rodière et Pont : « Une pareille conséquence ne heurte-t-elle pas les principes les plus élémentaires du droit? Peut-on comprendre qu'on soit créancier de soi-même ou si l'on veut de sa propre chose? La maxime romaine : *Res sua nemini servit*, n'a-t-elle pas son fondement dans les premières notions du sens commun? (1). » Mais pourquoi donc cet immeuble ne peut-il pas être grevé de la dot de la femme, en ce sens qu'il pas étra grevé de la dot de la femme, en ce sens qu'il renferme, qu'il représente, pour employer l'expression courante, une valeur dotale, dont la femme ne peut pas disposer sans compensation. L'inaliénabilité de la dot mobilière survit à la séparation de biens, et il faut rappeler quelle est

(1) Rodière et Pont, t. III, n° 2497.

la portée de cette inaliénabilité. Nous avons vu que les meubles dotaux sont frappés d'indisponibilité *in specie*; mais nous avons excepté de cette règle les meubles consomptibles pour le premier usage et notamment l'argent. Ces meubles échappent par leur nature même à ce qu'ils puissent être frappés *in specie* d'inaliénabilité; leur valeur cependant est indisponible, et dès qu'on peut la retrouver dans un objet meuble ou immeuble, elle reste ce qu'elle était : inaliénable en tant que valeur; aussi l'immeuble qui la renferme n'est-il pas inaliénable *in specie* comme s'il était dotal. La femme peut donc l'aliéner, ses créanciers peuvent le saisir, sous réserve pour l'acheteur ou l'adjudicataire de verser entre ses mains la valeur des deniers dotaux qu'il représente. Voilà bien, dit-on, la femme créancière, et créancière en quelque sorte privilégiée de sa propre chose.

Tout d'abord, à supposer qu'il en soit ainsi, il n'est pas impossible de trouver dans l'ensemble de notre droit une situation analogue, où, par conséquent, une personne se trouve être créancière, d'une façon latente tout au moins, de sa propre chose. Ainsi quand l'acquéreur d'un immeuble hypothéqué désintéresse les créanciers premiers en rang, il est subrogé à leurs droits (art. 1251, 2°); par suite, si les créanciers dont l'inscription est postérieure intentent contre lui l'action hypothécaire, il pourra leur opposer les droits d'hypothèque auxquels il a été subrogé. Le voilà donc créancier hypothécaire sur un immeuble qui lui appartient. On objecte bien que cet acquéreur n'exercera son hypothèque que lorsque l'immeuble aura été

dans la plupart des cas; mais comme en ce qui touche la détermination des biens dotaux, tout est de droit étroit, ne sont dotaux que les biens à qui l'on a donné expressément ce caractère, et ceux que la loi ou le contrat de mariage permet formellement de leur subroger. Il était bien simple aux parties de stipuler une clause d'emploi; si elles ne l'ont pas fait, il est impossible de suppléer à leur silence. Ce serait violer l'article 1395.

Une dernière objection est plus grave : De deux choses l'une dit-on, ou bien l'immeuble est dotal et, par conséquent, inaliénable, ou bien il est paraphernal et, dans ce cas, il doit être aliénable et saisissable par les créanciers de la femme; que devient alors l'inaliénabilité de la dot mobilière? Qu'on ne dise pas, ajoute-t-on, que cet immeuble ne peut-il pas être grevé de la dot de la femme. On répondrait avec Rodière et Pont : « Une pareille conséquence ne heurte-t-elle pas les principes les plus élémentaires du droit? Peut-on comprendre qu'on soit créancier de soi-même ou si l'on veut de sa propre chose? La maxime romaine : *Res sua nemini servit*, n'a-t-elle pas son fondement dans les premières notions du sens commun? (1). » Mais pourquoi donc cet immeuble ne peut-il pas être grevé de la dot de la femme, en ce sens qu'il pas disposer sans compensation. L'inaliénabilité de la dot mobilière survit à la séparation de biens, et il faut rappeler quelle est

(1) Rodière et Pont, t. III, n° 2407.

la portée de cette inaliénabilité. Nous avons vu que les meubles dotaux sont frappés d'indisponibilité *in specie*; mais nous avons excepté de cette règle les meubles consomptibles par le premier usage et notamment l'argent. Ces meubles échappent par leur nature même à ce qu'ils puissent être frappés *in specie* d'inaliénabilité; leur valeur cependant est indisponible, et dès qu'on peut la retrouver dans un objet meuble ou immeuble, elle reste ce qu'elle était : inaliénable en tant que valeur; aussi l'immeuble qui la renferme n'est-il pas inaliénable *in specie* comme s'il était dotal. La femme peut donc l'aliéner, ses créanciers peuvent le saisir, sous réserve pour l'acheteur ou l'adjudicataire de verser entre ses mains la valeur des deniers dotaux qu'il représente. Voilà bien, dit-on, la femme créancière, et créancière en quelque sorte privilégiée de sa propre chose.

Tout d'abord, à supposer qu'il en soit ainsi, il n'est pas impossible de trouver dans l'ensemble de notre droit une situation analogue, où, par conséquent, une personne se trouve être créancière, d'une façon latente tout au moins, de sa propre chose. Ainsi quand l'acquéreur d'un immeuble hypothéqué désintéresse les créanciers premiers en rang, il est subrogé à leurs droits (art. 1251, 2°); par suite, si les créanciers dont l'inscription est postérieure intentent contre lui l'action hypothécaire, il pourra leur opposer les droits d'hypothèque auxquels il a été subrogé. Le voilà donc créancier hypothécaire sur un immeuble qui lui appartient. On objecte bien que cet acquéreur n'exercera son hypothèque que lorsque l'immeuble aura été

adjugé à un tiers sur la poursuite des créanciers hypothécaires postérieurs, c'est-à-dire lorsqu'il n'en sera
plus propriétaire. Mais la situation de la femme
n'est-elle pas la même, et sera-ce tant qu'elle restera
propriétaire, qu'elle demandera à recouvrer le montant de sa dot? Évidemment non. Elle ne formulera
une semblable prétention, comme dans l'hypothèse
précédente, que lorsqu'elle aura volontairement aliéné
l'immeuble, ou lorsque cet immeuble aura été adjugé
à un tiers sur la saisie immobilière pratiquée par un
créancier, c'est-à-dire lorsqu'elle aura cessé d'en être
propriétaire.

D'ailleurs, lorsqu'on parle de droit de créance de la
femme, de privilège même (1), ces expressions ne
sont pas absolument exactes. Que fait en effet la femme
lorsqu'elle réclame à l'acquéreur à l'encontre de ses
créanciers le prix d'un de ses immeubles qu'elle avait
acquis avec des deniers dotaux, ou bien lorsqu'elle
demande à être colloquée avant eux dans un ordre
ouvert sur le prix d'adjudication à la suite d'une saisie
immobilière? Elle se prévaut, en somme, de la nullité
de l'acte de disposition qu'elle a fait de sa dot en ache-
tant l'immeuble? Dans le cas où elle a aliéné un immeuble dotal, la nullité lui donne le droit de recouvrer *erga omnes*, même à l'encontre de ses créanciers
qui n'ont pas la dot pour gage, l'immeuble lui-même;
pourquoi? Parce que c'était l'immeuble lui-même, qui
était indisponible *in specie*. Lorsqu'elle a acquis un

(1) Regnault : *De la représentation des valeurs dotales par
des paraphernaux*, pp. 50 et suiv.

bien avec des deniers dotaux ou lorsqu'elle l'a reçu en
paiement de deniers dotaux, elle a, par là même, aliéné
une valeur indisponible, mais rien qu'une valeur.
Cette valeur se trouve incorporée dans cet immeuble ;
invoquer la nullité de cet acte de disposition n'est pas
autre chose pour la femme, que demander à recouvrer ce qui était indisponible, c'est-à-dire à reprendre
la valeur dotale. Qu'y a-t-il d'étonnant dès lors à ce
qu'elle puisse le faire dans cette hypothèse à l'encontre
de ses créanciers, alors qu'elle peut incontestablement
le faire dans l'hypothèse précédente?

Que l'on ne qualifie donc pas ce système de « mons-
truosité juridique » ou de « construction hybride » (1).
D'une part, il ne heurte aucun principe de droit et,
d'autre part, il s'impose, sous peine de ne pouvoir
organiser d'une façon pratique l'inaliénabilité de la dot
mobilière après la séparation de biens.

Il ne heurte aucun principe de droit, car il décide
que l'immeuble qui représente ainsi une valeur dotale
est paraphernal ; il n'y a donc pas transformation de
la dot, ni subrogation réelle interdite par l'article 1553.

La femme pourra l'aliéner sans qu'elle puisse
demander la nullité de la vente, même si elle ne fait
pas un remploi, et si elle dissipe le prix. Ses créanciers
pourront le saisir ; mais comme ils n'ont aucun gage
sur la valeur dotale, la femme dans l'ordre ouvert
recouvrera d'abord cette valeur. Ce droit de saisie,
pourrait-on dire, est purement théorique ; il n'offrira
aucun intérêt aux créanciers. C'est, en effet, ce qui se

(1) Labbé, note sous Cass., 3 juin 1891, S., 93. 1. 5.

produira, si la valeur de l'immeuble est inférieure ou
égale au montant de la dot mobilière qui y est incorporée ; mais alors que les créanciers ne se plaignent
pas, ils ne devaient pas compter sur cette valeur, la
femme n'avait pas pu le leur donner en gage, puisqu'elle était indisponible. L'intérêt apparaîtra pour
eux lorsque l'immeuble a une valeur supérieure au
montant de la dot qui y est incorporée. C'est ce qui se
arrivera lorsque, par des améliorations ou des circonstances naturelles, l'immeuble a augmenté de valeur,
ou bien lorsqu'il a été acquis par la femme, partie
avec des deniers dotaux, partie avec des deniers paraphernaux.

D'un autre côté, ce système est commandé par la
nécessité d'assurer pratiquement l'inaliénabilité de la
dot mobilière après la séparation de biens. Admettre,
en effet, que cet immeuble est pleinement saisissable,
sans que la femme puisse avoir droit sur le prix au
prélèvement du montant de sa dot, serait la négation
même de cette inaliénabilité (1). Comme le fait très
justement remarquer M. Rognault (2) : « La femme en
supposant qu'elle eût des créanciers antérieurs à la
séparation ne pourrait soustraire ses deniers dotaux à
leurs poursuites qu'en se résignant à n'en pas faire
emploi et à les conserver sans en tirer aucun
revenu. »

(1) Pour le droit de saisie sans restriction : Troplong, t. IV,
n°ˢ 3190 et suiv. - Marcadé, sur l'article 1583, n° IV. — *Contrà*,
Aubry et Rau, t. V, § 538, note 24, p. 511.

(2) Rognault, *op. cit.*, p. 99.

Cette théorie de la représentation des valeurs dotales
par les paraphernaux a été élaborée par la jurisprudence (1) ; et c'est à peine si, dans la première moitié
de ce siècle, on trouve quelques arrêts qui décident que
l'immeuble donné en paiement des reprises dotales est
dotal (2).

Selon la remarque fort juste de M. Labbé (3), les
magistrats devaient ménager deux intérêts, qui, en
pareille matière, veulent être conciliés si faire se peut :
l'intérêt des époux et des familles, l'intérêt des tiers et
de la société. Recherchons par quelles mesures on s'est
efforcé de les satisfaire.

(1) Je ne cite que les arrêts les plus récents, Cass. civ., 12 avril 1870,
S., 70. 1. 185, note de Pont. — Cass. civ., 27 fév. 1883, S., 84.
1.185, note. — Cass. req., 5 janvier 1891, S., 91. 1. 102, note.
— Cass. civ., 26 nov. 1895, deux arrêts, S., 96. 1. 73. - Cass. civ.,
16 mars 1897, S., 97. 1. 265. — Nîmes, 11 janvier 1882, S., 82. 2.
137. — Agen, 13 août 1891, S., 93. 2. 97. — Pau, 8 juin 1892,
D., 94. 2. 315. -- Limoges, 27 déc., 1892, D., 94. 2. 302. — Paris,
7 mai 1895, D., 96. 2. 204. — Pau, 11 mai 1896, S., 96. 2. 309. —
Grenoble, 1ᵉʳ juin 1897, D., 98. 2. 430.

(2) Rouen, 26 juin 1824, D., *Répertoire*, v° *Contrat de mariage*,
n° 3633-1°. — Grenoble, 1ᵉʳ juillet 1846, S., 47. 2. 280. — Aix, 21 mars
1839, *solut. implic.*, sous Cass., 24 janv. 1842, S., 42. 1. 110. —
Rouen, 18 nov. 1846, S., 47. 2. 423. — M. Élie Boutaud signale
dans ce sens un arrêt de Cass. civ., du 10 nov. 1897, S., 98. 1. 353.
Cet arrêt confirmait un arrêt de la Cour d'Alger qui avait déclaré
dotal l'immeuble reçu par la femme dans la liquidation de ses reprises. Il s'étonne que la Cour ait abandonné dans cette hypothèse
sa jurisprudence ; il n'en est rien. Le contrat de mariage contenait
en effet, une clause de remploi, c'est ce qu'a constaté sur renvoi la
Cour d'Aix, le 23 juin 1898, *Gaz. du Palais* ; du 23 nov. 1898.

(3) Labbé, note sous Cass., 3 juin 1891, S., 93. 1. 5.

produira, si la valeur de l'immeuble est inférieure ou égale au montant de la dot mobilière qui y est incorporée ; mais alors que les créanciers ne se plaignent pas, ils ne devaient pas compter sur cette valeur, la femme n'avait pas pu la leur donner en gage, puisqu'elle était indisponible. L'intérêt apparaîtra pour eux lorsque l'immeuble a une valeur supérieure au montant de la dot qui y est incorporée. C'est ce qui se arrivera lorsque, par des améliorations ou des circonstances naturelles, l'immeuble a augmenté de valeur, ou bien lorsqu'il a été acquis par la femme, partie avec des deniers dotaux, partie avec des deniers paraphernaux.

D'un autre côté, ce système est commandé par la nécessité d'assurer pratiquement l'inaliénabilité de la dot mobilière après la séparation de biens. Admettre, en effet, que cet immeuble est pleinement saisissable, sans que la femme puisse avoir droit sur le prix au prélèvement du montant de sa dot, serait la négation même de cette inaliénabilité[1]. Comme le fait très justement remarquer M. Regnault[2] : « La femme en supposant qu'elle eût des créanciers antérieurs à la séparation ne pourrait soustraire ses deniers dotaux à leurs poursuites qu'en se résignant à n'en pas faire emploi et à les conserver sans en tirer aucun revenu. »

(1) Pour le droit de saisie sans restriction : Troplong, t. IV, nos 3190 et suiv. - Marcadé, sur l'article 1553, n° IV. — Contrà, Aubry et Rau, t. V, § 538, note 21, p. 611.

(2) Regnault, op. cit., p. 90.

Cette théorie de la représentation des valeurs dotales par les paraphernaux a été élaborée par la jurisprudence[1] ; et c'est à peine si, dans la première moitié de ce siècle, on trouve quelques arrêts qui décident que l'immeuble donné en paiement des reprises dotales est dotal[2].

Selon la remarque fort juste de M. Labbé[3], les magistrats devaient ménager deux intérêts, qui, en pareille matière, veulent être conciliés si faire se peut : l'intérêt des époux et des familles, l'intérêt des tiers et de la société. Recherchons par quelles mesures on s'est efforcé de les satisfaire.

(1) Je ne cite que les arrêts les plus récents, Cass. civ., 12 avril 1870. S., 70. 1. 185, note de Pont. — Cass. civ., 27 fév. 1883, S., 84. 1.185, note. — Cass. req., 5 janvier 1891. S., 91. 1. 102, note. — Cass. civ., 26 nov. 1895, deux arrêts, S., 96. 1. 73. - Cass. civ., 16 mars 1897, S., 97. 1. 295. — Nîmes, 11 janvier 1882, S., 82. 2. 137. — Agen, 13 août 1891, S., 93. 2. 97. — Pau, 8 juin 1892, D., 94. 2. 315. — Limoges, 27 déc. 1892, D., 94. 2. 302. — Paris, 7 mai 1895, D., 96. 2. 204. — Pau, 11 mai 1895, S., 96. 2. 302. — Grenoble, 1er juin 1897, D., 98. 2. 400.

(2) Rouen, 26 juin 1824, D., Répertoire, v° Contrat de mariage, n° 3653-1°. — Grenoble, 1er juillet 1846, S., 47. 2. 280. — Aix, 21 mars 1899, subd. implic., sous Cass., 24 janv. 1842, S., 42. 1. 110. — Rouen, 18 nov. 1846, S., 47. 2. 423. — M. Élie Bautaud signale dans ce sens un arrêt de Cass. civ., du 10 nov. 1807, S., 98.1. 353. Cet arrêt confirmait un arrêt de la Cour d'Alger qui avait déclaré dotal l'immeuble reçu par la femme dans la liquidation de ses reprises. Il s'étonne que la Cour ait abandonné dans cette hypothèse sa jurisprudence ; il n'en est rien. Le contrat de mariage contenait en effet, une clause de remploi ; c'est ce qu'a constaté sur renvoi la Cour d'Aix, le 23 juin 1898, Gaz. des Palais ; du 23 nov. 1898.

(3) Labbé, note sous Cass., 3 juin 1891, S., 93. 1. 5.

L'intérêt des époux est sauvegardé par cette conséquence que la femme prélèvera, à l'encontre de ses créanciers, le montant des valeurs dotales que l'immeuble portait dans ses flancs, elle le fera soit qu'elle ait aliéné l'immeuble à titre onéreux ou à titre gratuit, soit qu'elle en ait été expropriée à la suite d'une saisie immobilière.

Dans le cas d'une aliénation à titre onéreux, l'acquéreur, s'il ne veut pas s'exposer à payer une seconde fois, devra verser le prix entre les mains de la femme et non entre les mains de ses créanciers ; ceux-ci ne peuvent donc pas frapper le prix de saisie-arrêt ; l'acquéreur ne pourrait pas davantage compenser ce prix avec une créance qu'il aurait contre la femme (1).

Si l'aliénation de l'immeuble est à titre gratuit, elle est valable, mais la femme pourra réclamer au donataire le montant de la valeur dotale incorporée dans cet immeuble et, au besoin, elle pourra en poursuivre l'expropriation forcée pour recouvrer à l'exclusion de tous autres ayants-droit cette valeur (2).

Si les créanciers poursuivent la saisie immobilière de l'immeuble, la saisie est valable ; mais sur le prix d'adjudication la femme prélèvera le montant de sa dot (3).

Cette conséquence sauvegarde-t-elle suffisamment

l'intérêt de la femme? Sera-t-elle assurée de recouvrer le montant de la dot? Pas toujours, car le prix de l'adjudication pourra n'être pas assez élevé pour le couvrir. Aussi certains tribunaux ont-ils cherché à éviter ce résultat. D'après quelques arrêts, les créanciers ne pourraient poursuivre la saisie qu'après avoir consigné au préalable le montant des reprises dotales. C'est ce qu'ont décidé la Cour de Montpellier par arrêt du 15 février 1853 et la Cour de Bordeaux par arrêt du 14 mai 1857 (1). D'autres arrêts n'ont pas été aussi loin ; ils ont exigé simplement que le saisissant s'engageât personnellement à faire monter le prix de l'immeuble jusqu'au montant de la dot qu'il représente. Tel est le système qu'a admis la Cour d'Agen le 13 août 1891 (2). La Cour de Cassation n'a pas eu, à notre connaissance du moins, à se prononcer formellement sur cette question.

Pour nous, nous préférons la solution adoptée par la Cour de Montpellier, le 21 février 1851, et par la Cour de Toulouse, le 24 février 1860 (3). D'après ces deux décisions, les créanciers n'ont à prendre aucun engagement avant de pratiquer la saisie. N'est-ce pas, en effet, tomber dans l'arbitraire, que d'admettre une des solutions contraires? D'ailleurs, elles vont toutes plus ou moins contre le droit de saisie reconnu aux

---

(1) Cass. req., 30 janvier 1842, S., 42. 1. 440. — Grenoble, 1er juin 1897, D., 98. 2. 430.

(2) Cass. civ., 12 avril 1870, S., 70. 1. 185 et sur renvoi, Montpellier, 21 juin 1871, S., 71. 2. 88.

(3) Paris, 7 mai 1895, D., 96. 2. 204.

(1) Montpellier, 15 fév. 1853, D., 54. 2. 205. — Bordeaux, 14 mai 1857, D., 57. 2. 211.

(2) Agen, 13 août 1891, D., 92. 2. 509. — Caen, 27 déc. 1860, S., 61. 2. 284. — Caen, 6 juillet 1866, S., 67. 2. 347.

(3) Montpellier, 21 fév. 1851, D., 54. 2. 203. — Toulouse, 24 fév. 1860, D., 60. 2. 64.

créanciers par les arrêts mêmes qui leur imposent ces obligations. Quel est, en effet, le créancier qui oserait poursuivre un immeuble dans ces conditions et qui consentirait à devenir ainsi d'une façon bizarre le débiteur de son débiteur? On se récrie en disant que la dot risquera, au moins en partie, d'être compromise. Il est facile de répondre par le principe même de la théorie de la jurisprudence. Si l'immeuble est la représentation de la dot, il ne l'est que jusqu'à concurrence de sa propre valeur; et celle-ci ne saurait être fixée que par le résultat des enchères. Constate-t-on une diminution de valeur? Il pourra sans doute y en avoir une, mais elle n'est pas nécessairement une suite de l'adjudication; elle peut être naturelle ou avoir bien d'autres causes et, dans ces hypothèses, elle existerait aussi bien si l'immeuble était resté dans le patrimoine de la femme.

Quoique la Cour de cassation n'ait pas eu à statuer spécialement sur cette question, on peut penser qu'elle adopterait notre solution. Elle paraît conforme, en effet, à une décision analogue qu'elle a rendue dans une hypothèse voisine. Par arrêt du 12 avril 1870 (1), elle a admis la validité d'une aliénation à titre gratuit d'un paraphernal représentant des valeurs dotales. Mais elle a reconnu à la femme le droit de poursuivre sur ce bien le remboursement de sa dot. La femme, dans cette hypothèse, se trouve donc exposée à subir la perte qui pourra résulter de la vente forcée de l'immeuble, si l'adjudication ne parvient pas à couvrir le mon-

(1) Cass. civ., 12 avril 1870, S., 70. 1. 185.

tant de son prélèvement. « Or, comme le dit M. Regnault (1), puisqu'elle peut être exposée à subir une perte par suite d'une donation consentie par elle, on ne voit pas pourquoi il en serait autrement au cas où elle aurait contracté une obligation. »

D'une façon générale, cette théorie donne satisfaction à l'intérêt des époux, mais l'intérêt des tiers n'est-il pas sacrifié? Comment les personnes qui traiteront avec la femme connaîtront-elles cette incorporation de la dot dans un paraphernal? Si elles se font représenter le contrat de mariage, elles y verront une dot constituée en argent, sans clause d'emploi, et elles croiront de bonne foi se trouver en présence d'un paraphernal parfaitement saisissable; avec ce système, on sauvegarde la dot, mais on ruine complètement le crédit des femmes dotales.

Aussi la Cour de Cassation a-t-elle exigé, pour que cette incorporation de la dot soit opposable aux tiers, que le titre d'acquisition de l'immeuble fasse mention de l'origine des deniers et de leur caractère dotal. Cette formalité est exigée même lorsqu'il y a une clause d'emploi dans le contrat de mariage pour rendre dotal l'immeuble acquis des deniers dotaux (arg., art. 1435). A plus forte raison doit-il en être de même dans le cas où la femme acquiert un immeuble avec des valeurs dotales lorsqu'aucune clause d'emploi ne vient avertir les tiers qu'ils pourront se trouver en présence d'un bien indisponible. En conséquence, les personnes qui traiteront avec la femme se reporteront,

(1) Regnault, op. cit., p. 40.

9

s'ils sont prudents, au titre d'acquisition de l'immeuble, et ils n'auront pas à subir de méprise.

Ainsi la femme héritière unique du constituant, qui a recueilli dans sa succession des immeubles en paiement de sa dot promise en argent, ne peut pas prélever le montant de sa dot à l'encontre de ses créanciers, qui ont fait saisir ces immeubles. Il n'y a pas eu, en effet, dans ce cas, d'acte de partage et, par conséquent, il n'a pas existé d'acte spécial de propriété pouvant révéler aux tiers l'affectation de ces biens à la sûreté de la dot. C'est ce qu'a décidé la Chambre des Requêtes le 3 juin 1891 (1), rejetant un pourvoi formé contre un arrêt de la Cour de Pau du 24 janvier 1890 (2). La Chambre civile s'est également prononcée dans le même sens par deux arrêts du 26 novembre 1895 (3). Elle cassait un arrêt de la Cour de Toulouse du 27 janvier 1893 et un arrêt de la Cour de Montpellier du 24 novembre 1892 (4). Ce système concilie, autant que faire se peut, l'intérêt des tiers et celui de la famille.

Lorsqu'une personne traite avec une autre personne, la prudence la plus élémentaire lui commande de se renseigner et sur sa capacité et sur les titres de propriété des biens qui doivent former le gage de sa

(1) Cass. req., 3 juin 1891, S., 93. 1. 5 et note de Labbé.
(2) Pau, 24 janvier 1890, S., 93. 1. 5.
(3) Cass. civ., 26 nov. 1895, S., 96. 1. 73. — Voir dans le même sens Pau, 2 juin 1890, D., 98. 2. 356.
(4) Toulouse, 27 janvier 1892, et Montpellier, 24 nov. 1892, S., 93, 2. 188. On peut citer encore dans le sens de ces arrêts : Bordeaux, 14 mai 1857, D., 57. 2. 211. — Toulouse, 13 mars 1890, D., 90. 2. 343. — Aubry et Rau, t. V, § 534, note 24, p. 537.

créance : gage particulier, s'il s'agit d'un créancier hypothécaire ; gage général, s'il s'agit d'un créancier chirographaire. Avec l'exigence de la mention dans l'acte d'acquisition de l'immeuble de l'origine des deniers, cette personne est dès lors à même de connaître si les biens de la femme sont ou non, quant à leur valeur, frappés d'indisponibilité. Si elle ne se livre pas à cet examen, qu'elle ne vienne pas se plaindre plus tard, lorsque la femme prélèvera le montant de sa dot ; elle s'est rendue coupable de négligence, qu'elle en supporte les conséquences. Par contre, l'exigence de cette mention est absolument indispensable, si l'on ne veut pas ruiner complètement le crédit des femmes dotales. On objecterait en vain qu'il faut malgré tout, malgré la femme elle-même, sauver la dot dans l'intérêt de la famille, que c'est ouvrir la porte à la fraude, en ce sens que la femme pourra tourner très facilement la protection qu'on lui impose, en ne mentionnant pas dans l'acte d'acquisition l'origine des deniers. Dans ce cas, en effet, elle commet une sorte de quasi-délit, tout au moins analogue à celui que commet la femme dotale commerçante qui ne publie pas son contrat de mariage, ce qui la rend responsable de ses engagements relatifs à son commerce même sur ses biens dotaux (1).

L'article 1553 contient deux applications de cette

(1) C'est ce que décident la Chambre des requêtes et la Chambre civile : Cass. req., 29 mars 1893, D., 93. 1. 285. — Cass. civ., 3 mai 1893, D., 93. 1. 349.

s'ils sont prudents, au titre d'acquisition de l'immeuble, et ils n'auront pas à subir de méprise.

Ainsi la femme héritière unique du constituant, qui a recueilli dans sa succession des immeubles en paiement de sa dot promise en argent, ne peut pas prélever le montant de sa dot à l'encontre de ses créanciers, qui ont fait saisir ces immeubles. Il n'y a pas eu, en effet, dans ce cas, d'acte de partage et, par conséquent, il n'a pas existé d'acte spécial de propriété pouvant révéler aux tiers l'affectation de ces biens à la sûreté de la dot. C'est ce qu'a décidé la Chambre des Requêtes le 3 juin 1891 (1), rejetant un pourvoi formé contre un arrêt de la Cour de Pau du à 24 janvier 1890 (2). La Chambre civile s'est également prononcée dans le même sens par deux arrêts du 26 novembre 1895 (3). Elle cassait un arrêt de la Cour de Toulouse du 27 janvier 1893 et un arrêt de la Cour de Montpellier du 24 novembre 1892 (4). Ce système concilie, autant que faire se peut, l'intérêt des tiers et celui de la famille.

Lorsqu'une personne traite avec une autre personne, la prudence la plus élémentaire lui commande de se renseigner et sur sa capacité et sur les titres de propriété des biens qui doivent former le gage de sa créance : gage particulier, s'il s'agit d'un créancier hypothécaire ; gage général, s'il s'agit d'un créancier chirographaire. Avec l'exigence de la mention dans l'acte d'acquisition de l'immeuble de l'origine des deniers, cette personne est dès lors à même de connaître si les biens de la femme sont ou non, quant à leur valeur, frappés d'indisponibilité. Si elle ne se livre pas à cet examen, qu'elle ne vienne pas se plaindre plus tard, lorsque la femme prélèvera le montant de sa dot ; elle s'est rendue coupable de négligence, qu'elle en supporte les conséquences. Par contre, l'exigence de cette mention est absolument indispensable, si l'on ne veut pas ruiner complètement le crédit des femmes dotales. On objecterait en vain qu'il faut malgré tout, malgré la femme elle-même, sauver la dot dans l'intérêt de la famille, que c'est ouvrir la porte à la fraude, en ce sens que la femme pourra tourner très facilement la protection qu'on lui impose, en ne mentionnant pas dans l'acte d'acquisition l'origine des deniers. Dans ce cas, en effet, elle commet une sorte de quasi-délit, tout au moins analogue à celui que commet la femme dotale commerçante qui ne publie pas son contrat de mariage, ce qui la rend responsable de ses engagements relatifs à son commerce même sur ses biens dotaux (1).

L'article 1559 contient deux applications de cette

---

(1) Cass. req., 3 juin 1891, S., 93. 1. 5 et note de Labbé.
(2) Pau, 24 janvier 1890, S., 93. 1. 5.
(3) Cass. civ., 26 nov. 1895, S., 96. 1. 73. — Voir dans le même sens Pau, 2 juin 1896, D., 98. 2. 356.
(4) Toulouse, 27 janvier 1892, et Montpellier, 24 nov. 1892, S., 93, 2. 188. On peut citer encore dans le sens de ces arrêts : Bordeaux, 14 mai 1857, D., 57. 2. 211. — Toulouse, 13 mars 1890, D., 90. 2. 344. — Aubry et Rau, t. V, § 534, note 24, p. 537.

(1) C'est ce que décident la Chambre des requêtes et la Chambre civile : Cass. req., 29 mars 1893, D., 93. 1. 285. — Cass. civ., 3 mai 1893, D., 93. 1. 319.

règle, d'après laquelle la dot ne peut pas être transformée pendant le mariage. Elle ne doit pas être restreinte aux deux hypothèses visées par ce texte : Dès
lors, en l'absence d'une clause du contrat de mariage
ou d'une disposition formelle de la loi, toutes les fois
qu'un bien dotal, un immeuble par exemple, se trouve
être remplacé par un autre bien, celui-ci n'est pas
subrogé à celui-là ; il ne prend pas sa condition juridique et ne devient pas dotal. Ainsi, l'indemnité d'assurance touchée par le mari à l'occasion de l'incendie
d'un immeuble dotal n'est pas dotale. Cette indemnité
n'est pas, d'ailleurs, la représentation de l'immeuble
assuré, mais bien des primes payées à la Compagnie.
Sans doute, la loi du 19 février 1889 a délégué de plein
droit cette indemnité aux créanciers ayant privilège
ou hypothèque sur l'immeuble assuré suivant leur
rang. Mais comme elle n'a pas fait de ce principe une
règle générale, son application doit être restreinte aux
seules hypothèses formellement prévues par le législateur (1). Il a consacré là une fiction ; elle ne saurait
donc être étendue en dehors des termes précis où elle
a été admise.

Quant à l'indemnité payée après l'expropriation
pour cause d'utilité publique d'un immeuble dotal, le
tribunal peut ordonner qu'il en sera fait remploi
(art. 13 de la loi du 3 mai 1841). La loi consacre ici la

(1) En ce sens : Nîmes, 20 juin 1860, sous l'arrêt suivant. — Pau,
31 mai 1893, D., 95. 2. 40. — Guillouard, t. IV, nº 1879. — Contrà,
Aix, 6 janvier 1890, S., 90. 2. 89. — Jouitou : Régime dotal, nºs 73
et suiv.

possibilité de la subrogation et l'immeuble acquis avec
cette indemnité sera dotal.

SECTION II

De la cessation de l'imprescriptibilité après la séparation de biens.

Par une sorte d'inelegantia juris, l'article 1561-2º
déclare les immeubles dotaux prescriptibles après la
séparation de biens, alors que l'article 1554 maintient
l'inaliénabilité. Ce dernier paragraphe de l'article 1561
ne figurait pas dans le projet primitif. Il fut ajouté à la
demande de la section de législation du Tribunal, qui
présenta les observations suivantes : « La section
pense que la séparation de biens doit faire une exception à l'imprescriptibilité dans le cas de l'article 170,
puisque la femme séparée a le droit de réclamer ses
biens entre les mains des tiers; que le but de la séparation est de lui donner le droit d'en jouir, et que,
dans le cas de cet article, on ne peut la considérer
comme retenue par la crainte maritale (1). » La principale cause de la cessation de l'imprescriptibilité est
donc dans ce fait que la femme a recouvré l'exercice
des actions dotales. Nous en avons tiré cette conséquence qu'elle ne cesse que du jour du jugement qui
prononce la séparation de biens et non du jour de la

(1) Fenet, t. XIII, pp. 619, 620.

règle, d'après laquelle la dot ne peut pas être transformée pendant le mariage. Elle ne doit pas être restreinte aux deux hypothèses visées par ce texte : Dès lors, en l'absence d'une clause du contrat de mariage ou d'une disposition formelle de la loi, toutes les fois qu'un bien dotal, un immeuble par exemple, se trouve être remplacé par un autre bien, celui-ci n'est pas subrogé à celui-là; il ne prend pas sa condition juridique et ne devient pas dotal. Ainsi, l'indemnité d'assurance touchée par le mari à l'occasion de l'incendie d'un immeuble dotal n'est pas dotale. Cette indemnité n'est pas, d'ailleurs, la représentation de l'immeuble assuré, mais bien des primes payées à la Compagnie. Sans doute, la loi du 19 février 1889 a délégué de plein droit cette indemnité aux créanciers ayant privilège ou hypothèque sur l'immeuble assuré suivant leur rang. Mais comme elle n'a pas fait de ce principe une règle générale, son application doit être restreinte aux seules hypothèses formellement prévues par le législateur (1). Il a consacré là une fiction; elle ne saurait donc être étendue en dehors des termes précis où elle a été admise.

Quant à l'indemnité payée après l'expropriation pour cause d'utilité publique d'un immeuble dotal, le tribunal peut ordonner qu'il en sera fait remploi (art. 13 de la loi du 3 mai 1841). La loi consacre ici la

(1) En ce sens : Nîmes, 20 juin 1860, sous l'arrêt suivant. — Pau, 31 mai 1803, D., 95. 2. 40. — Guillouard, t. IV, n° 1879. — Contrà, Aix, 6 janvier 1890, S., 90. 2. 89. — Jouitou : Régime dotal, n°s 73 et suiv.

possibilité de la subrogation et l'immeuble acquis avec cette indemnité sera dotal.

Section II

De la cessation de l'imprescriptibilité après la séparation de biens.

Par une sorte d'inelegantia juris, l'article 1561-2° déclare les immeubles dotaux prescriptibles après la séparation de biens, alors que l'article 1554 maintient l'inaliénabilité. Ce dernier paragraphe de l'article 1561 ne figurait pas dans le projet primitif. Il fut ajouté à la demande de la section de législation du Tribunal, qui présenta les observations suivantes : « La section pense que la séparation de biens doit faire une exception à l'imprescriptibilité dans le cas de l'article 170, puisque la femme séparée a le droit de réclamer ses biens entre les mains des tiers; que le but de la séparation est de lui donner le droit d'en jouir, et que, dans le cas de cet article, on ne peut la considérer comme retenue par la crainte maritale (1). » La principale cause de la cessation de l'imprescriptibilité est donc dans ce fait que la femme a recouvré l'exercice des actions dotales. Nous en avons tiré cette conséquence qu'elle ne cesse que du jour du jugement qui prononce la séparation de biens et non du jour de la

(1) Fenet, t. XIII, pp. 619, 620.

demande, car jusqu'au jugement c'est le mari qui conserve l'administration de la dot.

Nous devons préciser la portée de cet effet. On n'a pas à s'occuper d'abord de la prescription qui a commencé à courir avant le mariage, car dans ce cas elle n'a pas été suspendue même avant la séparation de biens.

L'effet que nous étudions vise donc le cas où un tiers s'est mis en possession d'un immeuble dotal pendant le mariage, avant ou après la séparation de biens, et prétend l'usucaper par trente ans s'il est de mauvaise foi, par dix à vingt ans s'il a juste titre et bonne foi.

La prescription pourra de même faire acquérir à un tiers sur le fonds dotal un droit réel, de servitude réelle continue et apparente par exemple ; la femme pourra encore voir s'éteindre par le non-usage une servitude active, existant au profit d'un fonds dotal, ou un droit d'usufruit immobilier constitué en dot.

Mais que décider au sujet de l'aliénation d'un fonds dotal ? Plusieurs hypothèses sont à distinguer :

1° Le fonds dotal a été aliéné par la femme seule sans autorisation. Il y a lieu dans ce cas, non seulement à l'action en nullité de l'article 1560, mais à l'action en nullité de l'article 225 ; la prescription de cette dernière action ne commencera certainement à courir, comme sous tous les régimes, qu'à la dissolution du mariage.

2° Le fonds dotal a été aliéné par le mari seul. Il y a, dans ce cas, vente de la chose d'autrui ; nous avons déjà établi ce point, soit que le mari ait présenté l'im-

meuble comme lui appartenant, soit même qu'il l'ait présenté comme un bien dotal. La femme n'a dès lors que l'action en revendication et l'acquéreur ne deviendra propriétaire que par l'usucapion de trente ans ou de dix à vingt ans, suivant les cas. Cette prescription acquisitive rentre dans la sphère d'application de l'article 1561-2° : normalement, elle devrait, par suite, commencer à courir après la séparation de biens ; mais comme dans ce cas l'action en revendication de la femme contre le tiers obligerait ce dernier à agir en garantie contre le mari, la prescription se trouvera suspendue pendant le mariage, d'après l'article 2256. Il en serait autrement, si cet article était inapplicable, par exemple, parce que le mari avait stipulé lors de la vente une clause de non garantie, ou bien parce que, au lieu de vendre l'immeuble dotal, le mari en avait fait donation, etc. Il n'aurait plus, dans ce cas, à craindre de recours de la part de l'acquéreur et l'on devrait appliquer l'article 1561-2°.

3° L'aliénation du fonds dotal émane des deux époux conjointement. La femme n'a alors que l'action en nullité de l'article 1560 : la nullité de cette aliénation étant relative, puisqu'elle est établie uniquement dans son intérêt et dans celui de sa famille, l'action se prescrit par dix ans, aux termes de l'article 1304. Quel sera le point de départ de cette prescription ? Telle est la question la plus controversée de notre matière.

Est-ce la séparation de biens, et cette prescription rentre-t-elle sous la sphère d'application de l'article 1561, ou, au contraire, est-ce la dissolution du

mariage" Il faut écarter, pour bien préciser la question, le cas où le mari a été partie dans la vente, parce qu'il s'est présenté comme vendeur et parce qu'il s'est porté garant; l'action en nullité de la femme serait alors de nature à réfléchir contre lui, et la prescription serait suspendue pendant le mariage, en vertu de l'article 2256. Il faut donc supposer que le mari n'est intervenu que pour donner son autorisation; ne s'étant pas obligé dans ce cas, en vertu de la règle : *qui auctor est se non obligat*, l'action en nullité ne pourrait pas réfléchir contre lui.

D'un côté, l'article 1560 déclare que «..... *la femme ou ses héritiers pourront faire révoquer l'aliénation après la dissolution du mariage, sans qu'on puisse leur opposer aucune prescription pendant sa durée.* » Cette disposition est conforme à l'article 1304. On admet généralement que la prescription de dix ans établie dans cet article a pour base une confirmation tacite de la part de celui qui pourrait intenter l'action en nullité. Or, comme condition de validité de toute confirmation, il faut qu'elle intervienne après la disparition du vice qui entachait l'acte annulable. C'est donc à partir de cette époque que commence à courir la prescription de l'action en nullité. Dans l'hypothèse que nous examinons, le vice qui entache l'aliénation, c'est-à-dire l'indisponibilité dotale, subsiste jusqu'à la dissolution du mariage; voilà pourquoi la femme ne peut pas ratifier, soit expressément, soit tacitement par l'exécution volontaire, cette aliénation avant cette époque. La prescription de l'article 1560 reposant également sur une confirmation tacite, il semble naturel de

ne placer son point de départ qu'à la même époque, c'est-à-dire à la dissolution du mariage (1).

D'un autre côté, d'après l'article 1561-2°, les immeubles dotaux deviennent prescriptibles après la séparation de biens. Cette disposition très vague et très large ne s'applique-t-elle pas même à la prescription de l'action en nullité de l'aliénation. La réponse nous est fournie par un texte du Code lui-même et il nous semble bien difficile d'y échapper. Ce texte est l'article 2255. Il prévoit précisément l'hypothèse que nous examinons et il s'exprime ainsi : « *Néanmoins elle* (la prescription) *ne court point pendant le mariage à l'égard de l'aliénation d'un fonds constitué selon le régime dotal, conformément à l'article 1561, au titre du Contrat de mariage et des droits*

(1) En ce sens : Marcadé sur l'article 1561, n° 2. — Rodière et Pont, t. III, n° 1892. — Aubry et Rau, t. V, § 537, note 40, p. 568. — Colmet de Santerre, t. VI, n° 232 XXX. — Laurent, t. XXIII, n° 545. — De Folleville : *Des clauses de remploi* : *Revue pratique de droit*, 1875, t. XXXIX, p. 205 et suiv. — Guillouard, t. IV, n° 1913. — Quant à MM. Aubry et Rau, ils déclarent conformément à leur théorie générale sur l'article 1304, que si, en principe l'action ne se prescrit que par dix ans, à partir de la dissolution du mariage, néanmoins elle se trouve éteinte s'il s'est écoulé plus de trente ans depuis la séparation de biens, par application de l'article 2262. Cette opinion est généralement rejetée par ce motif que si la règle de l'article 2262 est le droit commun, elle n'est pas absolue. L'article 2264 déclare, en effet, que « les règles de la prescription relatives à d'autres objets que ceux mentionnés dans le présent titre sont expliquées dans les titres qui leur sont propres. » Or, l'article 1304 contient une dérogation au principe général. V. Larombière, *Obligations*, t. IV, article 1304, n° 29.

mariage? Il faut écarter, pour bien préciser la question, le cas où le mari a été partie dans la vente, parce qu'il s'est présenté comme vendeur et parce qu'il s'est porté garant; l'action en nullité de la femme serait alors de nature à réfléchir contre lui, et la prescription serait suspendue pendant le mariage, en vertu de l'article 2256. Il faut donc supposer que le mari n'est intervenu que pour donner son autorisation; ne s'étant pas obligé dans ce cas, en vertu de la règle : *qui auctor est se non obligat*, l'action en nullité ne pourrait pas réfléchir contre lui.

D'un côté, l'article 1560 déclare que « ..... *la femme ou ses héritiers pourront faire révoquer l'aliénation après la dissolution du mariage, sans qu'on puisse leur opposer aucune prescription pendant sa durée*. » Cette disposition est conforme à l'article 1304. On admet généralement que la prescription de dix ans établie dans cet article a pour base une confirmation tacite de la part de celui qui pouvait intenter l'action en nullité. Or, comme condition de validité de toute confirmation, il faut qu'elle intervienne après la disparition du vice qui entachait l'acte annulable. C'est donc à partir de cette époque que commence à courir la prescription de l'action en nullité. Dans l'hypothèse que nous examinons, le vice qui entache l'aliénation, c'est-à-dire l'indisponibilité dotale, subsiste jusqu'à la dissolution du mariage; voilà pourquoi la femme ne peut pas ratifier, soit expressément, soit tacitement par l'exécution volontaire, cette aliénation avant cette époque. La prescription de l'article 1560 reposant également sur une confirmation tacite, il semble naturel de

ne placer son point de départ qu'à la même époque, c'est-à-dire à la dissolution du mariage (1).

D'un autre côté, d'après l'article 1561-2°, les immeubles dotaux deviennent prescriptibles après la séparation de biens. Cette disposition très vague et très large ne s'applique-t-elle pas même à la prescription de l'action en nullité de l'aliénation. La réponse nous est fournie par un texte du Code lui-même et il nous semble bien difficile d'y échapper. Ce texte est l'article 2255. Il prévoit précisément l'hypothèse que nous examinons et il s'exprime ainsi : « *Néanmoins elle* (la prescription) *ne court point pendant le mariage à l'égard de l'aliénation d'un fonds constitué selon le régime dotal, conformément à l'article 1561, au titre du Contrat de mariage et des droits*

(1) En ce sens : Marcadé sur l'article 1561, n° 2. — Rodière et Pont, t. III, n° 1892. — Aubry et Rau, t. V, § 537, note 40, p. 568. — Colmet de Santerre, t. VI, n° 232 XXX. — Laurent, t. XXIII, n° 545. — De Folleville : *Des clauses de remploi : Revue pratique de droit*, 1875, t. XXXIX, p. 205 et suiv. — Guillouard, t. IV, n° 1913. — Quant à MM. Aubry et Rau, ils déclarent conformément à leur théorie générale sur l'article 1304, que si, en principe l'action ne se prescrit que par dix ans, à partir de la dissolution du mariage, néanmoins elle se trouve éteinte s'il s'est écoulé plus de trente ans depuis la séparation de biens, par application de l'article 2262. Cette opinion est généralement rejetée par ce motif que si la règle de l'article 2262 est le droit commun, elle n'est pas absolue. L'article 2264 déclare, en effet, que « les règles de la prescription sur d'autres objets que ceux mentionnés dans le présent titre sont expliquées dans les titres qui leur sont propres. » Or, l'article 1304 contient une dérogation au principe général. V. Larombière, *Obligations*, t. IV, article 1304, n° 29.

respectifs des époux. » Il serait vraiment difficile
d'avoir une réponse plus nette. L'action en nullité pour
l'aliénation d'un fonds dotal rentre-t-elle sous la sphère
d'application de l'article 1561? Telle est la question que
nous nous sommes posée, et l'article 2255 de répondre :
la prescription de cette action ne court pas pendant
le mariage *conformément à l'article 1561*. N'est-ce pas
dire que, normalement et avant toute séparation de
biens, elle est suspendue, mais que cette cause de sus-
pension cesse après cet événement, conformément à la
règle posée dans le 2e alinéa de ce texte? Certains
auteurs ont si bien compris la force de cet argument
de texte qu'ils ont cherché à le repousser en invoquant
une erreur matérielle de renvoi. Voici comment M. de
Folleville (1) prétend faire de cet argument une réfu-
tation péremptoire. Après avoir constaté que chacun
des titres qui composent le Code civil formait une loi
spéciale, qui avait sa série particulière d'articles, il s'exprime ainsi : « Le titre 5e du Code civil, en d'autres termes, la loi sur le contrat de mariage, avait donc dans le
principe sa série distincte d'articles, en sorte que
l'article 1387 de notre série générale d'aujourd'hui
formait l'article 1er. La disposition qui forme maintenant, dans le titre de la prescription, l'article 2255,
contenait un renvoi à l'article 174 de la loi sur le contrat de mariage. Or, cet article 174 correspondait à la
disposition, non pas de l'article 1561, mais bien de
l'article 1560; la démonstration en est mathématique :
il suffit, en effet, d'ajouter le nombre 174 au nom-

(1) De Folleville, *op. cit.*, p. 205.

bre 1386, expression du dernier article qui précède
immédiatement le titre du contrat de mariage et l'on
arrive alors à la formule suivante : 1386 + 174 = 1560
et non pas 1561 : il est donc bien établi que l'article 2255
vise le cas de l'article 1560 et non pas celui de l'article 1561; par conséquent, il laisse notre question parfaitement intacte » Cette argumentation serait en effet
décisive si elle était exacte; mais il est aujourd'hui dé-
montré que l'article 2255 ne contient aucune erreur
matérielle de renvoi. C'est dans le recueil de Fenet (1)
que l'on trouve le renvoi de l'article 2255 (art. 37 du
titre de la prescription) fait à l'article 174 du titre du
contrat de mariage. L'erreur est dans Fenet. Si l'on
consulte les textes officiels, l'article 37 renvoie, non
pas à l'article 174, mais bien à l'article 175. C'est ce
que l'on peut voir, et dans le texte du projet présenté
au Corps législatif, publié dans le *Moniteur universel*
du 17 ventôse, an XII, page 779, et dans le texte publié
au *Bulletin des Lois*, 3e série, t. IX, p. 635 (2).

Puisqu'il n'y a pas erreur matérielle de renvoi dans
l'article 2255, comment concilier ce texte avec les
principes généraux qui veulent que la prescription de
l'article 1304 ne commence à courir que du jour où la
confirmation expresse est possible?

Tout d'abord, l'on peut soutenir que, dans le cas
particulier qui nous occupe, le législateur, par une
sorte *d'inelegantia juris*, ne s'en est pas tenu à la

(1) Fenet, t. XIII, p. 568.
(2) Voir Mongin : *Caractère de l'inaliénabilité dotale* dans la
Revue critique, 1886, p. 110.

respectifs des époux. » Il serait vraiment difficile
d'avoir une réponse plus nette. L'action en nullité pour
l'aliénation d'un fonds dotal rentre-t-elle sous la sphère
d'application de l'article 1561? Telle est la question que
nous nous sommes posée, et l'article 2255 de répondre :
la prescription de cette action ne court pas pendant
le mariage *conformément à l'article 1561*. N'est-ce pas
dire que, normalement et avant toute séparation de
biens, elle est suspendue, mais que cette cause de sus-
pension cesse après cet événement, conformément à la
règle posée dans le 2ᵉ alinéa de ce texte? Certains
auteurs ont si bien compris la force de cet argument
de texte qu'ils ont cherché à le repousser en invoquant
une erreur matérielle de renvoi. Voici comment M. de
Folleville (1) prétend faire de cet argument une réfu-
tation péremptoire. Après avoir constaté que chacun
des titres qui composent le Code civil formait une loi
spéciale, qui avait sa série particulière d'articles, il s'exprime ainsi : « Le titre 5ᵉ du Code civil, en d'autres termes, la loi sur le contrat de mariage, avait donc dans le
principe sa série distincte d'articles, en sorte que
l'article 1387 de notre série générale d'aujourd'hui
formait l'article 1ᵉʳ. La disposition qui forme maintenant, dans le titre de la prescription, l'article 2255,
contenait un renvoi à l'article 174 de la loi sur le contrat de mariage. Or, cet article 174 correspondait à la
disposition, non pas de l'article 1561, mais bien de
l'article 1560; la démonstration en est mathématique :
il suffit, en effet, d'ajouter le nombre 174 au nom-

(1) De Folleville, *op. cit.*, p. 205.

bre 1386, expression du dernier article qui précède
immédiatement le titre du contrat de mariage, et l'on
arrive alors à la formule suivante : $1386 + 174 = 1560$
et non pas 1561 : il est donc bien établi que l'article 2255
vise le cas de l'article 1560 et non pas celui de l'article 1561; par conséquent, il laisse notre question parfaitement intacte » Cette argumentation serait en effet
décisive si elle était exacte : mais il est aujourd'hui dé-
montré que l'article 2255 ne contient aucune erreur
matérielle de renvoi. C'est dans le recueil de Fenet (1)
que l'on trouve le renvoi de l'article 2255 (art. 37 du
titre de la prescription) fait à l'article 174 du titre du
contrat de mariage. L'erreur est dans Fenet. Si l'on
consulte les textes officiels, l'article 37 renvoie, non
pas à l'article 174, mais bien à l'article 175. C'est ce
que l'on peut voir, et dans le texte du projet présenté
au Corps législatif, publié dans le *Moniteur universel*
du 17 ventôse, an XII, page 779, et dans le texte publié
au *Bulletin des Lois*, 3ᵉ série, t. IX, p. 635 (2).

Puisqu'il n'y a pas erreur matérielle de renvoi dans
l'article 2255, comment concilier ce texte avec les
principes généraux qui veulent que la prescription de
l'article 1304 ne commence à courir que du jour où la
confirmation expresse est possible ?

Tout d'abord, l'on peut soutenir que, dans le cas
particulier qui nous occupe, le législateur, par une
sorte d'*inelegantia juris*, ne s'en est pas tenu à la

(1) Fenet, t. XIII, p. 568.
(2) Voir Mongin : *Caractère de l'inaliénabilité dotale dans la
Revue critique*, 1886, p. 140.

rigueur des principes; ce ne serait pas, en tout cas, bien extraordinaire. Ainsi il établit une corrélation étroite entre l'imprescriptibilité et l'inaliénabilité : les immeubles dotaux inaliénables sont imprescriptibles mais les immeubles déclarés aliénables sont prescriptibles; et cependant, il n'a pas hésité à maintenir l'un de ces caractères sans maintenir l'autre après la séparation de biens. Il en est de même de la disposition par laquelle il déclare que la prescription commencée avant le mariage continuera à courir pendant sa durée. Voilà encore une disposition arbitraire et contraire aux principes généraux. Qu'on ne dise pas, en effet, que le possesseur ne peut pas voir sa situation diminuée par l'effet d'une clause du contrat de mariage auquel il est étranger; avant l'expiration du délai requis pour prescrire, il n'a pas de droit acquis, n'ayant pas encore réuni les conditions légales de son acquisition. Est-ce que, par exemple, ce possesseur ne verra pas sa prescription suspendue si le propriétaire du fonds meurt, laissant des héritiers mineurs, ou encore si ce même propriétaire vient à être interdit? Tout le monde s'incline cependant dans ce cas devant le texte formel de la loi; pourquoi ne pas s'incliner également devant l'article 2255 combiné avec l'article 1561 ?

D'ailleurs, est-il bien vrai qu'il y ait une corrélation nécessaire entre la prescriptibilité de l'action de nullité et la possibilité de ratifier? Rien n'est moins certain. Ainsi prenons l'acte passé par un interdit; la confirmation ne sera possible pour lui que lorsqu'après la levée de l'interdiction, il aura eu connaissance de l'acte (art. 1338); et cependant le délai de dix ans de l'article

1304 courra dans tous les cas du jour de la levée de l'interdiction. Voilà un cas où la confirmation expresse n'étant pas possible, la prescription de l'action en nullité commence à courir.

Ce fait se produit également pour l'action en rescision d'un partage pour lésion de plus du quart. Le co-partageant lésé ne peut confirmer le partage qu'après la découverte de la lésion, et cependant l'on décide généralement que la prescription de l'action en rescision court du jour du partage (arg., art. 1676) (1).

A l'inverse, on peut signaler une hypothèse où la prescription de l'action en nullité ne court pas, alors que la confirmation expresse est possible. C'est le cas de l'action en nullité qui appartient au mari pour un acte passé par sa femme sans autorisation (art. 225). On décide en général qu'il peut ratifier l'acte pendant le mariage et que, néanmoins, la prescription ne commence à courir contre cette action qu'à sa dissolution (2) (art. 1304).

Pourquoi ces diverses solutions sont elles généralement admises ? C'est qu'au fond la prescription de l'article 1304 ne repose pas sur une *confirmation tacite*, mais bien sur une *présomption légale de confirmation*. La différence est délicate; elle a été nettement indiquée par MM. Aubry et Rau (3), pour justifier la solution

---

(1) Aubry et Rau, t. VI, § 626, 2°, note 38, p. 587, et note 42, p. 589.

(2) Aubry et Rau, t. V, § 473, note 124, pp. 167 et 168, et notes 118, 119, 120, pp. 465 et suiv.

(3) Aubry et Rau, t. VI, § 626, note 42, p. 625.

relative à l'action en rescision du partage : « Si la renonciation tacite à l'action en rescision ne peut avoir lieu qu'après connaissance acquise de la lésion, ce n'est pas une raison pour en conclure que la prescription de cette action ne commence à courir qu'après la découverte de ce vice..... Il existe, en effet, une grande différence entre une renonciation tacite émanant de la libre volonté de celui qui la fait et la renonciation légalement présumée qui résulte de l'accomplissement de la prescription. La première, fondée sur un véritable consentement, ne peut avoir lieu qu'en connaissance de cause..... La seconde, au contraire, ne repose que sur un consentement fictif; *elle résulte moins d'un acte positif de la volonté de la personne qui l'encourt, que de la déclaration de la loi elle-même,* qui la prononce comme peine de la négligence dont cette personne s'est rendue coupable, en laissant passer le temps de la prescription sans intenter l'action qui lui compétait. Il faut donc reconnaître que la prescription d'un droit ou d'une action doit commencer à courir du moment où l'inaction de celui auquel ce droit ou cette action appartient peut lui être imputée à négligence ».

On ne voit pas pour quel motif ce raisonnement parfaitement exact ne s'appliquerait pas à l'action en nullité de l'aliénation d'un fonds dotal. La femme a recouvré après la séparation de biens l'exercice de cette action. Dès ce moment, elle commet une négligence en ne l'intentant pas. Pourquoi ne pas admettre que la loi a fait courir cette prescription du jour de la séparation comme peine de cette négligence? Pourquoi

ne pas reconnaître que la loi a, en effet, dans l'article 2255 combiné avec l'article 1561 attaché, à l'expiration du délai de dix ans à partir de la séparation, une présomption légale de confirmation (1)? Aussi peut-on s'étonner de voir MM. Aubry et Rau abandonner leur propre raisonnement et ne faire courir cette prescription que du jour de la dissolution du mariage, alors surtout qu'ils reconnaissent que l'article 1561 ne doit pas être l'objet d'une interprétation restrictive d'après laquelle cet article ne viserait que l'usucapion d'un tiers détenteur (2).

Quant à la jurisprudence, elle n'est pas fixée; on trouve des décisions dans les deux sens. Pourtant, la Cour de Cassation a décidé que la prescription ne commence à courir que du jour de la dissolution du mariage; mais on trouve aussi des décisions en sens contraire (3).

(1) En ce sens : Troplong, t. IV, n° 3375. — Vazeille, *Prescription,* n° 289. — Valleite, *Mélanges,* t. I, pp. 49 et suiv. — Toullier, t. XIV, n° 233. — Dutruc, n° 463. — Mongin, *Du caractère de l'inaliénabilité dotale* dans la *Revue critique,* 1865, pp. 92 et suiv. — Vuélat, *Séparation de biens sous le régime dotal,* Thèse, p. 237 et suiv. — Thibault : *Séparation de biens sous le régime dotal,* Thèse, n°s 425 à 439, p. 402 et suiv.

(2) Aubry et Rau, t. V, § 537, note 40, p. 568.

(3) Cass. civ., 1er mars 1847, S., 47. 1. 189. — Cass. civ., 4 juillet 1849, S., 50. 1. 283. — *Contrà,* Cass. req., 30 juin 1840, S., 40. 1. 884.

relative à l'action en rescision du partage : « Si la
renonciation tacite à l'action en rescision ne peut avoir
lieu qu'après connaissance acquise de la lésion, ce
n'est pas une raison pour en conclure que la prescription de cette action ne commence à courir qu'après
la découverte de ce vice..... Il existe, en effet, une
grande différence entre une renonciation tacite émanant de la libre volonté de celui qui la fait et la renonciation légalement présumée qui résulte de l'accomplissement de la prescription. La première, fondée sur
un véritable consentement, ne peut avoir lieu qu'en
connaissance de cause..... La seconde, au contraire,
ne repose que sur un consentement fictif; *elle résulte
moins d'un acte positif de la volonté de la personne
qui l'encourt, que de la déclaration de la loi elle-même*,
qui la prononce comme peine de la négligence dont
cette personne s'est rendue coupable, en laissant passer
le temps de la prescription sans intenter l'action qui
lui compétait. Il faut donc reconnaître que la prescription d'un droit ou d'une action doit commencer à
courir du moment où l'inaction de celui auquel ce
droit ou cette action appartient peut lui être imputée
à négligence ».

On ne voit pas pour quel motif ce raisonnement
parfaitement exact ne s'appliquerait pas à l'action en
nullité de l'aliénation d'un fonds dotal. La femme a
recouvré après la séparation de biens l'exercice de
cette action. Dès ce moment, elle commet une négligence en ne l'intentant pas. Pourquoi ne pas admettre
que la loi a fait courir cette prescription du jour de la
séparation comme peine de cette négligence? Pourquoi

ne pas reconnaître que la loi a, en effet, dans l'article 2255 combiné avec l'article 1561 attaché, à l'expiration du délai de dix ans à partir de la séparation,
une présomption légale de confirmation (1)? Aussi
peut-on s'étonner de voir MM. Aubry et Rau abandonner leur propre raisonnement et ne faire courir cette
prescription que du jour de la dissolution du mariage,
alors surtout qu'ils reconnaissent que l'article 1561
ne doit pas être l'objet d'une interprétation restrictive
d'après laquelle cet article ne viserait que l'usucapion
d'un tiers détenteur (2).

Quant à la jurisprudence, elle n'est pas fixée; on
trouve des décisions dans les deux sens. Pourtant, la
Cour de Cassation a décidé que la prescription ne
commence à courir que du jour de la dissolution du
mariage; mais on trouve aussi des décisions en sens
contraire (3).

(1) En ce sens : Troplong, t. IV, n° 3375. — Vazeille, *Prescription*, n° 289. — Vallette, *Mélanges*, t. I, pp. 49 et suiv. — Teulier, t. XIV, n° 283. — Dutruc, n° 461. — Mongin, *Du caractère de l'inaliénabilité dotale* dans la *Revue critique*, 1885, pp. 92 et suiv. -
Vuelot, *Séparation de biens sous le régime dotal*, Thèse, p. 237
et suiv. — Thibault : *Séparation de biens sous le régime dotal*,
Thèse, n°s 125 à 132, p. 102 et suiv.
(2) Aubry et Rau, t. V, § 537, note 40, p. 508.
(3) Cass. civ., 1er mars 1847, S., 47. 1. 480. — Cass. civ.,
4 juillet 1849, S., 50. 1. 283. — *Contrà*, Cass. req., 30 juin 1840,
S., 40. 1. 884.

CHAPITRE IV

EFFETS DE LA SÉPARATION DE BIENS SUR LA JOUISSANCE
ET L'ADMINISTRATION DES BIENS DE LA FEMME

Après avoir déterminé la condition des biens de la
femme, ce dont on se préoccupe surtout lorsqu'on
rédige un contrat de mariage, c'est de savoir comment
la femme va contribuer aux charges du ménage :
sera-ce en nature, en laissant au mari la jouissance des
biens qu'elle lui a apportés en dot? sera-ce, au contraire, en versant une certaine somme entre ses mains?
Dans le premier cas, le mari prendra l'administration
comme moyen d'exercer le droit de jouissance; suivant l'expression énergique de M. Huc, « c'est une
nécessité de moyens » (1). Dans le second cas, au con-

traire, la femme exercera directement l'administration de ses biens. Ainsi le droit d'administration
dérive du droit de jouissance.

Sous le régime dotal, nous retrouvons ces deux modes
de contribution : la jouissance des biens dotaux appartient au mari, il en a par suite l'administration; la
femme jouit directement de ses paraphernaux, sauf à
verser une portion de leurs revenus entre les mains du
mari, si les revenus des biens dotaux sont insuffisants;
elle en conserve l'administration.

La séparation de biens entraîne pour le mari la déchéance de son droit de jouissance sur les biens
dotaux. Dès lors la femme, en reprenant cette jouissance, reprend en même temps l'administration de sa
dot. Cet effet se produit également sous le régime de la
communauté, où la jouissance directe de la fortune de
la femme appartient au mari comme chef de la communauté. Aussi était-il naturel, puisque la communauté
légale est le régime de droit commun que le législateur
ait étudié en détail cet effet, à propos de la séparation
de biens survenue entre époux communs. Il a tracé là
un modèle, auquel il s'est borné à renvoyer pour les
autres régimes, et tel est l'objet de la disposition
de l'article 1563 pour le régime dotal.

Voilà pourquoi nous avons admis, comme principe

---

(1) Commentaire du Code civil, t. IX, nº 433 et 434. — Sic,
Laurent, t. XXII, nº 424. — Colmet de Santerre, t. VI, nº 221 bis-I.
— Baudry-Lacantinerie, Précis de droit civil, t. III, nº 127. — Pour
d'autres auteurs, le droit d'administration découlerait de la puissance maritale; il servirait au mari pour exercer son droit de
police domestique à l'égard de la femme, et il aurait la jouissance
en compensation. Cette explication nous paraît se heurter à l'ar-

ticle 1388 : si elle était exacte, la femme ne devrait jamais pouvoir
se réserver l'administration de ses biens, car ce serait porter
atteinte à la puissance maritale. Voir pour cette opinion : Rodière
et Pont, t. II, nº 899. — Troplong, t. II, nº 253. — Guillouard,
t. II, nº 750.

10

CHAPITRE IV

EFFETS DE LA SÉPARATION DE BIENS SUR LA JOUISSANCE
ET L'ADMINISTRATION DES BIENS DE LA FEMME

Après avoir déterminé la condition des biens de la
femme, ce dont on se préoccupe surtout lorsqu'on
rédige un contrat de mariage, c'est de savoir comment
la femme va contribuer aux charges du ménage :
sera-ce en nature, en laissant au mari la jouissance des
biens qu'elle lui a apportés en dot? sera-ce, au contraire, en versant une certaine somme entre ses mains?
Dans le premier cas, le mari prendra l'administration
comme moyen d'exercer le droit de jouissance; suivant l'expression énergique de M. Huc, « c'est une
nécessité de moyens » (1). Dans le second cas, au con-

(1) Commentaire du Code civil, t. IX, n° 433 et 434. — Sic,
Laurent, t. XXII, n° 121. — Colmet de Santerre, t. VI, n° 221 bis-I.
— Baudry-Lacantinerie, Précis de droit civil, t. III, n° 127. — Pour
d'autres auteurs, le droit d'administration découlerait de la puissance maritale; il servirait au mari pour exercer son droit de
police domestique à l'égard de la femme, et il aurait la jouissance
en compensation. Cette explication nous paraît se heurter à l'ar-

traire, la femme exercera directement l'administration de ses biens. Ainsi le droit d'administration
dérive du droit de jouissance.

Sous le régime dotal, nous retrouvons ces deux modes
de contribution : la jouissance des biens dotaux appartient au mari, il en a par suite l'administration; la
femme jouit directement de ses paraphernaux, sauf à
verser une portion de leurs revenus entre les mains du
mari, si les revenus des biens dotaux sont insuffisants;
elle en conserve l'administration.

La séparation de biens entraîne pour le mari la déchéance de son droit de jouissance sur les biens
dotaux. Dès lors la femme, en reprenant cette jouissance, reprend en même temps l'administration de sa
dot. Cet effet se produit également sous le régime de la
communauté, où la jouissance directe de la fortune de
la femme appartient au mari comme chef de la communauté. Aussi était-il naturel, puisque la communauté
légale est le régime de droit commun que le législateur
ait étudié en détail cet effet, à propos de la séparation
de biens survenue entre époux communs. Il a tracé là
un modèle, auquel il s'est borné à renvoyer pour les
autres régimes, et tel est l'objet de la disposition
de l'article 1563 pour le régime dotal.

Voilà pourquoi nous avons admis, comme principe

ticle 1388 : si elle était exacte, la femme ne devrait jamais pouvoir
se réserver l'administration de ses biens, car ce serait porter
atteinte à la puissance maritale. Voir pour cette opinion : Rodière
et Pont, t. II, n° 899. — Troplong, t. II, n° 253. — Guillouard,
t. II, n° 759.

10

général d'interprétation, que le droit de jouissance et d'administration de la femme dotale séparée est soumis aux mêmes règles que celui de la femme commune. Nous avons dit toutefois que ce principe n'est exact que sous réserve du maintien de l'inaliénabilité dotale.

Nous étudierons dans une section première : du droit de jouissance de la femme dotale séparée et dans une section deuxième : du droit d'administration.

SECTION PREMIÈRE

Du droit de jouissance de la femme dotale séparée.

Désormais, c'est la femme qui perçoit elle-même les revenus de ses biens dotaux, comme elle percevait antérieurement ceux de ses paraphernaux. Mais puisque le mariage subsiste, elle doit contribuer aux charges du ménage. Recherchons tout d'abord dans quelle mesure.

D'après l'article 1448 : « *La femme qui a obtenu la séparation de biens doit contribuer, proportionnellement à ses facultés et à celles de son mari, tant aux frais du ménage qu'à ceux d'éducation des enfants communs.* — *Elle doit supporter entièrement ces frais, s'il ne reste rien au mari.* »

Cet article ne vise que la femme commune séparée; mais étant donné notre principe d'interprétation, nous l'étendrons à la femme dotale. Ce mode de contribution n'a rien de contraire, en effet, à l'inaliénabilité; ce

sont deux points de vue complètement étrangers l'un à l'autre.

Nous appliquerons, d'ailleurs, l'article 1448 aussi bien aux revenus des paraphernaux qu'à ceux des biens dotaux. Ce ne sera donc plus jusqu'à concurrence du tiers des revenus de sa fortune paraphernale, en l'absence de clause du contrat de mariage, que la femme devra contribuer aux charges du ménage (art. 1575); ce sera proportionnellement à l'ensemble de ses revenus et à ceux de son mari. Bien plus, s'il ne restait rien à ce dernier après la séparation, elle supporterait ces frais en totalité. C'est une conséquence de l'obligation de secours qui survit à la séparation de biens, et qui ne s'éteint qu'à la dissolution du mariage (1).

Cette manière de voir n'a pas été adoptée par tous les auteurs. D'après Colmet de Santerre (2), la séparation de biens serait sans influence sur le mode de contribution de la femme aux frais du ménage. La femme jouirait bien directement de ses biens dotaux; mais elle devrait remettre au mari l'intégralité de leurs revenus. « Quand le régime adopté, dit cet auteur (3), était le régime dotal, la femme devait contribuer aux dépenses en fournissant tous les revenus des biens dotaux. On dérogerait gravement au contrat de mariage,

---

(1) Bordeaux, 19 janvier 1888, S., 88, 2, 132. — Cass. req., 25 mars 1891, S., 92, 1, 359. — Cass. civ., 22 novembre 1893, D., 94, 1, 286.

(2) Colmet de Santerre, t. VI, n° 235 bis-II. — Voir aussi en ce sens, Vuchot, thèse, pp. 231 et suiv.

(3) Colmet de Santerre : *loc. cit.*

si, après la séparation, on réduisait la contribution de la femme à une part proportionnelle n'absorbant pas ses revenus ; cette dérogation ne serait pas nécessaire à la conservation de la dot : par conséquent, dans le silence du Code, il faut obliger la femme à fournir tous ses revenus dotaux au mari chargé de subvenir aux dépenses du ménage. »

Cet argument tiré du principe de l'immutabilité des conventions matrimoniales n'est pas fondé. L'article 1395 n'interdit, en effet, que les modifications au pacte nuptial, résultant de conventions librement consenties entre les époux. Or, ici, rien de tel ; la séparation de biens a été prononcée en justice, et le changement qui se produit au sujet de la contribution de la femme aux charges du ménage est autorisé par la loi (arg., art. 1563 combiné avec l'art. 1448). On soutient, il est vrai, que l'article 1448 se comprend sous le régime de la communauté, car déjà avant la séparation de biens la femme contribuait en quelque sorte proportionnellement aux frais du ménage, puisque les revenus des biens propres des deux époux devenaient communs ; mais si l'on suppose que le mari n'avait pas de fortune personnelle, alors que la femme avait de grands revenus, elle était néanmoins obligée de les livrer en entier au mari, comme chef de la communauté, et celui-ci profitait de la moitié des économies réalisées. Après la séparation de biens, ce résultat ne se produit plus ; les économies réalisées sur les revenus de ses biens profitent en entier à la femme ; voilà un changement au contrat de mariage, même sous la communauté légale, et cependant cette considération

n'a pas empêché le législateur d'écrire l'article 1448.

On peut ajouter que si le mari est ainsi privé après la séparation d'une partie de ces économies sous le régime de la communauté, soit de la totalité sous le régime dotal, c'est qu'il en est en quelque sorte frappé d'une peine, à raison de sa mauvaise administration ou de sa négligence coupable, tout comme un usufruitier qui perd son droit, s'il y a de sa part abus de jouissance.

Au surplus, il faut bien remarquer que cette question n'a pas grand intérêt pratique. D'après l'article 1448-2º, la femme doit supporter la totalité des dépenses s'il ne reste rien au mari. N'est-ce pas en pratique ce qui arrive le plus fréquemment après la séparation de biens ? Aussi ne trouve-t-on pas de décisions judiciaires sur ce point.

Nous avons supposé jusqu'ici une séparation de biens principale ; la solution serait la même en cas de séparation de corps, pour l'éducation des enfants communs ; la femme devrait y contribuer proportionnellement. Mais comme il n'y a plus de ménage commun, elle ne doit pas en principe subvenir à l'entretien du mari. Ce dernier ne pourrait lui réclamer qu'une pension alimentaire. L'obligation de secours née du mariage survit, en effet, à la séparation de corps, car elle n'est pas incompatible avec la cessation de la cohabitation ; elle se transforme cependant, pour prendre l'aspect d'une obligation alimentaire ordinaire, obéissant aux règles générales des obligations de même nature.

Puisque nous appliquons à la femme dotale séparée

de biens principalement l'article 1448, nous lui appliquerons aussi toutes les solutions admises sous le régime de communauté pour régler le mode de contribution.

Ainsi le mari restant le chef de ménage, c'est entre ses mains que la femme doit verser sa part contributoire; elle ne pourrait pas prétendre en principe faire face directement aux charges du ménage (1). Toutefois on admet généralement que s'il est à craindre sérieusement que le mari ne dissipe les revenus, la justice pourrait autoriser la femme à payer directement les fournisseurs (2).

La jurisprudence admet également que le mari a qualité, comme chef du ménage, pour contracter au nom de sa femme; il l'oblige donc en totalité, s'il est sans ressources, et les fournisseurs ont contre elle une action directe (3); on doit cependant lui réserver le droit de discuter ces dépenses, lorsqu'elles sont hors de proportion avec sa fortune. Certains arrêts vont même jusqu'à admettre que les deux époux sont tenus solidairement des dépenses du ménage (4). Cette

(1) Douai, 19 janvier 1897, D., 97. 2. 491.

(2) Caen, 8 avril 1851, D., 52. 2. 127. — Rodière et Pont, t. III, nᵒˢ 2185. - Aubry et Rau, t. V, § 516, note 65, p. 405. — Guillouard, t. III, nᵒ 1293.

(3) Paris, 20 mars 1850, S., 51. 1. 387. — Agen, 18 janvier 1854, S., 52. 2. 18. — Troplong, t. II, nᵒ 1440. — Aubry et Rau, t. V, § 516, note 67, p. 405. - Demolombe : Mariage, t. II, nᵒ 4. — Guillouard, t. IV, nᵒ 1929. — Contrà, Laurent, t. XXII, nᵒ 284. — Dutruc : Séparations de biens judiciaires, nᵒ 301.

(4) Cass. req., 27 janvier 1857, S., 57. 1. 161. — Cas. civ., 20 avril 1864, S., 64. 1. 503.

solution nous paraît toutefois exagérée, car il est de principe que la solidarité ne se présume pas.

Si la femme a des revenus dotaux supérieurs à sa part dans la contribution aux charges du ménage, les économies qu'elle réalise lui appartiennent désormais en propre, comme elles appartenaient au mari avant la séparation. Ainsi elles ne viennent pas augmenter la dot. Elles forment des sommes paraphernales; cette solution devrait être admise même si la femme s'était constituée en dot par contrat de mariage tous ses biens présents et à venir. Nous avons déjà eu, en effet, l'occasion de remarquer qu'en notre matière ces expressions *biens à venir* n'ont pas une portée aussi large que dans l'article 2092; elles ne désignent que les biens échus à la femme à titre gratuit, principalement à titre de donation ou de succession ; elles ne sauraient désigner les économies réalisées sur les fruits et revenus, car une fois détachés de la dot et perçus, ils ont perdu leur caractère dotal. On trouve à l'appui de cette opinion un argument sérieux d'analogie dans l'article 1498. Cet article détermine quels sont les biens qui entrent dans la communauté d'acquêts, et quels sont ceux qui en sont exclus. Parmi ces derniers figure le mobilier futur; or, cette expression est synonyme de mobilier à venir, et, d'après le 2ᵉ paragraphe de ce texte, les économies faites sur les revenus des propres tombent en communauté, elles ne rentrent donc pas dans le mobilier futur (1).

La jurisprudence a tiré de cette règle cette consé-

(1) *Sic*, Guillouard, t. IV, nᵒˢ 1722 et 1723.

de biens principalement l'article 1448, nous lui appliquerons aussi toutes les solutions admises sous le régime de communauté pour régler le mode de contribution.

Ainsi le mari restant le chef de ménage, c'est entre ses mains que la femme doit verser sa part contributoire ; elle ne pourrait pas prétendre en principe faire face directement aux charges du ménage (1). Toutefois on admet généralement que s'il est à craindre sérieusement que le mari ne dissipe les revenus, la justice pourrait autoriser la femme à payer directement les fournisseurs (2).

La jurisprudence admet également que le mari a qualité, comme chef du ménage, pour contracter au nom de sa femme ; il l'oblige donc en totalité, s'il est sans ressources, et les fournisseurs ont contre elle une action directe (3) ; on doit cependant lui réserver le droit de discuter ces dépenses, lorsqu'elles sont hors de proportion avec sa fortune. Certains arrêts vont même jusqu'à admettre que les deux époux sont tenus solidairement des dépenses du ménage (4). Cette

(1) Douai, 19 janvier 1897, D., 97. 2. 491.

(2) Caen, 8 avril 1854, D., 52. 2. 127. — Rodière et Pont, t. III, n° 2185. — Aubry et Rau, t. V, § 516, note 65, p. 405. — Guillouard, t. III, n° 1223.

(3) Paris, 20 mars 1850, S., 51. 1. 387. -- Agen, 18 janvier 1851, S., 52. 2. 18. — Troplong, t. II, n° 1440. — Aubry et Rau, t. V, § 516, note 67, p. 405. — Demolombe : *Mariage*, t. II, n° 4. — Guillouard, t. IV, n° 1229. — Contrà, Laurent, t. XXII, n° 284. — Dutruc : *Séparations de biens judiciaires*, n° 301.

(4) Cass. req., 27 janvier 1857, S., 57. 1. 161. — Cass. civ., 20 avril 1864, S., 64. 1. 503.

solution nous paraît toutefois exagérée, car il est de principe que la solidarité ne se présume pas.

Si la femme a des revenus dotaux supérieurs à sa part dans la contribution aux charges du ménage, les économies qu'elle réalise lui appartiennent désormais en propre, comme elles appartenaient au mari avant la séparation. Ainsi elles ne viennent pas augmenter la dot. Elles forment des sommes paraphernales ; cette solution devrait être admise même si la femme s'était constituée en dot par contrat de mariage tous ses biens présents et à venir. Nous avons déjà eu, en effet, l'occasion de remarquer qu'en notre matière ces expressions *biens à venir* n'ont pas une portée aussi large que dans l'article 2092 ; elles ne désignent que les biens échus à la femme à titre gratuit, principalement à titre de donation ou de succession ; elles ne sauraient désigner les économies réalisées sur les fruits et revenus, car une fois détachés de la dot et perçus, ils ont perdu leur caractère dotal. On trouve à l'appui de cette opinion un argument sérieux d'analogie dans l'article 1498. Cet article détermine quels sont les biens qui entrent dans la communauté d'acquêts, et quels sont ceux qui en sont exclus. Parmi ces derniers figure le mobilier futur ; or, cette expression est synonyme de mobilier à venir, et, d'après le 2e paragraphe de ce texte, les économies faites sur les revenus des propres tombent en communauté, elles ne rentrent donc pas dans le mobilier futur (1).

La jurisprudence a tiré de cette règle cette consé-

(1) *Sic*, Guillouard, t. IV, n°s 1722 et 1723.

quence, à savoir que les meubles, et sans doute aussi les immeubles, acquis par la femme au moyen des économies qu'elle a pu faire sur ses revenus dotaux, ont le caractère de paraphernaux et peuvent être saisis par ses créanciers [1]).

En dehors de l'hypothèse où la femme dotale a réalisé des économies, peut-elle disposer librement de ses revenus dotaux? Cette question est le plus étroitement liée à celle de savoir si les créanciers peuvent les saisir. C'est, en effet, le même principe, le même raisonnement qui donne la réponse aux deux questions; c'est, par conséquent, la même solution qui doit être admise. Il s'agit de savoir dans les deux cas, si l'inaliénabilité dotale s'étend aux revenus. C'est notre avis; mais comme dans la pratique on s'occupe surtout du droit de saisie des créanciers, nous renvoyons l'examen de cette question au chapitre relatif aux effets de la séparation de biens sur les droits des créanciers de la femme.

Lorsque le mari a été malheureux dans ses affaires, la dot se trouvant en péril sans sa faute, la séparation de biens a été sans doute rendue nécessaire, mais dans ces conditions le ménage n'en reste pas moins très uni. Il peut arriver par suite qu'après la liquidation de ses reprises, la femme inexpérimentée ne gère pas elle-même sa fortune. Elle donne mandat à son mari de continuer à en jouir et à l'administrer. Le plus souvent, ce mandat est tacite et résulte de ce qu'elle n'a pas fait opposition à cette jouissance. Com-

(1) Pau, 5 avril 1892, D., 93. 2. 333.

ment doit se régler cette situation ? La loi ne l'a prévue que pour la femme séparée de biens contractuellement (art. 1539) et pour la femme dotale en ce qui touche ses paraphernaux (art. 1577 à 1580). Elle est muette en ce qui concerne la femme séparée de biens judiciairement; c'est qu'elle a pensé que, puisque la femme venait de réclamer pour elle l'administration de sa dot, puisque le mari devait, à peine de nullité de la séparation, restituer en nature la dot dans un délai très court, cette situation ne se présenterait pas dans la pratique. Elle est rare, en effet; mais on l'a rencontre quelquefois et la jurisprudence n'a pas hésité à lui étendre les règles très sages des articles 1539, 1577 à 1580.

Ainsi elle a décidé que si la femme a donné à son mari un mandat exprès d'administrer à charge de rendre compte des fruits, il est tenu comme un mandataire ordinaire (art. 1577). De même si le mari a joui de la dot malgré son opposition, il lui doit compte de tous les fruits tant existants que consommés (1) (art. 1579).

Enfin lorsque le mari a joui des biens de sa femme sans opposition et sans mandat de sa part, il n'est comptable que des biens existants (art. 1539 et 1578) (2). Dans ce cas il est tenu de toutes les obligations d'un usufruitier (art. 1580).

(1) Cass. civ., 31 mars 1879, D., 79. 1. 425.
(2) Cass. req., 17 janvier 1860, D., 1. 65. — Aubry et Rau, t. V, § 546, notes 68 et suiv., p. 405. — Laurent, t. XXII, nᵒˢ 228 et suiv. — Guillouard, t. III, nᵒ 1180 et suiv.

Au reste, si la femme peut donner ce mandat au mari soit expressément, soit tacitement, elle ne peut pas le lui donner irrévocablement en compensation de son obligation de subvenir aux charges du ménage. Une telle convention serait nulle comme constituant le rétablissement irrégulier du régime détruit par la séparation (1).

Nous venons de voir en quoi consistait pour la femme son droit de jouissance; recherchons maintenant comment elle va l'exercer, c'est-à-dire quels sont ses droits d'administration.

Section II

Du droit d'administration de la femme dotale séparée

Étudier les droits d'administration d'une personne, c'est en somme se demander quels sont ses pouvoirs s'il s'agit de l'administrateur d'un patrimoine d'autrui, quelle est sa capacité si l'on se trouve en présence d'une personne qui administre son propre bien. Nous avons donc à rechercher dans cette section quelle est la capacité de la femme dotale séparée.

À prendre à la lettre les termes employés dans certains arrêts et par quelques auteurs, termes d'après lesquels la femme serait substituée au mari dans son droit d'administration, elle devrait être tenue aux

(1) Bordeaux, 25 mars 1848, D., 48. 2. 192. — Aubry et Rau, *loc. cit.*

mêmes obligations, mais elle devrait avoir aussi les mêmes pouvoirs. Sa capacité devrait être régie par l'article 1540 et non par l'article 1449. Nous avons montré lorsque nous avons recherché quel principe d'interprétation devait nous guider dans notre étude, que ce système est inadmissible et que même ceux qui emploient ces expressions ne poussent pas leur principe, jusques dans ces dernières conséquences; ils ne vont pas, en effet, jusqu'à permettre à la femme d'ester seule en justice.

Pour nous, c'est l'article 1449 qui doit régler la capacité de la femme dotale séparée, sauf les restrictions résultant de l'indisponibilité de la dot. Les observations qui précèdent ne sont vraies que pour la femme séparée de biens principalement; quant à la femme dotale séparée de corps, elle a recouvré, depuis la loi du 6 février 1893, le plein exercice de sa capacité civile; mais comme nous avons montré que néanmoins l'inaliénabilité survit même à la séparation de corps, nous étudierons d'abord la situation de la femme séparée de biens seulement, pour examiner ensuite celle de la femme séparée de corps.

§ 1er. — *La femme est séparée de biens principalement.*

La capacité de la femme séparée de biens est un problème difficile à résoudre; les textes abondent et par les termes différents qu'ils emploient, ils semblent avoir voulu diversifier une situation qui pourrait être unique.

Ainsi l'article 1449 dit que la femme séparée judiciairement reprend la *libre* administration, qu'elle peut

disposer de son mobilier et l'aliéner, mais qu'elle ne peut disposer sans autorisation de ses immeubles. Cette expression de *libre* administration semble avoir été opposée à celle de l'article 484, qui règle la capacité du mineur émancipé et où il n'est question que de *pure* administration.

Les articles 1536 et 1538, règlent la capacité de la femme séparée de biens contractuellement. D'après l'article 1536 la femme conserve *l'entière* administration, et d'après l'article 1538 elle ne peut pas aliéner seule ses immeubles : nous trouvons ici le mot *entière* substitué au mot *libre* et il n'est pas question de l'aliénation des meubles.

Enfin, d'après l'article 1576, la femme dotale, qui a des paraphernaux, en a l'administration, mais elle ne peut pas les aliéner sans autorisation. Il n'est plus question d'administration *libre* ou *entière*; cet article ne fait, en outre, aucune distinction entre les meubles et les immeubles.

Et pourtant ces trois situations sont bien identiques. Aussi pour arriver à des solutions sûres, faut-il négliger ces textes et remonter aux principes de l'autorité maritale (1).

L'incapacité de la femme mariée, qui découle principalement de cette puissance, ne se réfère qu'aux actes de disposition (2), elle est étrangère à la jouissance et à l'administration de ses biens. C'est ce qui

(1) Voir Labbé : *Examen doctrinal de jurisprudence*, dans la *Revue critique*, 1886, p. 446.

(2) Voir plus haut, note 2, p. 7.

résulte de ce fait, que la femme peut sous certains régimes se réserver cette jouissance et cette administration, malgré l'article 1388, d'après lequel les époux ne peuvent pas déroger dans leur contrat de mariage aux droits résultant de la puissance maritale. Ainsi s'explique également l'article 223 qui déclare, que toute autorisation générale n'est valable que pour l'administration des biens de la femme. Elle n'a pourtant pas sous tous les régimes ce droit d'administration; en fait provient uniquement, non pas de son défaut de capacité, mais de ce qu'elle a conféré par son contrat de mariage à son mari le mandat irrévocable d'administrer sa fortune en son nom. C'est aussi en faisant ces diverses constatations et en partant de ce principe que la séparation de biens modifie seulement les règles contenues dans le contrat de mariage et non celles qui découlent du mariage lui-même, que nous avons pu dire que cette séparation ne modifiait pas la capacité de la femme; elle révoque, en effet, simplement le mandat, règle du contrat de mariage, que la femme avait donné à son mari.

Dès lors qu'importent les termes plus ou moins variés des articles 1449, 1536, 1576, la situation est la même, la femme peut faire sans autorisation tous les actes qui rentrent dans l'administration d'un patrimoine, mais dans une administration large, libre et entière, pour employer les expressions du législateur. La femme est, en effet, propriétaire, et son incapacité quant aux actes de disposition est purement civile; c'est moins une mesure de protection qu'une mesure de police intérieure du ménage; elle doit pouvoir faire, disposer de son mobilier et l'aliéner, mais qu'elle ne peut disposer sans autorisation de ses immeubles. Cette expression de *libre* administration semble avoir été opposée à celle de l'article 484, qui règle la capacité du mineur émancipé et où il n'est question que de *pure* administration.

Les articles 1536 et 1538, règlent la capacité de la femme séparée de biens contractuellement. D'après l'article 1536 la femme conserve *l'entière* administration, et d'après l'article 1538 elle ne peut pas aliéner seule ses immeubles; nous trouvons ici le mot *entière* substitué au mot *libre* et il n'est pas question de l'aliénation des meubles.

Enfin, d'après l'article 1576, la femme dotale, qui a des paraphernaux, en a l'administration, mais elle ne peut pas les aliéner sans autorisation. Il n'est plus question d'administration *libre* ou *entière*; cet article ne fait, en outre, aucune distinction entre les meubles et les immeubles.

Et pourtant ces trois situations sont bien identiques. Aussi pour arriver à des solutions sûres, faut-il négliger ces textes et remonter aux principes de l'autorité maritale [1].

L'incapacité de la femme mariée, qui découle principalement de cette puissance, ne se réfère qu'aux actes de disposition [2], elle est étrangère à la jouissance et à l'administration de ses biens. C'est ce qui

[1] Voir Labbé : *Examen doctrinal de jurisprudence*, dans la *Revue critique*, 1886, p. 446.
[2] Voir plus haut, note 2, p. 7.

résulte de ce fait, que la femme peut sous certains régimes se réserver cette jouissance et cette administration, malgré l'article 1388, d'après lequel les époux ne peuvent pas déroger dans leur contrat de mariage aux droits résultant de la puissance maritale. Ainsi s'explique également l'article 223 qui déclare, que toute autorisation générale n'est valable que pour l'administration des biens de la femme. Elle n'a pourtant pas sous tous les régimes ce droit d'administration; ce fait provient uniquement, non pas de son défaut de capacité, mais de ce qu'elle a conféré par son contrat de mariage à son mari le mandat irrévocable d'administrer sa fortune en son nom. C'est aussi en faisant ces diverses constatations et en partant de ce principe que la séparation de biens modifie seulement les règles contenues dans le contrat de mariage et non celles qui découlent du mariage lui-même, que nous avons pu dire que cette séparation ne modifiait pas la capacité de la femme; elle révoque, en effet, simplement le mandat, règle du contrat de mariage, que la femme avait donné à son mari.

Dès lors qu'importent les termes plus ou moins variés des articles 1440, 1536, 1576, la situation est la même, la femme peut faire sans autorisation tous les actes qui rentrent dans l'administration d'un patrimoine, mais dans une administration large, libre et entière, pour employer les expressions du législateur. La femme est, en effet, propriétaire, et son incapacité quant aux actes de disposition est purement civile; c'est moins une mesure de protection qu'une mesure de police intérieure du ménage; elle doit pouvoir faire, par conséquent, tous les actes qui de près ou de loin touchent à l'administration d'un patrimoine.

Il est bien difficile de donner une formule générale pour définir les actes d'administration par opposition aux actes de disposition. On a notamment proposé les formules suivantes : « Les actes de disposition sont ceux que nécessitent la conservation d'une chose, ou qui n'ont d'autre but que d'en retirer les fruits ordinaires. Les actes de disposition sont, au contraire, ceux qui portent atteinte à l'intégrité du patrimoine, ceux qui touchent à la propriété même. » De la comparaison de ces deux formules, il semble résulter que jamais une aliénation ne doit être considérée comme un acte d'administration, car elle touche toujours à la propriété ; et cependant, il arrive fréquemment qu'une aliénation soit nécessaire pour assurer la conservation du reste de la fortune. Une maison a besoin de réparations urgentes, indispensables à sa conservation, ce sera un bon acte d'administration que d'aliéner quelques meubles, tableaux, valeurs, etc., pour effectuer ces réparations et éviter ainsi la perte totale de l'immeuble.

Aussi croyons-nous que pour déterminer si un acte est véritablement un acte d'administration ou un acte de disposition, il faut se préoccuper uniquement du but que l'on a poursuivi plutôt que du moyen que l'on a employé. Ainsi sera un acte d'administration, tout acte réalisé par une obligation, une aliénation ou autrement dans le but de conserver ou de faire fructifier le patrimoine. L'acte de disposition sera celui qui touche à l'intégrité du patrimoine et qui n'a pas pour but de

le conserver ou de le faire fructifier. Ainsi tout acte de disposition touche à l'intégrité du patrimoine, mais la réciproque n'est pas vraie, et tout acte qui touche à la propriété n'est pas un acte de disposition.

Or, si pour certains actes, pour les actes d'obligations par exemple, le but est assez facile à déterminer, il n'en est plus de même de tous les autres et notamment des actes d'aliénation. Ainsi l'aliénation d'un meuble peut être suivant le but que poursuit l'aliénateur un acte d'administration ou un acte de disposition. Il en est de même des immeubles. A cet égard, le législateur ne devait pas laisser l'interprète dans l'incertitude et dans l'arbitraire ; aussi a-t-il donné une règle fixe en établissant deux présomptions légales. Il a présumé que l'aliénation du mobilier était un acte d'administration, et que l'aliénation des immeubles était au contraire un acte de disposition. Et cette double présomption est en général conforme à la réalité. Lorsqu'on veut conserver un bien, le mettre en exploitation, ou augmenter cette exploitation, si on a des meubles on les aliène dans ce but de préférence aux immeubles.

Ainsi s'explique que le législateur, dans l'article 1449, ait posé deux règles absolues : la femme peut aliéner seule son mobilier, ou doit recourir à l'autorisation maritale pour aliéner ses immeubles.

La gestion d'un patrimoine peut se ramener aux quatre sortes d'actes suivants : actes d'administration proprement dits, actes d'aliénation, actes d'obligation, exercice des actions. Nous allons les passer successivement en revue pour rechercher ceux que la femme

peut faire seule et ceux pour lesquels elle a besoin d'une autorisation.

A. — Actes d'administration proprement dits.

Il est impossible de donner une énumération limitative de ces actes d'administration ; on ne peut en donner que des aperçus et signaler les plus fréquents. Ils comprennent les actes de conservation, les baux, la réception des revenus, des capitaux et leur placement. La femme séparée est incontestablement capable de faire cette catégorie d'actes.

Elle peut faire d'abord tous les actes de conservation soit matérielle, soit juridique : réparations, interruption de prescriptions, renouvellement d'inscriptions hypothécaires, assurance contre les divers risques qui menacent la propriété, principalement contre l'incendie, la grêle, les gelées, etc.

En second lieu, elle peut donner à bail ses immeubles sans autorisation du mari ou de justice ; mais ces baux ne doivent pas dépasser neuf ans. C'est, en effet, une règle générale admise par le législateur pour toutes les personnes qui n'ont qu'un droit d'administration. C'est ce qu'il a admis pour le mari commun en ce qui concerne les propres de sa femme (art. 1429 et 1430), pour le tuteur (art. 1718), pour l'usufruitier (art. 595), pour le mineur émancipé (art. 581). Il a donc considéré comme dépassant les droits d'un administrateur, soit du patrimoine d'autrui, soit de son propre patrimoine (mineur émancipé), le fait de consentir un bail

pour une durée supérieure aux délais fixés par les articles 1429 et 1430 (1).

La femme est absolument libre pour la location de ses immeubles ; ainsi, le mari ne peut pas empêcher cette location, en décidant d'établir le domicile conjugal dans l'immeuble que sa femme se propose de louer (2).

A l'inverse, elle peut prendre certains biens en location, si cet acte est utile à son administration. Par exemple, elle pourrait prendre un domaine à ferme pour utiliser son industrie et vivre du produit de son travail. C'est ce qu'a décidé la Cour de Bordeaux dans son arrêt du 22 février 1878 (3).

Parmi les actes d'administration proprement dits, et que, par conséquent, la femme peut faire sans autorisation, on trouve encore la réception de ses revenus et des capitaux qui lui sont dus. La capacité de recevoir le paiement de ses créances lui donne le pouvoir de donner main-levée des inscriptions hypothécaires qui les garantissent (4). Le mineur émancipé n'ayant, au

(1) Paris, 24 décembre 1850, D., 60. 5. 350 (table). — Rodière et Pont, t. III, n° 2189. — Aubry et Rau, t. V, § 516, note 54, p. 402. — Laurent, t. XXII, n° 294. — Guillouard, t. III, n° 1179. — Contrà, Thibault, thèse, n° 84, p. 126.

(2) Caen, 8 avril 1851, S., 51. 2. 270. — Bordeaux, 28 juillet 1884, S., 82. 2. 68. — Guillouard, t. III, n° 1179.

(3) Bordeaux, 22 février 1878, S., 79. 2. 293.

(4) Demolombe : Mariage, t. II, n° 454. — Troplong, t. 2, n° 1423. — Aubry et Rau, t. V, § 516, note 55, p. 403. — Laurent, t. XXII, n° 293. — Colmet de Santerre, t. VI, n° 101 bis-II. — Guillouard, t. III, n° 1191.

peut faire seule et ceux pour lesquels elle a besoin d'une autorisation.

A. — Actes d'administration proprement dits.

Il est impossible de donner une énumération limitative de ces actes d'administration ; on ne peut en donner que des aperçus et signaler les plus fréquents. Ils comprennent les actes de conservation, les baux, la réception des revenus, des capitaux et leur placement. La femme séparée est incontestablement capable de faire cette catégorie d'actes.

Elle peut faire d'abord tous les actes de conservation soit matérielle, soit juridique : réparations, interruption de prescriptions, renouvellement d'inscriptions hypothécaires, assurance contre les divers risques qui menacent la propriété, principalement contre l'incendie, la grêle, les gelées, etc.

En second lieu, elle peut donner à bail ses immeubles sans autorisation du mari ou de justice ; mais ces baux ne doivent pas dépasser neuf ans. C'est, en effet, une règle générale admise par le législateur pour toutes les personnes qui n'ont qu'un droit d'administration. C'est ce qu'il a admis pour le mari commun en ce qui concerne les propres de sa femme (art. 1429 et 1430), pour le tuteur (art. 1718), pour l'usufruitier (art. 595), pour le mineur émancipé (art. 581). Il a donc considéré comme dépassant les droits d'un administrateur, soit du patrimoine d'autrui, soit de son propre patrimoine (mineur émancipé), le fait de consentir un bail

pour une durée supérieure aux délais fixés par les articles 1429 et 1430 (1).

La femme est absolument libre pour la location de ses immeubles ; ainsi, le mari ne peut pas empêcher cette location, en décidant d'établir le domicile conjugal dans l'immeuble que sa femme se propose de louer (2).

A l'inverse, elle peut prendre certains biens en location, si cet acte est utile à son administration. Par exemple, elle pourrait prendre un domaine à ferme pour utiliser son industrie et vivre du produit de son travail. C'est ce qu'a décidé la Cour de Bordeaux dans son arrêt du 22 février 1878 (3).

Parmi les actes d'administration proprement dits, et que, par conséquent, la femme peut faire sans autorisation, on trouve encore la réception de ses revenus et des capitaux qui lui sont dus. La capacité de recevoir le paiement de ses créances lui donne le pouvoir de donner main-levée des inscriptions hypothécaires qui les garantissent (4). Le mineur émancipé n'ayant, au

---

(1) Paris, 24 décembre 1850, D., 60. 5. 350 (table). — Rodière et Pont, t. III, n° 2189. —Aubry et Rau, t. V, §516, note 54, p. 402. — Laurent, t. XXII, n° 294. — Guillouard, t. III, n° 4179. — *Contrà*, Thibault, thèse, n° 84, p. 126.

(2) Caen, 8 avril 1851, S., 51. 2. 270. — Bordeaux, 28 juillet 1881, S., 82. 2. 68. — Guillouard, t. III, n° 4179.

(3) Bordeaux, 22 février 1878, S., 79. 2. 293.

(4) Demolombe : *Mariage*, t. II, n° 454. — Troplong, t. 2, n°1493. — Aubry et Rau, t. V, § 516, note 55, p. 403. — Laurent, t. XXII, n°296. — Colmet de Santerre, t. VI, n° 101 bis-II. — Guillouard, t. III, n° 1191.

11

contraire, que la *pure* administration ne peut recevoir que ses revenus, et il doit être assisté de son curateur pour recevoir le paiement de ses créances (art. 484).

Nous avons vu, lorsque nous nous sommes occupés des effets de l'inaliénabilité sur la dot mobilière, que la femme est soumise à toutes les obligations imposées au mari par le contrat de mariage. Elle doit notamment faire emploi des capitaux dotaux, si cette clause y est insérée. Nous avons admis également que cette clause est opposable aux tiers; n'étant libérés que lorsque la femme justifie d'un emploi, ils peuvent refuser le paiement, tant qu'elle ne leur fournit pas cette justification.

Le moment est venu de nous demander s'il en est ainsi, même lorsque le contrat de mariage ne contient aucune clause d'emploi.

Un premier système soutient que la femme est soumise de plein droit à l'obligation de faire emploi de ses capitaux [1]. On prétend justifier cette opinion par la tradition historique et par l'indisponibilité de la dot mobilière. La tradition est unanime sur ce point.

Dans le Parlement de Toulouse, Catellan, Serres, Graverol, Laviguerie [2] décident que lorsque la dot consiste en une somme d'argent, dont la disposition

(1) Tessier : *Questions sur la dot*, nᵒ 115. — Bénech, *De l'emploi et du remploi*, nᵒˢ 137 et 138. — Wallon, *De la condition de la dot mobilière*, Thèse, p. 351 et suiv.

(2) Catellan, t. II, liv. IV, ch. 26, p. 69 et 70. — Serres, *Sur l'article 9 de l'ordonnance des donations*, p. 44. — Graverol sur Larocheflavin, p. 490. — Laviguerie, *Arrêts inédits*, t. II, p. 155.

est si facile, la femme ne peut la toucher qu'à charge d'un placement ou d'un bail à caution.

Dans le Parlement d'Aix, lorsque la femme recevait des meubles pour le paiement de sa créance en restitution contre le mari, ces meubles devaient être vendus, et « le prix en être placé entre les mains de marchands resséants et solvables, pour le tenir en honnête gain au profit de la femme et pour l'assurance de sa dot » [1].

Dans le Parlement de Grenoble, lorsque les biens du mari encore vivant étaient mis en décret, l'adjudicataire ne pouvait pas payer à la femme sa dot en argent; il devait en faire également la consignation entre les mains d'un marchand solvable, qui en payait les intérêts à la femme [2].

Dans le Parlement de Bordeaux, Salviat rapporte l'attestation suivante : « Attesté en 1700, qu'une femme séparée de biens d'avec son mari ne peut toucher ni recevoir la dot qui lui a été constituée par ses père et mère ou ses héritiers, à moins que ce ne soit en fonds ou sous la condition de l'emploi ou du bail à caution » [3].

Notre ancien droit est donc unanime en ce sens ; mais en second lieu, l'indisponibilité de la dot mobilière commande, dit-on, cette solution. Cette indisponibilité s'opposera bien, en effet, aux aliénations résul-

(1) Julien : *Éléments de jurisprudence*, p. 62, et *Statuts de Provence*, t. II, p. 570, nᵒ 24.

(2) Chorier sur Guy-Pape, sect. II, nᵒ 6, p. 218, note B.

(3) Salviat, *Jurisprudence du Parlement de Bordeaux*, p. 195, vᵒ *Dot*, nᵒ 4.

contraire, que la *pure administration* ne peut recevoir que ses revenus, et il doit être assisté de son curateur pour recevoir le paiement de ses créances (art. 481).

Nous avons vu, lorsque nous nous sommes occupés des effets de l'inaliénabilité sur la dot mobilière, que la femme est soumise à toutes les obligations imposées au mari par le contrat de mariage. Elle doit notamment faire emploi des capitaux dotaux, si cette clause y est insérée. Nous avons admis également que cette clause est opposable aux tiers ; n'étant libérés que lorsque la femme justifie d'un emploi, ils peuvent refuser le paiement, tant qu'elle ne leur fournit pas cette justification.

Le moment est venu de nous demander s'il en est ainsi, même lorsque le contrat de mariage ne contient aucune clause d'emploi.

Un premier système soutient que la femme est soumise de plein droit à l'obligation de faire emploi de ses capitaux [1]. On prétend justifier cette opinion par la tradition historique et par l'indisponibilité de la dot mobilière. La tradition est unanime sur ce point.

Dans le Parlement de Toulouse, Catellan, Serres, Graverol, Laviguerie [2] décident que lorsque la dot consiste en une somme d'argent, dont la disposition

(1) Tessier : *Questions sur la dot*, n° 115. — Bénech, *De l'emploi et du remploi*, n°s 137 et 133. — Wallon, *De la condition de la dot mobilière*, Thèse, p. 351 et suiv.

(2) Catellan, t. II, liv. IV, ch. 26, p. 69 et 70. — Serres, *Sur l'article 9 de l'ordonnance des donations*, p. 44. — Graverol *sur Larocheflavin*, p. 199. — Laviguerie, *Arrêts inédits*, t. II, p. 155.

est si facile, la femme ne peut la toucher qu'à charge d'un placement ou d'un bail à caution.

Dans le Parlement d'Aix, lorsque la femme recevait des meubles pour le paiement de sa créance en restitution contre le mari, ces meubles devaient être vendus, et « le prix en être placé entre les mains de marchands resséants et solvables, pour le tenir en honnête gain au profit de la femme et pour l'assurance de sa dot » [1].

Dans le Parlement de Grenoble, lorsque les biens du mari encore vivant étaient mis en décret, l'adjudicataire ne pouvait pas payer à la femme sa dot en argent ; il devait en faire également la consignation entre les mains d'un marchand solvable, qui en payait les intérêts à la femme [2].

Dans le Parlement de Bordeaux, Salviat rapporte l'attestation suivante : « Attesté en 1700, qu'une femme séparée de biens d'avec son mari ne peut toucher ni recevoir la dot qui lui a été constituée par ses père et mère ou ses héritiers, à moins que ce ne soit en fonds ou sous la condition de l'emploi ou du bail à caution » [3].

Notre ancien droit est donc unanime en ce sens ; mais en second lieu, l'indisponibilité de la dot mobilière commande, dit-on, cette solution. Cette indisponibilité s'opposera bien, en effet, aux aliénations résul-

(1) Julien : *Éléments de jurisprudence*, p. 62, et *Statuts de Provence*, t. II, p. 570, n° 24.

(2) Chorier sur Guy-Pape, sect. u, n° 6, p. 218, note B.

(3) Salviat, *Jurisprudence du Parlement de Bordeaux*, p. 195, v° *Dot*, n° 4.

tant d'actes juridiques, mais comment serait-elle un obstacle à l'aliénation de fait, à celle qui s'opère de la main à la main? Admettre l'opinion contraire, serait donc aller contre l'idée fondamentale de la séparation de biens, car le danger est augmenté au lieu d'être diminué et, comme le disait Basnage (1), « la séparation est un remède de la loi pour conserver le bien de la femme, et non pour lui donner la liberté de l'aliéner ».

Ces raisons sont évidemment très graves, néanmoins elles ne nous ont pas convaincu et nous pensons avec la majorité des auteurs (2) et la jurisprudence la plus récente (3) que la femme n'est pas soumise de plein droit à l'obligation de faire emploi de ces capitaux dotaux.

(1) Basnage : *Sur la Coutume de Normandie*, article 538, t. II, p. 456.

(2) Durantón, t. XV, n° 488. — Sériziat, *Du régime dotal*, n° 129. — Troplong, t. II, n° 4425. — Dutruc : *Séparations de biens judiciaires*, n° 436 et 437. — Aubry et Rau, t. V, § 529, note 12, p. 620. — Laurent, t. XXIII, n° 556. — Guillouard, t. IV, n° 2105.

(3) Cass. civ., 23 décembre 1839, S., 40. 1. 242. — Cass. req., 11 avril 1842, S., 42. 1. 315. — Cass. civ., 21 mai 1867, S., 68. 1. 452. — Cass. req., 26 juillet 1869, S., 70. 1. 17. — Nîmes, 21 juin 1849, S., 41. 2. 57. — Rouen, 7 juillet 1842, *Journal du Palais*, 42. 2. 376. — Paris, 27 février 1843, S., 43. 2. 201. — Paris, 11 janvier 1856, S., 56. 2. 463. — Pau, 13 juin 1856, S., 57. 2. 41. — Agen, 7 mars 1870, S., 70. 2. 233. — Contrà, Montpellier, 22 juin 1849, D., *Répertoire* v° *Contrat de mariage*, n° 3967-2°. — 24 mai 1823, D., *Répertoire*, v° cit., n° 3967-4°. — Toulouse, 17 mai, 1867, D., *Répertoire*, v° cit., n° 3967-7°. — Agen, 31 janv. 1832, D., 32. 2. 154. — Limoges, 1er sept. 1834, S., 34. 2. 650. — Caen, 7 déc. 1836, S., 37. 2. 101.

Nous n'adopterons pas cependant le raisonnement de la Cour de cassation. Voici comment elle s'exprime dans son arrêt du 21 mai 1867 (1) : « Attendu que la femme dotale reprend la libre administration des biens dotaux confiés jusqu'alors à son mari ; qu'au rang des actes d'administration, l'article 1549 place la faculté de recevoir les capitaux de la dot sans aucune restriction ; que le contrat de mariage pourrait seul y attacher les conditions d'emploi de bail à caution ou autres ; que la femme, étant par la séparation de biens substituée au mari pour l'administration de la dot, reprend nécessairement cette administration aux mêmes conditions et qu'il ne peut appartenir aux tribunaux de lui imposer notamment pour la réception de ses deniers dotaux des conditions que la loi ou le contrat n'ont pas mises à cette réception. »

Nous ne suivrons pas ce raisonnement, car il n'est pas vrai que la capacité de la femme soit réglée par l'art. 1549, ni que la femme soit complètement substituée au mari. Elle n'a plus, en effet, après la séparation, le secours de son hypothèque légale, qui la garantissait contre les conséquences de la mauvaise administration du mari. Et cette remarque fort juste est faite par la Cour de cassation elle-même, lorsqu'elle décide que la femme, quoique ayant repris l'administration de sa dot, ne peut pas aliéner son mobilier dotal, alors que le mari le pouvait avant la séparation ; elle reconnaît donc par là que l'article 1549 n'est pas applicable à la femme. Voilà une première contradiction.

(1) Cass. civ., 21 mai 1867, S., 68. 1. 452.

tant d'actes juridiques, mais comment serait-elle un
obstacle à l'aliénation de fait, à celle qui s'opère de la
main à la main ? Admettre l'opinion contraire, serait
donc aller contre l'idée fondamentale de la séparation
de biens, car le danger est augmenté au lieu d'être
diminué et, comme le disait Basnage (1), « la séparation est un remède de la loi pour conserver le bien
de la femme, et non pour lui donner la liberté de
l'aliéner ».

Ces raisons sont évidemment très graves, néanmoins
elles ne nous ont pas convaincu et nous pensons avec
la majorité des auteurs (2) et la jurisprudence la plus
récente (3) que la femme n'est pas soumise de plein
droit à l'obligation de faire emploi de ces capitaux
dotaux.

(1) Basnage : *Sur la Coutume de Normandie*, article 538, t. II,
p. 456.

(2) Duranton, t. XV, n° 488. — Sérimat, *Du régime dotal*, n° 129.
— Troplong, t. II, n° 4425. — Dutruc : *Séparations de biens
judiciaires*, n° 436 et 447. — Aubry et Rau, t. V, § 520, note 12,
p. 620. — Laurent, t. XXIII, n° 550. — Guillouard, t. IV, n° 2405.

(3) Cass. civ., 23 décembre 1839, S., 40. 1. 242. — Cass. req.,
11 avril 1842, S., 42. 1. 315. — Cass. civ., 21 mai 1867, S., 68. 1.
452. — Cass. req., 26 juillet 1899, S., 70. 1. 17. — Nîmes,
21 juin 1843, S., 41. 2. 57. — Rouen, 7 juillet 1842, *Journal du
Palais*, 42. 2. 370. — Paris, 27 février 1843, S., 43. 2. 201. —
Paris, 11 janvier 1856, S., 56. 2. 463. — Pau, 13 juin 1856, S.,
57. 2. 41. — Agen, 7 mars 1870, S., 70. 2. 233. — Contrà, Montpellier, 22 juin 1819, D., *Répertoire* v° *Contrat de mariage*,
n° 3967-2°. — 24 mai 1823, D., *Répertoire* v° cit., n° 3967-4°. —
Toulouse, 17 mai, 1827, D., *Répertoire*, v° cit., n° 3967-7°. —
Agen, 31 janv. 1832, D., 32. 2. 154. — Limoges, 1er sept. 1834,
S., 34. 2. 050. — Caen, 7 déc. 1836, S., 37. 2. 101.

Nous n'adopterons pas cependant le raisonnement de
la Cour de cassation. Voici comment elle s'exprime dans
son arrêt du 21 mai 1867 (1) : « Attendu que la femme
dotale reprend le libre administration des biens dotaux
confiés jusqu'alors à son mari ; qu'au rang des actes
d'administration, l'article 1549 place la faculté de recevoir les capitaux de la dot sans aucune restriction ; que
le contrat de mariage pourrait seul y attacher les conditions d'emploi de bail à caution ou autres ; que la
femme, étant par la séparation de biens substituée au
mari pour l'administration de la dot, reprend nécessairement cette administration aux mêmes conditions et
qu'il ne peut appartenir aux tribunaux de lui imposer
notamment pour la réception de ses deniers dotaux des
conditions que la loi ou le contrat n'ont pas mises à
cette réception. »

Nous ne suivrons pas ce raisonnement, car il n'est
pas vrai que la capacité de la femme soit réglée par
l'art. 1549, ni que la femme soit complètement substituée au mari. Elle n'a plus, en effet, après la séparation, le secours de son hypothèque légale, qui la
garantissait contre les conséquences de la mauvaise
administration du mari. Et cette remarque fort juste
est faite par la Cour de cassation elle-même, lorsqu'elle
décide que la femme, quoique ayant repris l'administration de sa dot, ne peut pas aliéner son mobilier dotal,
alors que le mari le pouvait avant la séparation ; elle
reconnaît donc par là que l'article 1549 n'est pas applicable à la femme. Voilà une première contradiction.

(1) Cass. civ., 21 mai 1867, S., 68. 1. 452.

En outre, la Cour de cassation encourt de nouveau le reproche de contradiction en évitant de répondre à l'argument tiré de notre ancien droit. Cet argument est cependant pour elle le plus embarrassant à combattre. Elle a édifié, en effet, la théorie de l'inaliénabilité de la dot mobilière en se basant sur la solution admise dans nos anciens pays de droit écrit, système que le législateur a voulu reproduire. Pourquoi ne pas attacher la même créance à la solution admise également dans ces pays à propos de l'obligation d'emploi ?

Nous admettons comme la jurisprudence que le principal argument en faveur de l'indisponibilité de la dot mobilière est celui qui est tiré de notre ancien droit. Puisque nous rejetons la solution de l'ancien droit en matière d'emploi, nous devons expliquer quelle considération a entraîné notre opinion, afin d'éviter à notre tour le reproche de contradiction.

Il est parfaitement vrai que le législateur a entendu faire revivre le régime dotal, tel qu'il était appliqué dans les pays de droit écrit ; nous devons donc dans le silence du Code nous référer à l'ancienne jurisprudence. Toutefois, nous ne sommes pas autorisés à le faire, si la solution à admettre vient heurter un principe nouveau admis formellement par le législateur. Or, ce principe nouveau, qui doit nous forcer à rejeter la solution de l'ancien droit en matière d'emploi, c'est celui de l'immutabilité des conventions matrimoniales. Cette règle était bien admise dans les pays de coutumes, mais il n'en était pas de même en pays de droit écrit ; les conventions matrimoniales pouvaient, conformément aux traditions du droit romain, être faites ou modi-

fiées après la célébration du mariage. Comme conséquence de ce principe nouveau, les rédacteurs du Code civil ont admis que la dot ne pouvait pas être transformée pendant le mariage (art. 1553). Lorsqu'une clause d'emploi n'a pas été stipulée dans le contrat de mariage, les immeubles acquis de deniers dotaux ne deviennent pas dotaux. Or, si l'on décidait que la femme est soumise de plein droit à l'obligation d'emploi, il faudrait logiquement admettre aussi que le bien acquis en exécution de cette obligation devient dotal. C'est, en effet, ce qu'on semblait admettre dans notre ancien droit, où la transformation de la dot était possible (1). Or, ce résultat est aujourd'hui formellement rejeté par l'article 1553. Ce texte suppose donc que la femme n'est pas nécessairement et, en dehors de toute clause dans le contrat de mariage, soumise à l'obligation d'emploi.

Reste l'objection tirée de l'inaliénabilité de la dot mobilière : il sera très facile à la femme de tourner cette inaliénabilité et dedissiper les capitaux qu'elle a reçus. Cette considération est sérieuse sans doute ; mais elle ne s'est pas imposée au législateur, et pour restreindre la capacité de la femme, n'ayant plus le secours de l'ancien droit, il nous faudrait un texte qui n'existe pas. Songeons, en effet, que la capacité de la femme est réglée en principe par l'article 1449 et que nous n'y trouvons aucune restriction en ce qui touche la faculté de recevoir les capitaux. La femme pourra dissiper la dot, sans doute ; mais il est telle situation

(1) Julien : *Éléments de jurisprudence selon les lois romaines*, liv. I, tit. IV, § 28, §§ 35 à 37.

de fait que l'on ne peut pas empêcher. Est-ce que le mari ne pourra pas dissiper la dot mobilière avant la séparation de biens, et la circonstance qu'il n'a pas d'immeubles sur lesquels pourrait porter l'hypothèque légale suffira-t-elle à lui imposer l'obligation de faire emploi, afin qu'il puisse toucher le montant des créances dotales ? Évidemment non. La femme aura dans ce cas l'unique ressource de la séparation de biens ; mais n'arrivera-t-elle pas trop tard le plus souvent ?

On peut ajouter enfin que si la femme dissipe la dot, on pourra lui faire nommer un conseil judiciaire, conformément à l'article 513. Ainsi elle ne pourra désormais recevoir un capital mobilier sans l'assistance de son conseil, qui lui imposera telle mesure de précaution qu'il jugera nécessaire.

Si l'emploi n'est pas de plein droit obligatoire pour la femme dotale séparée, la nécessité ne peut-elle pas du moins lui en être imposée par le tribunal, au moment où il prononce la séparation de biens? Nous ne le pensons pas. En dehors des cas déterminés très restrictivement par la loi, les tribunaux ne peuvent pas restreindre la capacité des individus; et l'on ne voit pas sur quel texte ils pourraient se baser pour imposer à la femme une pareille obligation (1). Ce que le jugement de séparation ne peut pas faire, à plus forte raison un jugement postérieur ne saurait l'accomplir. La Cour de cassation repousse également ces deux restrictions à la capacité de la femme (2).

(1) *Contrà*, Rodière et Pont, t. III, n°s 2199 et 2200.

(2) Cass. civ., 21 mai 1867, S., 68. 1. 452. — Pau, 13 juin 1866, S., 67. 2. 41.

En l'absence d'une clause du contrat de mariage, aucun mode de placement n'est imposé à la femme. Néanmoins, si elle est diligente, elle ne gardera pas par devers elle les capitaux qu'elle aura reçus de ses débiteurs; elle les placera et elle pourra effectuer ces placements sans l'autorisation de son mari ou de justice; ce sont, en effet, des actes d'administration corrélatifs à ceux qui consistent à recevoir un capital. La jurisprudence ne va pas cependant jusqu'à accorder ce droit à la femme, lorsque l'emploi consiste dans une acquisition immobilière (1). La Cour de Cassation, pour justifier sa solution, substitue aux mots « *libre* administration » les mots « *simple* administration », et par suite elle déclare que celle-ci se borne aux actes relatifs aux revenus, et qu'elle ne comprend point les actes qui concernent les capitaux. Opérer un changement dans le placement des capitaux, acquérir un bien productif de revenus, c'est, dit-elle, dépasser la simple administration. C'est possible, mais la femme a plus que la simple administration; dans les articles 1449 et 1536, le législateur a employé les mots « libre, entière »; c'est donc qu'il voulait donner à la femme séparée un droit plus étendu qu'au mineur émancipé par exemple; celui-ci n'a, en effet, que la « pure » administration de son patrimoine; et ce fait s'explique d'ailleurs très bien; exiger fréquemment l'autorisation du mari lorsque la femme est séparée, c'eût été, en effet, donner lieu à des négociations pénibles, à des exigences pécuniaires assez à

(1) Lyon, 7 février 1883, D., 85. 2. 74. — Cass. req., 2 déc. 1885, S., 86. 1. 97, et la note de M. Labbé.

craindre d'un mari dissipateur ou vivant dans le désordre. La solution contraire produirait, tout au moins, un résultat bizarre. La femme pourrait dépenser ses revenus au jour le jour, en dépenses d'entretien, et elle ne pourrait pas seule employer ses revenus économisés à l'acquisition d'un capital? Elle pourrait consommer ses revenus sans que le mari ait rien à y voir, et elle tomberait sous sa surveillance dès qu'elle voudrait pratiquer l'épargne et la capitalisation? C'est un résultat inadmissible. La doctrine se prononce en général pour la capacité de la femme dans cette hypothèse (1).

En partant de ce principe que le mode de placement est au libre choix de la femme, on décide pour la femme commune qu'elle peut placer sans autorisation ses capitaux en rente viagère (2). Cette solution devrait être étendue à la femme dotale pour les sommes paraphernales. Mais comme ce placement est malgré tout une aliénation et une aliénation à fonds perdu, l'indisponibilité de la dot s'oppose à ce que les sommes dotales fassent l'objet d'un tel placement. C'est dire que la femme ne pourrait pas davantage les placer ainsi, fût-elle autorisée de son mari ou de justice.

(1) Demolombe, *Mariage*, t. II, n° 457. — Aubry et Rau, t. V, § 516, note 59, p. 404. — Colmet de Santerre, t. VI, n° 101 *bis*-II. — Laurent, t. XXII, n° 297. — *Contrà*, Guillouard, t. III, n° 1194.
(2) Trib. de la Seine, 3 février 1869, D., 71. 2. 409. — Paris 8 mars 1803, D., 93. 2. 286. — Troplong, t. II, n° 1422. — Aubry et Rau, t. V, § 516, note 59, p. 404. — Laurent, t. XXII, n° 298. — *Contrà*, Demolombe, *Mariage*, t. II, n° 458. — Dutruc, *Séparation de biens judiciaires*, n° 343. — Guillouard, t. III, n° 1196.

B. — Actes d'aliénation.

Ces actes, au point de vue qui nous occupe, sont mixtes; ils sont tantôt des actes d'administration, tantôt des actes de disposition, suivant le but que poursuit l'aliénateur.

La femme devrait donc être capable de les faire seule ou non, suivant qu'ils constituent un acte d'administration ou de disposition. Mais lorsqu'il s'agit d'une aliénation, il est très difficile de découvrir le but poursuivi par la femme; l'acquéreur examine l'objet, recherche si la femme en est véritablement propriétaire, sans se préoccuper du motif qui la fait agir. Aussi le législateur a-t-il établi deux présomptions contraires pour les meubles et les immeubles. L'aliénation des meubles est présumée être un acte d'administration; la femme pourra faire cet acte sans autorisation; le législateur n'a pas voulu laisser ce point à l'arbitraire des tribunaux, et l'on n'aura pas à rechercher pour chaque espèce particulière, le caractère de l'acte (1). La jurisprudence est cependant en sens contraire (2); pour elle, l'aliénation d'un meuble par la femme seule n'est valable que si elle est véritablement, en fait, un acte d'administration.

(1) Rodière et Pont, t. III, n° 2490. — Aubry et Rau, t. V, § 546, note 56, p. 403. — Colmet de Santerre, t. VI, n° 104 *bis*-III. — Laurent, t. XXII, n° 301. — *Contrà*, Troplong, t. II, n° 1417 et suiv. — Demolombe, *Mariage*, t. II, n° 455. — Marcadé sur l'article 1448-1449, n° 3, t. V. — Dutruc, n° 334 et suiv. — Guillouard, t. III, n° 1198.
(2) Cass. civ., 30 déc. 1862, S., 63. 1. 257. — Nancy, 24 juin 1854, S., 54. 2. 530. — Paris, 9 avril 1807 (motifs), D., 98. 2. 404.

craindre d'un mari dissipateur ou vivant dans le désordre. La solution contraire produirait, tout au moins, un résultat bizarre. La femme pourrait dépenser ses revenus au jour le jour, en dépenses d'entretien, et elle ne pourrait pas seule employer ses revenus économisés à l'acquisition d'un capital? Elle pourrait consommer ses revenus sans que le mari ait rien à y voir, et elle tomberait sous sa surveillance dès qu'elle voudrait pratiquer l'épargne et la capitalisation? C'est un résultat inadmissible. La doctrine se prononce en général pour la capacité de la femme dans cette hypothèse (1).

En partant de ce principe que le mode de placement est au libre choix de la femme, on décide pour la femme commune qu'elle peut placer sans autorisation ses capitaux en rente viagère (2). Cette solution devrait être étendue à la femme dotale pour les sommes paraphernales. Mais comme ce placement est malgré tout une aliénation et une aliénation à fonds perdu, l'indisponibilité de la dot s'oppose à ce que les sommes dotales fassent l'objet d'un tel placement. C'est dire que la femme ne pourrait pas davantage les placer ainsi, fût-elle autorisée de son mari ou de justice.

(1) Demolombe, *Mariage*, t. II, n° 457. — Aubry et Rau, t. V, § 516, note 50, p. 404. — Colmet de Santerre, t. VI, n° 404 *bis*-II.— Laurent, t. XXII, n° 297. — *Contrà*, Guillouard, t. III, n° 1494.
(2) Trib. de la Seine, 3 février 1869, D., 71. 2. 409. — Paris, 8 mars 1893, D., 93. 2. 256. — Troplong, t. II, n° 1422. — Aubry et Rau, t. V, § 546, note 50, p. 404. — Laurent, t. XXII, n° 298. — *Contrà*, Demolombe, *Mariage*, t. II, n° 458. — Dutruc, *Séparation de biens judiciaires*, n° 343. — Guillouard, t. III, n° 1495.

B. — Actes d'aliénation.

Ces actes, au point de vue qui nous occupe, sont mixtes; ils sont tantôt des actes d'administration, tantôt des actes de disposition, suivant le but que poursuit l'aliénateur.

La femme devrait donc être capable de les faire seule ou non, suivant qu'ils constituent un acte d'administration ou de disposition. Mais lorsqu'il s'agit d'une aliénation, il est très difficile de découvrir le but poursuivi par la femme; l'acquéreur examine l'objet, recherche si la femme en est véritablement propriétaire, sans se préoccuper du motif qui la fait agir. Aussi le législateur a-t-il établi deux présomptions contraires pour les meubles et les immeubles. L'aliénation des meubles est présumée être un acte d'administration; la femme pourra faire cet acte sans autorisation; le législateur n'a pas voulu laisser ce point à l'arbitraire des tribunaux, et l'on n'aura pas à rechercher pour chaque espèce particulière, le caractère de l'acte (1). La jurisprudence est cependant en sens contraire (2); pour elle, l'aliénation d'un meuble par la femme seule n'est valable que si elle est véritablement, en fait, un acte d'administration.

(1) Rodière et Pont, t. III, n° 2190. — Aubry et Rau, t. V, § 546, note 50, p. 403. — Colmet de Santerre, t. VI, n° 404 *bis*-III. — Laurent, t. XXII, n° 301. — *Contrà*, Troplong, t. II, n° 1417 et suiv. — Demolombe, *Mariage*, t. II, n° 455. — Marcadé sur l'article 1448-1449, n° 3, t. V. — Dutruc, n° 334 et suiv. — Guillouard, t. III, n° 1493.
(2) Cass. civ., 30 déc. 1862, S., 63. 1. 257. — Nancy, 24 juin 1854, S., 54. 2. 550. — Paris, 9 avril 1807 (motifs), II., 98. 2. 404

La loi n'a pu évidemment présumer que l'aliénation d'un meuble était un acte de cette dernière catégorie, qu'autant qu'elle avait été faite à titre onéreux. Elle exclue donc les aliénations à titre gratuit. Il y a d'ailleurs pour ces aliénations des raisons de morale et de convenances, qui justifient suffisamment la nécessité de l'autorisation maritale (1).

Ces solutions sont applicables en tous points aux meubles paraphernaux ; il en est autrement des meubles dotaux qui sont frappés d'indisponibilité même après la séparation de biens ; nous en avons étudié les effets dans le chapitre précédent.

En ce qui concerne les immeubles, la loi présume que leur aliénation n'est jamais nécessaire pour les besoins de l'administration. La femme devra donc toujours se munir de l'autorisation de son mari ou de justice pour les aliéner. La question ne se pose guère pour les immeubles dotaux, qui sont inaliénables. Cependant dans les cas exceptionnels où l'aliénation en est permise, la femme ne pourra pas seule en disposer. Elle devra recourir à l'autorisation maritale pour les aliéner à charge de remploi, lorsque le contrat de mariage autorise l'aliénation dans ces conditions, ou pour demander à la justice de lever l'inaliénabilité lorsque la femme se trouve dans les hypothèses prévues par les articles 1558 et 1559.

La femme peut aliéner seule ses meubles, soit corporels, soit incorporels ; mais peut-elle n'accepter

(1) Rodière et Pont, t. III, n° 2192. — Aubry et Rau, t. V, § 516, note 79, pp. 409 et 410, et les auteurs cités à la note précédente.

qu'un dividende de la somme qui lui est due, et peut-elle concourir au concordat d'un de ses débiteurs failli ?

Envisageons d'abord le cas plus simple, où il s'agit d'une créance paraphernale. Est-elle créancière chirographaire, la femme peut voter au concordat sans autorisation ; elle devra faire sans doute un sacrifice, mais ce sera pour éviter une plus grande perte ; cet acte rentre bien, par conséquent, dans la catégorie des actes d'administration. La créance est-elle au contraire hypothécaire ou privilégiée sur des immeubles, il s'agit de renoncer indirectement à un droit immobilier, car le vote au concordat emporte renonciation aux privilèges, gages et hypothèques (art. 508, Code de comm.), et l'autorisation maritale sera nécessaire à la femme.

La femme a contre un failli une créance dotale ; ou bien elle est créancière chirographaire, et elle pourra prendre part au concordat, car c'est un acte de bonne administration, puisqu'elle risquerait de tout perdre en n'y participant pas, et puisque ses intérêts sont pleinement sauvegardés par l'intervention de la justice, qui doit homologuer la délibération des créanciers ; ou bien la femme a une hypothèque ou un privilège, et elle ne peut pas voter au concordat, fût-elle autorisée de son mari ; ce serait de sa part renoncer, par application de l'article 508 du Code de commerce, à un droit immobilier indisponible (art. 1554). Vainement objecterait-on contre cette solution qu'elle peut donner main-levée d'une hypothèque ; car elle ne peut le faire que lorsqu'elle est intégralement payée.

Modifions un peu l'hypothèse, en supposant que le

failli soit le mari débiteur des reprises dotales. La
femme a une hypothèque légale. Pourra-t-elle prendre
part au concordat ? Une distinction s'impose et résulte
des solutions précédemment admises. Si le mari a des
immeubles sur lesquels la femme peut faire porter
son hypothèque, elle ne peut pas prendre part au vote
des créanciers. Si le mari n'a pas d'immeubles, elle
se trouve par la force même des choses réduite au
rang de créancière chirographaire et la conservation
de sa créance exige qu'elle puisse voter (1) ; les créanciers dissidents ne seront donc pas admis à s'opposer
à l'homologation du concordat, sous prétexte que,
mariée sous le régime dotal, elle n'avait pas la capacité voulue pour participer à la délibération.

Néanmoins, vis-à-vis du mari et de ses créanciers
postérieurs, la femme n'est pas dans la situation d'un
créancier ordinaire ; même après le paiement du dividende, elle n'en conserve pas moins tous ses droits
contre lui. L'indisponibilité de sa créance s'oppose à
ce que la femme ait pu, en aucune façon, cons ntir à
son mari une remise de dette. Elle pourra donc poursuivre, pour l'excédent, les biens qui lui adviendraient
ultérieurement, soit personnellement, soit hypothécairement (2). Les créanciers nouveaux du mari ne
pourraient pas opposer à la femme, la renonciation à
son hypothèque, car l'art. 508 du Code de commerce
n'a été écrit qu'en faveur des créanciers de la faillite.

(1) Cass. civ., 11 nov. 1897. S., 08. 1. 17. — Aubry et Rau. t. V,
§ 539, note 15, p. 621. — Guillouard, t. IV, n° 2107.
(2) Aubry et Rau, t. V, § 539, note 16, p. 622.

C. — Actes d'obligation.

Est-il possible d'administrer un patrimoine sans
s'obliger? Évidemment non; la femme qui loue un de
ses immeubles s'engage à exécuter toutes les obligations qui incombent au bailleur. Dès lors, bien que
l'article 1449 ne dise pas expressément que la femme
peut contracter seule des obligations, ce point ne
saurait faire de doute. Mais si cette capacité de s'obliger
est une conséquence directe de l'administration, on
comprendra qu'elle soit restreinte aux besoins de cette
administration. Sur ce point, tout le monde est d'accord (1). Ces obligations sont exécutoires sur tous les
biens meubles ou immeubles de la femme, même sur
les biens dotaux ; c'est, en effet, une nécessité; si on
veut que la femme puisse les administrer, il faut que
ceux avec qui elle contracte, au sujet de son administration, soient assurés d'un gage sur lequel ils pourront se faire payer : qui veut la fin, veut les moyens.

D. — Exercice des actions.

La femme séparée a toujours besoin de l'autorisation

(1) Troplong, t. II, n°s 1410 et suiv. — Rodière et Pont. t. III,
n° 2103.   Marcadé, sur l'article 1449, n° 3. — Aubry et Rau,
t. V, § 516, note 77, p. 408. — Colmet de Santerre, t. VI, n° 101
bis-XII. — Laurent, t. XXII, n° 308 et suiv. — Guillouard, t. III,
n° 1122. — Cass. req., 25 avril 1882, S., 83. 1. 221. — Poitiers,
3 février 1858, S., 58. 2. 620. — Alger, 6 juillet 1892, S., 93. 2. 275.

failli soit le mari débiteur des reprises dotales. La femme a une hypothèque légale. Pourra-t-elle prendre part au concordat? Une distinction s'impose et résulte des solutions précédemment admises. Si le mari a des immeubles sur lesquels la femme peut faire porter son hypothèque, elle ne peut pas prendre part au vote des créanciers. Si le mari n'a pas d'immeubles, elle se trouve par la force même des choses réduite au rang de créancière chirographaire et la conservation de sa créance exige qu'elle puisse voter (1) ; les créanciers dissidents ne seront donc pas admis à s'opposer à l'homologation du concordat, sous prétexte que, mariée sous le régime dotal, elle n'avait pas la capacité voulue pour participer à la délibération.

Néanmoins, vis-à-vis du mari et de ses créanciers postérieurs, la femme n'est pas dans la situation d'un créancier ordinaire ; même après le paiement du dividende, elle n'en conserve pas moins tous ses droits contre lui. L'indisponibilité de sa créance s'oppose à ce que la femme ait pu, en aucune façon, consentir à son mari une remise de dette. Elle pourra donc poursuivre, pour l'excédent, les biens qui lui adviendraient ultérieurement, soit personnellement, soit hypothécairement (2). Les créanciers nouveaux du mari ne pourraient pas opposer à la femme, la renonciation à son hypothèque, car l'art 508 du Code de commerce. n'a été écrit qu'en faveur des créanciers de la faillite.

(1) Cass civ., 11 nov. 1867. S., 68. 1. 17. — Aubry et Rau, t. V, § 539, note 15, p. 621. — Guillouard, t. IV, n° 2607.

(2) Aubry et Rau, t. V, § 539, note 16, p. 622.

C. — Actes d'obligation.

Est-il possible d'administrer un patrimoine sans s'obliger? Évidemment non ; la femme qui loue un de ses immeubles s'engage à exécuter toutes les obligations qui incombent au bailleur. Dès lors, bien que l'article 1449 ne dise pas expressément que la femme peut contracter seule des obligations, ce point ne saurait faire de doute. Mais si cette capacité de s'obliger est une conséquence directe de l'administration, on comprendra qu'elle soit restreinte aux besoins de cette administration. Sur ce point, tout le monde est d'accord (1). Ces obligations sont exécutoires sur tous les biens meubles ou immeubles de la femme, même sur les biens dotaux ; c'est, en effet, une nécessité ; si on veut que la femme puisse les administrer, il faut que ceux avec qui elle contracte, au sujet de son administration, soient assurés d'un gage sur lequel ils pourront se faire payer : qui veut la fin, veut les moyens.

D. — Exercice des actions.

La femme séparée a toujours besoin de l'autorisation

(1) Troplong, t. II, n°° 1440 et suiv. — Rodière et Pont. t. III. n° 2493.   Marcadé, sur l'article 1449, n° 3. — Aubry et Rau, t. V, § 546, note 77, p. 498. — Colmet de Santerre, t. VI, n° 401 bis-XII. — Laurent, t. XXII, n° 508 et suiv. — Guillouard, t. III, n° 1492. — Cass. req., 25 avril 1882, S., 83. 1. 221. — Poitiers, 3 février 1858, S., 58. 2. 620. — Alger, 6 juillet 1892, S., 93. 2. 275.

de son mari ou de la justice pour ester en jugement. C'est, en effet, un acte qui rentre au premier chef sous l'autorité maritale. Aussi, l'article 215 dispose-t-il que l'autorisation est nécessaire sous tous les régimes, même lorsque la femme est marchande publique. On devra donc appliquer à la femme séparée les règles relatives à son incapacité, quant aux actes judiciaires, tout comme si la séparation de biens n'avait pas été prononcée. La Cour de cassation a admis cependant que la femme séparée pouvait, en vertu de son droit d'administration, valablement acquiescer seule à un jugement et renoncer par suite à interjeter appel (1). Elle lui reconnaît aussi le droit de consentir à des simplifications de procédure, pour éviter des frais considérables eu égard au peu d'importance du litige. Dans l'hypothèse sur laquelle a statué la Cour, il s'agissait d'une femme qui, dans un litige relatif à une servitude d'enclave sur un fonds dotal, avait consenti à ne recourir qu'à un seul expert (2).

Il n'en est pas moins vrai qu'elle est frappée d'incapacité générale d'ester en justice, même pour les besoins de son administration. Ainsi, quoiqu'elle puisse toucher seule ses revenus et ses capitaux, elle ne peut pas en poursuivre judiciairement le recouvrement sans autorisation.

(1) Cass. req., 14 mai 1884, S., 85. 1. 61.
(2) Cass. req., 6 janv. 1891, D., 91. 1. 479.

§ 2. — La femme est séparée de corps.

D'après la réforme opérée par la loi du 6 février 1893, la femme séparée de corps n'est plus soumise à la puissance maritale ; elle a recouvré le plein exercice de sa capacité civile. Elle n'a donc plus besoin, qu'il s'agisse d'actes judiciaires ou d'actes extrajudiciaires, d'actes de disposition ou d'administration, ni de l'autorisation de son mari, ni de celle de la justice.

Mais l'inaliénabilité dotale survit à la séparation de corps ; la femme ne pourra pas aliéner ses biens dotaux et ses obligations ne seront pas exécutoires sur eux. La réforme n'apparaît donc pas très nettement en ce qui concerne la femme dotale. Elle n'apparaît clairement que pour sa fortune paraphernale. Mais elle trouve aussi à s'appliquer même pour ses biens dotaux, lorsque, exceptionnellement l'aliénation en est possible.

Nous avons déjà eu l'occasion de rechercher rapidement ces cas d'application de la réforme. Rappelons les solutions que nous avons admises :

Désormais, si l'aliénation est permise par le contrat de mariage à charge de remploi, la femme pourra traiter avec l'acquéreur et effectuer le remploi sans autorisation.

Quant aux exceptions au principe de l'inaliénabilité résultant de la loi, il faut rechercher, parmi les conditions requises, quelles sont celles qui sont exigées pour lever l'incapacité générale de la femme mariée, et quelles sont celles qui ont, au contraire, pour but

de son mari ou de la justice pour ester en jugement. C'est, en effet, un acte qui rentre au premier chef sous l'autorité maritale. Aussi, l'article 215 dispose-t-il que l'autorisation est nécessaire sous tous les régimes, même lorsque la femme est marchande publique. On devra donc appliquer à la femme séparée les règles relatives à son incapacité, quant aux actes judiciaires, tout comme si la séparation de biens n'avait pas été prononcée. La Cour de cassation a admis cependant que la femme séparée pouvait, en vertu de son droit d'administration, valablement acquiescer seule à un jugement et renoncer par suite à interjeter appel (1). Elle lui reconnaît aussi le droit de consentir à des simplifications de procédure, pour éviter des frais considérables eu égard au peu d'importance du litige. Dans l'hypothèse sur laquelle a statué la Cour, il s'agissait d'une femme qui, dans un litige relatif à une servitude d'enclave sur un fonds dotal, avait consenti à ne recourir qu'à un seul expert (2).

Il n'en est pas moins vrai qu'elle est frappée d'incapacité générale d'ester en justice, même pour les besoins de son administration. Ainsi, quoiqu'elle puisse toucher seule ses revenus et ses capitaux, elle ne peut pas en poursuivre judiciairement le recouvrement sans autorisation.

(1) Cass. req., 14 mai 1884, S., 85. 1. 01.
(2) Cass. req., 6 janv. 1891, D., 91. 1. 479.

§ 2. — La femme est séparée de corps.

D'après la réforme opérée par la loi du 6 février 1893, la femme séparée de corps n'est plus soumise à la puissance maritale ; elle a recouvré le plein exercice de sa capacité civile. Elle n'a donc plus besoin, qu'il s'agisse d'actes judiciaires ou d'actes extrajudiciaires, d'actes de disposition ou d'administration, ni de l'autorisation de son mari, ni de celle de la justice.

Mais l'inaliénabilité dotale survit à la séparation de corps ; la femme ne pourra donc pas aliéner ses biens dotaux et ses obligations ne seront pas exécutoires sur eux. La réforme n'apparaît donc pas très nettement en ce qui concerne la femme dotale. Elle n'apparaît clairement que pour sa fortune paraphernale. Mais elle trouve aussi à s'appliquer même pour ses biens dotaux, lorsque, exceptionnellement l'aliénation en est possible.

Nous avons déjà eu l'occasion de rechercher rapidement ces cas d'application de la réforme. Rappelons les solutions que nous avons admises :

Désormais, si l'aliénation est permise par le contrat de mariage à charge de remploi, la femme pourra traiter avec l'acquéreur et effectuer le remploi sans autorisation.

Quant aux exceptions au principe de l'inaliénabilité résultant de la loi, il faut rechercher, parmi les conditions requises, quelles sont celles qui sont exigées pour lever l'incapacité générale de la femme mariée, et quelles sont celles qui ont, au contraire, pour but

12

de lever l'indisponibilité; la femme séparée de corps n'est affranchie que des premières.

Ainsi la femme veut-elle faire une donation pour l'établissement de ses enfants? Cette seule destination suffit à lever l'indisponibilité; l'autorisation exigée tantôt du mari ou de la justice, tantôt du mari seul, ne se réfère qu'à l'incapacité générale; la femme n'aura plus besoin dès lors d'y recourir.

Dans les cas prévus par l'article 1558, l'autorisation de la justice est exigée pour s'assurer que l'aliénation se présente bien avec les conditions strictement exigées par cet article. Elle est donc nécessaire pour la femme dotale séparée de corps qui veut aliéner un immeuble dotal. Mais voici où se trouve la différence avec la femme séparée de biens: elle n'a pas besoin, comme cette dernière, pour demander cette permission de justice d'avoir au préalable l'autorisation de son mari, ou à son défaut de la justice. La femme séparée de biens, à laquelle le mari refuse l'autorisation d'aliéner peut, en effet, s'adresser à la justice et le tribunal donne alors deux autorisations, l'une pour lever l'incapacité générale de la femme, l'autre pour lever l'indisponibilité de l'immeuble. La femme séparée de corps ne doit se munir que de la seconde.

On adoptera la même solution pour le cas d'échange prévu par l'article 1559.

Remarquons en terminant que la femme dotale séparée de corps est en outre soumise pour l'aliénation de ses biens dotaux à toutes les conditions et formalités requises par les articles 1558 et 1559.

CHAPITRE V

EFFETS DE LA SÉPARATION DE BIENS SUR LES DROITS DES CRÉANCIERS DE LA FEMME

La séparation de biens ne produit aucun effet sur les droits des créanciers, lorsqu'ils se trouvent en présence de paraphernaux. Ces biens sont parfaitement disponibles entre les mains de la femme et ses créanciers peuvent les saisir, les faire vendre et se payer sur le prix, tout comme avant la séparation, pourvu que l'obligation, dont ils poursuivent l'exécution, soit valable.

Il n'en est plus de même des biens dotaux. Leur indisponibilité réelle s'oppose à ce que la femme contracte des obligations exécutoires sur eux. C'est une exception à la règle de l'article 2092, que l'on peut traduire par le vieil adage: « Qui s'oblige, oblige le sien ». La femme, en effet, lorsqu'elle est relevée de son incapacité générale, s'oblige valablement et ses paraphernaux répondent de toutes ses obligations (1); mais ses

(1) Cass. req., 7 fév. 1881, D., 81. 1. 309. Cass. civ., 24 mars 1885 (motifs), D., 85. 1. 254. — Cass civ., 29 juillet 1890, S., 93. 1. 521.

de lever l'indisponibilité; la femme séparée de corps n'est affranchie que des premières.

Ainsi la femme veut-elle faire une donation pour l'établissement de ses enfants? Cette seule destination suffit à lever l'indisponibilité; l'autorisation exigée tantôt du mari ou de la justice, tantôt du mari seul, ne se réfère qu'à l'incapacité générale; la femme n'aura plus besoin dès lors d'y recourir.

Dans les cas prévus par l'article 1558, l'autorisation de la justice est exigée pour s'assurer que l'aliénation se présente bien avec les conditions strictement exigées par cet article. Elle est donc nécessaire pour la femme dotale séparée de corps qui veut aliéner un immeuble dotal. Mais voici où se trouve la différence avec la femme séparée de biens; elle n'a pas besoin, comme cette dernière, pour demander cette permission de justice d'avoir au préalable l'autorisation de son mari, ou à son défaut de la justice. La femme séparée de biens, à laquelle le mari refuse l'autorisation d'aliéner peut, en effet, s'adresser à la justice et le tribunal donne alors deux autorisations, l'une pour lever l'incapacité générale de la femme, l'autre pour lever l'indisponibilité de l'immeuble. La femme séparée de corps ne doit se munir que de la seconde.

On adopterait la même solution pour le cas d'échange prévu par l'article 1559.

Remarquons en terminant que la femme dotale séparée de corps est en outre soumise pour l'aliénation de ses biens dotaux à toutes les conditions et formalités requises par les articles 1558 et 1559.

CHAPITRE V

EFFETS DE LA SÉPARATION DE BIENS SUR LES DROITS DES CRÉANCIERS DE LA FEMME

La séparation de biens ne produit aucun effet sur les droits des créanciers, lorsqu'ils se trouvent en présence de paraphernaux. Ces biens sont parfaitement disponibles entre les mains de la femme et ses créanciers peuvent les saisir, les faire vendre et se payer sur le prix, tout comme avant la séparation, pourvu que l'obligation, dont ils poursuivent l'exécution, soit valable.

Il n'en est plus de même des biens dotaux. Leur indisponibilité réelle s'oppose à ce que la femme contracte des obligations exécutoires sur eux. C'est une exception à la règle de l'article 2092, que l'on peut traduire par le vieil adage : « Qui s'oblige, oblige le sien ». La femme, en effet, lorsqu'elle est relevée de son incapacité générale, s'oblige valablement et ses paraphernaux répondent de toutes ses obligations (1); mais ses

(1) Cass. req., 7 fév. 1881, D., 81. 1. 309. Cass. civ., 24 mars 1885 (motifs), D., 85. 1. 254. — Cass civ., 29 juillet 1890, S., 93. 1. 521.

créanciers ne pourront pas poursuivre les biens dotaux, parce qu'ils constituent une réserve indispensable pour la famille. Aussi a-t-on pu dire avec quelque raison que parfois « sous le régime dotal, on ne sauve la fortune des familles qu'aux dépens de leur honneur (1) ».

Cette considération n'a pas arrêté le législateur et puisqu'il a autorisé les futurs époux à adopter un tel régime, qui malgré tout a pour lui une longue tradition, ce n'est pas à l'interprète à discuter s'il a bien ou mal fait. Il ne faudra donc pas s'étonner si nous admettrons dans la suite de nos explications quelques solutions rigoureuses pour les créanciers ; leurs intérêts sont ici sacrifiés d'avance. Il ne faudrait cependant pas exagérer leur situation. Ils avaient, en effet, le moyen de connaître cette dotalité. En se faisant représenter l'acte de mariage des époux, qu'ils peuvent connaître aujourd'hui, puisque mention du mariage est faite (loi du 17 août 1897) en marge de l'acte de naissance, ils verront si ces époux ont rédigé un contrat de mariage. La prudence la plus élémentaire leur faisant un devoir de se le faire représenter avant de traiter avec la femme, ils sauront dès lors en contractant qu'ils n'ont pas à compter sur les biens stipulés dotaux comme gage de leur créance. Que si les époux ont fait devant l'officier de l'état civil une déclaration mensongère, la sanction est énergique : la dotalité n'est pas opposable aux tiers qui ont traité avec eux.

(1) Cotelle : Rapport dans l'arrêt de la Chambre des requêtes du 3 juin 1891, S., 93. 1. 5.

Mais si ces tiers négligent de se renseigner, comme la loi leur en donne le pouvoir, la faute n'est-elle pas de leur côté et de quoi viendraient-ils se plaindre ?

Les droits des créanciers peuvent varier suivant la date de la naissance de leur créance. Nous examinerons, en conséquence, successivement la situation des créanciers antérieurs au contrat de mariage, celle des créanciers devenus tels pendant le mariage mais avant la séparation de biens, celle enfin des créanciers postérieurs à cette séparation.

SECTION PREMIÈRE

Droits des créanciers antérieurs au contrat de mariage.

Au moment où sont nées ces créances, tous les biens de la femme étaient parfaitement disponibles ; les créanciers, devenus tels à cette époque, ont, en conséquence, pu légitimement compter sur les biens devenus dotaux dans la suite ; ceux-ci ont valablement formé leur gage ; ils pourront donc être saisis pendant le mariage.

Pour cela, on exige généralement que leur créance ait une date certaine antérieure au contrat de mariage, et non pas seulement à la célébration du mariage (1).

(1) Tessier : *De la dot*, t. I, pp. 421 et suiv. — Troplong, t. IV, nº 3468. — Rodière et Pont, t. III, nº 1801. -- Aubry et Rau, t. V, § 538, note 2, p. 604. — Laurent, t. XXIII, nº 548. — Colmet de Santerre, t. VI, nº 230 bis II-3. — Guillouard, t. IV, nº 2074. — *Contrà*, Lyon-Caen, note sous Montpellier, 13 nov. 1878, S., 79. 2. 65.

créanciers ne pourront pas poursuivre les biens dotaux, parce qu'ils constituent une réserve indisponible pour la famille. Aussi a-t-on pu dire avec quelque raison que parfois « sous le régime dotal, on ne sauve la fortune des familles qu'aux dépens de leur honneur [1] ».

Cette considération n'a pas arrêté le législateur et puisqu'il a autorisé les futurs époux à adopter un tel régime, qui malgré tout a pour lui une longue tradition, ce n'est pas à l'interprète à discuter s'il a bien ou mal fait. Il ne faudra donc pas s'étonner si nous admettrons dans la suite de nos explications quelques solutions rigoureuses pour les créanciers ; leurs intérêts sont ici sacrifiés d'avance. Il ne faudrait cependant pas exagérer leur situation. Ils avaient, en effet, le moyen de connaître cette dotalité. En se faisant représenter l'acte de mariage des époux, qu'ils peuvent connaître aujourd'hui, puisque mention du mariage est faite (loi du 17 août 1897) en marge de l'acte de naissance, ils verront si ces époux ont rédigé un contrat de mariage. La prudence la plus élémentaire leur faisant un devoir de se le faire représenter avant de traiter avec la femme, ils sauront dès lors en contractant qu'ils n'ont pas à compter sur les biens stipulés dotaux comme gage de leur créance. Que si les époux ont fait devant l'officier de l'état civil une déclaration mensongère, la sanction est énergique : la dotalité n'est pas opposable aux tiers qui ont traité avec eux.

[1] Cotelle : Rapport dans l'arrêt de la Chambre des requêtes du 3 juin 1891, S., 93. 1. 5.

Mais si ces tiers négligent de se renseigner, comme la loi leur en donne le pouvoir, la faute n'est-elle pas de leur côté et de quoi viendraient-ils se plaindre ?

Les droits des créanciers peuvent varier suivant la date de la naissance de leur créance. Nous examinerons, en conséquence, successivement la situation des créanciers antérieurs au contrat de mariage, celle des créanciers devenus tels pendant le mariage mais avant la séparation de biens, celle enfin des créanciers postérieurs à cette séparation.

SECTION PREMIÈRE

Droits des créanciers antérieurs au contrat de mariage.

Au moment où sont nées ces créances, tous les biens de la femme étaient parfaitement disponibles ; les créanciers, devenus tels à cette époque, ont, en conséquence, pu légitimement compter sur les biens devenus dotaux dans la suite ; ceux-ci ont valablement formé leur gage ; ils pourront donc être saisis pendant le mariage.

Pour cela, on exige généralement que leur créance ait une date certaine antérieure au contrat de mariage, et non pas seulement à la célébration du mariage [1].

[1] Tessier : De la dot, t. I, pp. 421 et suiv. — Troplong, t. IV, n° 3468. — Rodière et Pont, t. III, n° 1801. - - Aubry et Rau, t. V, § 538, note 2, p. 604. — Laurent, t. XXIII, n° 548. — Colmet de Santerre, t. VI, n° 230 bis II-3. — Guillouard, t. IV, n° 2071. — Contrà, Lyon-Caen, note sous Montpellier, 13 nov. 1878, S., 79. 2. 65.

C'est ce qui paraît résulter, en effet, de l'article 1558-4°. Cet article permet à la femme de demander aux tribunaux l'autorisation d'aliéner ses immeubles dotaux pour payer ses dettes antérieures au contrat de mariage ; le législateur lui a accordé cette faculté, pour prévenir les poursuites dont ces immeubles pourraient être l'objet. Mais par là même, en restreignant cette faculté à cette hypothèse, il suppose que ces créances étaient les seules à raison desquelles les créanciers pouvaient avoir action sur les biens dotaux. Nous trouvons là un des cas exceptionnels, analogues à celui qui est prévu par l'article 1404 sous le régime de la communauté légale, où les effets du contrat de mariage remontent à sa date. Le législateur a voulu par là éviter des fraudes concertées entre les époux, empêcher la femme de dénaturer par ses engagements les effets que le contrat de mariage devaient produire.

Ce droit appartient certainement aux créanciers hypothécaires ou privilégiés, car la femme n'a pas pu porter atteinte à leur droit.

Mais s'il s'agit de créanciers chirographaires, l'accord n'existe plus dans la doctrine, surtout si l'on se trouve en présence d'une constitution de dot à titre particulier (s'il s'agit, en effet, d'une constitution universelle, le mari succéderait aux biens, déduction faite des dettes). Pour les uns, ces créanciers pourraient saisir, avant la séparation de biens, les immeubles devenus dotaux en pleine propriété (1). Pour les autres, ils n'auraient

(1) Sériziat : *Régime dotal*, p. 231. — Toullier, t. XIV, n° 207.

aucun droit, ni sur la propriété, ni sur les revenus (1). Pour d'autres, enfin, ils pourraient saisir la nue-propriété, mais non les revenus (2). C'est le système qui triomphe et avec raison. On ne saurait adopter le premier système, parce que la constitution de dot n'a pas fait sortir l'immeuble du patrimoine de la femme, et que, d'autre part, les effets de l'inaliénabilité ne peuvent pas remonter au delà du contrat de mariage, d'où elle dérive. Mais ceci étant admis, les créanciers ne peuvent pas saisir les revenus, car la femme a véritablement aliéné la jouissance de ses biens dotaux à son mari, et ils n'ont pas de droit de suite.

Quel sera dès lors l'effet de la séparation de biens à l'égard de ces créanciers ? Les créanciers hypothécaires et privilégiés, les créanciers chirographaires en présence d'une constitution universelle de dot, pourront poursuivre les biens dotaux, comme ils le pouvaient avant la séparation, en pleine propriété. Quant aux créanciers chirographaires, si la constitution de dot est à titre particulier, ils pourront saisir également la pleine propriété, car la séparation a fait cesser le droit de jouissance du mari.

Les solutions qui précèdent ne sont exactes que pour les biens que la femme s'est constituée en dot. Lors-

(1) Marcadé, sur l'article 1558, n° 5. — Jonitou : *Du régime dotal*, n° 162.

(2) Duranton, t. XV, n° 512. — Troplong, t. IV, n° 3401. — Rodière et Pont, t. III, n° 1801. — Aubry et Rau, t. V, §538, notes 7 et 8, p. 606. — Laurent, t. XXIII, n° 548. — Colmet de Santerre, t. VI, n° 290 bis-II. — Guillouard, t. IV, n° 2077. — Lyon-Caen, note sous Montpellier, 13 nov. 1878, précité.

C'est ce qui paraît résulter, en effet, de l'article 1558-4°. Cet article permet à la femme de demander aux tribunaux l'autorisation d'aliéner ses immeubles dotaux pour payer ses dettes antérieures au contrat de mariage ; le législateur lui a accordé cette faculté, pour prévenir les poursuites dont ces immeubles pourraient être l'objet. Mais par là même, en restreignant cette faculté à cette hypothèse, il supposait que ces créances étaient les seules à raison desquelles les créanciers pouvaient avoir action sur les biens dotaux. Nous trouvons là un des cas exceptionnels, analogues à celui qui est prévu par l'article 1404 sous le régime de la communauté légale, où les effets du contrat de mariage remontent à sa date. Le législateur a voulu par là éviter des fraudes concertées entre les époux, empêcher la femme de dénaturer par ses engagements les effets que le contrat de mariage devaient produire.

Ce droit appartient certainement aux créanciers hypothécaires ou privilégiés, car la femme n'a pu porter atteinte à leur droit.

Mais s'il s'agit de créanciers chirographaires, l'accord n'existe plus dans la doctrine, surtout si l'on se trouve en présence d'une constitution de dot à titre particulier (s'il s'agit, en effet, d'une constitution universelle, le mari succéderait aux biens, déduction faite des dettes). Pour les uns, ces créanciers pourraient saisir, avant la séparation de biens, les immeubles devenus dotaux en pleine propriété (1). Pour les autres, ils n'auraient

(1) Sériziat : *Régime dotal*, p. 231. — Toullier, t. XIV, n° 207.

aucun droit, ni sur la propriété, ni sur les revenus (1). Pour d'autres, enfin, ils pourraient saisir la nue-propriété, mais non les revenus (2). C'est le système qui triomphe et avec raison. On ne saurait adopter le premier système, parce que la constitution de dot n'a pas fait sortir l'immeuble du patrimoine de la femme, et que, d'autre part, les effets de l'inaliénabilité ne peuvent pas remonter au delà du contrat de mariage, d'où elle dérive. Mais ceci étant admis, les créanciers ne peuvent pas saisir les revenus, car la femme a véritablement aliéné la jouissance de ses biens dotaux à son mari, et ils n'ont pas de droit de suite.

Quel sera dès lors l'effet de la séparation de biens à l'égard de ces créanciers ? Les créanciers hypothécaires et privilégiés, les créanciers chirographaires en présence d'une constitution universelle de dot, pourront poursuivre les biens dotaux, comme ils le pouvaient avant la séparation, en pleine propriété. Quant aux créanciers chirographaires, si la constitution de dot est à titre particulier, ils pourront saisir également la pleine propriété, car la séparation a fait cesser le droit de jouissance du mari.

Les solutions qui précèdent ne sont exactes que pour les biens que la femme s'est constituée en dot. Lors-

(1) Marcadé, sur l'article 1558, n° 5. — Jonitou : *Du régime dotal*, n° 102.
(2) Duranton, t. XV, n° 512. — Troplong, t. IV, n° 3401. — Rodière et Pont, t. III, n° 1801. — Aubry et Rau, t. V, § 538, notes 7 et 8, p. 606. — Laurent, t. XXIII, n° 548. — Colmet de Santerre, t. VI, n° 230 *bis*-II. — Guillouard, t. IV, n° 2077. — Lyon-Caen, note sous Montpellier, 13 nov. 1878, précité.

qu'au contraire la constitution de dot émane d'un tiers, les biens n'entrent dans le patrimoine de la femme que frappés d'indisponibilité ; ils n'ont pu dès lors devenir le gage de ses créanciers ; et ceux-ci ne peuvent avoir aucun droit sur eux, ni avant ni après la séparation de biens.

Mais si les créanciers personnels de la femme ne peuvent pas les saisir, il en est autrement pour certains créanciers du constituant. Parmi ces derniers, nous trouvons les créanciers hypothécaires ou privilégiés, et même les créanciers chirographaires, si la femme a bénéficié d'une institution contractuelle ; elle est, en effet, dans ce cas tenue, comme tout successeur universel, des dettes de son auteur, jusqu'à concurrence de la valeur des biens qu'elle recueille. Si la constitution de dot est à l'inverse à titre particulier, les créanciers chirographaires n'ont que la ressource de l'action paulienne. La situation de ces divers créanciers n'est nullement modifiée par la séparation de biens.

Nous rappelons que lorsque nous nous sommes occupés de l'action en nullité qui appartient à la femme comme sanction de l'aliénation d'un bien dotal, nous avons admis qu'elle n'était pas exclusivement attachée à la personne ; les créanciers ayant action sur les biens dotaux, par conséquent, principalement les créanciers antérieurs au contrat de mariage, peuvent donc l'exercer en vertu de l'article 1166.

SECTION II

Droits des créanciers devenus tels dans l'intervalle compris entre le contrat de mariage et la séparation de biens.

Avant la séparation de biens, ces créanciers n'ont aucune action sur les biens dotaux. Cette proposition n'est pourtant pas absolument exacte, et il est certaines causes d'obligation qui engagent la femme même sur sa dot.

Ainsi la doctrine et la jurisprudence admettent que la femme peut s'obliger valablement, même sur sa dot, pour effectuer de grosses réparations nécessaires à la conservation de l'immeuble dotal, mais avec cette restriction que l'autorisation de justice, qui serait nécessaire pour permettre dans ce cas l'aliénation, précède les travaux (1). Dans cette hypothèse, les créanciers de la femme peuvent saisir la pleine propriété des biens sur lesquels les travaux ont été effectués, dès avant la séparation ; ils le pourront de même postérieurement.

La même solution devrait être admise pour les créanciers de la femme à raison d'une dette d'aliments.

En second lieu, on admet aussi d'une façon unanime que la femme s'oblige sur ses biens dotaux par

_____

(1) Rouen, 12 mai 1842, S., 42. 2. 590. — 17 mai 1844, S., 44. 2. 352. — Toulouse, 26 février 1855, S., 55. 2. 611. — Guillouard, t. IV, n° 2042.

ses délits et quasi-délits (1). Cette solution est, en effet, basée sur un intérêt d'ordre public devant lequel doit fléchir la règle de l'inaliénabilité de la dot; il ne se peut pas que grâce à ses conventions matrimoniales une femme puisse s'assurer l'immunité pécuniaire de ses actes délictueux.

Mais il est nécessaire que l'acte de la femme soit un véritable délit ou quasi-délit. Ainsi la faute commise par une femme dotale dans l'exécution d'un contrat ou d'un quasi-contrat ne saurait avoir par elle seule, le caractère d'un quasi-délit dont la réparation pourrait être poursuivie sur les biens dotaux (2). De même, le seul fait par une femme de s'être qualifiée veuve dans un acte, sans manœuvres dolosives de sa part, ne peut pas l'exposer à être condamnée à réparer sur sa dot le préjudice résultant pour le tiers de l'annulation de l'acte, pour défaut d'autorisation maritale (3). On doit toujours s'assurer de la capacité de la personne avec laquelle on veut contracter, et si on néglige de le faire, on doit supporter les conséquences de sa négligence.

Ainsi donc, d'après la jurisprudence, s'il faut plus

(1) Cass. req., 29 mars 1893, D., 93. 1. 285. — Cass. civ., 3 mai 1893, D., 93. 1. 342. — Cass. civ., 4 nov. 1896, D., 97. 1. 417. — Troplong, t. IV, n°s 3527 et 3520 et suiv. — Rodière et Pont, t. III, n°s 1764, 1822 et 1823. — Colmet de Santerre, t. VI, n°s 226 bis-VIII. — Aubry et Rau, t. V, § 538, note 32, p. 614. — Guillouard, t. IV, n°s 1804, 1937, 2096 et suiv.

(2) Agen, 20 déc. 1893, S., 94. 2. 250.

(3) Cass. civ., 6 avril 1898, D., 98. 1. 305. — Voir aussi Toulouse, 12 juin 1860, D., 61. 2. 35. — Lyon, 24 mars 1882 et 3 février 1883, D., 83. 2. 142. — Bordeaux, 29 janv. 1893, D., 93. 2. 517.

qu'une faute contractuelle pour engager la responsabilité de la femme sur sa dot, il suffit néanmoins qu'elle ait commis un quasi-délit; la Cour de Cassation n'exige pas, en effet, l'intention de nuire. Elle décide notamment que le seul fait par la femme dotale commerçante de ne pas publier son contrat de mariage, conformément à l'article 69 du Code de commerce, constitue un quasi-délit dont la réparation peut être poursuivie sur les immeubles dotaux (1).

Avant la séparation de biens, la réparation de ces délits et quasi-délits ne pouvait être poursuivie que sur la nue-propriété des biens dotaux, la jouissance appartenant au mari; mais après la séparation, la situation change; la jouissance est revenue à la femme, ses créanciers à raison des délits qu'elle a commis avant cet événement peuvent désormais saisir la pleine propriété.

Certains auteurs partant de l'idée, d'après laquelle l'inaliénabilité dotale se rattache à une incapacité personnelle de la femme dotale, soutiennent qu'elle se trouve de même engagée par les quasi-contrats, où elle a joué le rôle passif (arg. art. 1312). Pour nous, nous pensons que l'inaliénabilité se rattache à une idée d'indisponibilité réelle; la femme ne peut donc pas être obligée sur ses biens dotaux par des quasi-contrats, y eût-elle joué le rôle passif, car l'ordre public n'est pas ici en jeu, comme lorsqu'il s'agit d'un délit ou d'un quasi-délit (2). Le créancier à raison d'un

(1) Cass. req., 29 mars 1893, D., 93. 1. 285. — Cass. civ., 3 mai 1893, D., 93. 1. 342. — Rouen, 21 avril 1890, D., 92. 2. 504.

(2) Sic, Cass. req., 21 août 1848, S., 48. 1. 542. — Cass. civ.,

ses délits et quasi-délits (1). Cette solution est, en effet, basée sur un intérêt d'ordre public devant lequel doit fléchir la règle de l'inaliénabilité de la dot; il ne se peut pas que grâce à ses conventions matrimoniales une femme puisse s'assurer l'immunité pécuniaire de ses actes délictueux.

Mais il est nécessaire que l'acte de la femme soit un véritable délit ou quasi-délit. Ainsi la faute commise par une femme dotale dans l'exécution d'un contrat ou d'un quasi-contrat ne saurait avoir par elle seule, le caractère d'un quasi-délit dont la réparation pourrait être poursuivie sur les biens dotaux (2). De même, le seul fait par une femme de s'être qualifiée veuve dans un acte, sans manœuvres dolosives de sa part, ne peut pas l'exposer à être condamnée à réparer sur sa dot le préjudice résultant pour le tiers de l'annulation de l'acte, pour défaut d'autorisation maritale (3). On doit toujours s'assurer de la capacité de la personne avec laquelle on veut contracter, et si on néglige de le faire, on doit supporter les conséquences de sa négligence.

Ainsi donc, d'après la jurisprudence, s'il faut plus

(1) Cass. req., 29 mars 1893, D., 93. 1. 285. — Cass. civ., 3 mai 1893, D., 93. 1. 349. — Cass. civ., 4 nov. 1806, D., 97. 1. 417. — Troplong, t. IV, n°° 3297 et 3320 et suiv. — Rodière et Pont, t. III, n°° 1764, 1822 et 1823. — Colmet de Santerre, t. VI, n° 226 bis-VIII. — Aubry et Rau, t. V, § 533, note 33, p. 644. — Guillouard, t. IV, n°° 1804, 1937, 2000 et suiv.

(2) Agen, 20 déc. 1893, S., 94. 2. 250.

(3) Cass. civ., 6 avril 1808, D., 98. 1. 305. — Voir aussi Toulouse, 12 juin 1860, D., 61. 2. 35. — Lyon, 24 mars 1882 et 3 février 1883, D., 83. 2. 142. — Bordeaux, 29 janv. 1893, D., 93. 2. 517.

qu'une faute contractuelle pour engager la responsabilité de la femme sur sa dot, il suffit néanmoins qu'elle ait commis un quasi-délit; la Cour de Cassation n'exige pas, en effet, l'intention de nuire. Elle décide notamment que le seul fait par la femme dotale commerçante de ne pas publier son contrat de mariage, conformément à l'article 69 du Code de commerce, constitue un quasi-délit dont la réparation peut être poursuivie sur les immeubles dotaux (1).

Avant la séparation de biens, la réparation de ces délits et quasi-délits ne pouvait être poursuivie que sur la nue-propriété des biens dotaux, la jouissance appartenant au mari; mais après la séparation, la situation change; la jouissance est revenue à la femme, ses créanciers à raison des délits qu'elle a commis avant cet événement peuvent désormais saisir la pleine propriété.

Certains auteurs partant de l'idée, d'après laquelle l'inaliénabilité dotale se rattache à une incapacité personnelle de la femme dotale, soutiennent qu'elle se trouve de même engagée par les quasi-contrats, où elle a joué le rôle passif (arg. art. 1312). Pour nous, nous pensons que l'inaliénabilité se rattache à une idée d'indisponibilité réelle; la femme ne peut donc pas être obligée sur ses biens dotaux par des quasi-contrats, y eût-elle joué le rôle passif, car l'ordre public n'est pas ici en jeu, comme lorsqu'il s'agit d'un délit ou d'un quasi-délit (2). Le créancier à raison d'un

(1) Cass. req., 29 mars 1893, D., 93. 1. 285. — Cass. civ., 3 mai 1893, D., 93. 1. 349. — Rouen, 21 avril 1890, D., 92. 2. 504.

(2) Sic, Cass. req., 21 août 1848, S., 48. 1. 542. — Cass. civ.,

de ces quasi-contrats doit suivre la loi commune, et son action se borne aux paraphernaux.

Après la séparation de biens, l'indisponibilité subsistant, les créanciers de la femme, sauf les exceptions que nous venons d'indiquer, ne pourront certainement pas saisir les biens dotaux en pleine propriété, mais pourront-ils du moins en saisir les revenus? Nous ne le pensons pas; nous ne leur accorderons même pas ce droit pour les fruits et revenus qui excèdent les besoins du ménage. On objecterait en vain contre cette solution que cet excédent disponible entre les mains du mari avant la cessation de sa jouissance, devient également disponible entre les mains de la femme après la séparation de biens. Nous tâcherons d'établir bientôt que cette affirmation n'est pas exacte, et que les revenus sont indisponibles pour la totalité à l'égard de la femme. En tout cas, la solution que nous combattons ne peut pas être acceptée, parce qu'elle ne tient aucun compte de l'objet essentiel du régime dotal; cet objet est de faire retrouver, en effet, à la femme sa dot franche et libre de tous engagements antérieurs, lors de la restitution à la suite de la séparation de biens, comme à la dissolution du mariage (1).

3 mai 1893, D., 93. 1. 340. — Lyon, 19 mai 1885, S., 88. 2. 134. — Agen, 20 déc. 1893, D., 94. 2. 92. — De Loynes : *Revue critique*, 1889, pp. 541 et suiv. — Rodière et Pont, t. III, n° 1823. — Aubry et Rau, t. V, § 538, note 31, p. 614. — Guillouard, t. IV, n°s 1800, 1801 et 2034.

(1) En ce sens : Cass. Ch. réunies, 7 juin 1864, S., 64. 1. 201 et la note de Dutruc. — Agen, 1er fév. 1870, S., 70. 2. 311. — Pau,

La jurisprudence décide cependant que si la femme s'était réservée par contrat de mariage la faculté de toucher une portion de ses revenus, ses créanciers pourraient saisir après la séparation de biens, comme ils le pouvaient avant, la portion excédant les besoins du ménage (1). Nous n'adhérons pas à cette restriction. Elle se rattache, en effet, à l'opinion, que nous allons repousser dans la section suivante, d'après laquelle les créanciers de la femme postérieurs à la séparation de biens peuvent saisir la portion des revenus qui excèdent les besoins du ménage.

Déterminons, en conséquence, la situation de ces créanciers, dont le titre est postérieur à la séparation de biens.

SECTION III

Droit des créanciers postérieurs à la séparation de biens.

Écartons d'abord les créanciers qui peuvent poursuivre les biens dotaux à raison de la cause de leur créance c'est-à-dire, nous l'avons vu, les créanciers

25 nov. 1879, S., 81. 2. 183. — Rennes, 9 mai 1895, D., 96. 2. 65. — Rodière et Pont, t. III, n° 1765. — Dutruc : *Séparations de biens judiciaires*, n°s 420 et 421. — Aubry et Rau, t. V, § 538, note 16, pp. 608 et 609. — *Contrà*, Paris, 17 juillet 1856, S., 57. 2. 433. — Montpellier, 10 juillet 1860, S., 61. 2. 156. — Troplong, t. IV, n° 3306. — Marcadé, sur l'art. 1554, n°s 4 et 8.

(1) Cass. civ., 13 janv. 1851. D., 51. 1. 83. — Cass. req., 17 mars 1856, D., 84. 1. 334 en note. — Cass. req., 14 avril 1885, D., 84. 1. 334. — Cass. req., 2 juillet 1885, D., 86. 1. 257.

de ces quasi-contrats doit suivre la loi commune, et son action se borne aux paraphernaux.

Après la séparation de biens, l'indisponibilité subsistant, les créanciers de la femme, sauf les exceptions que nous venons d'indiquer, ne pourront certainement pas saisir les biens dotaux en pleine propriété, mais pourront-ils du moins en saisir les revenus? Nous ne le pensons pas; nous ne leur accorderons même pas ce droit pour les fruits et revenus qui excèdent les besoins du ménage. On objecterait en vain contre cette solution que cet excédent disponible entre les mains du mari avant la cessation de sa jouissance, devient également disponible entre les mains de la femme après la séparation de biens. Nous tâcherons d'établir bientôt que cette affirmation n'est pas exacte, et que les revenus sont indisponibles pour la totalité à l'égard de la femme. En tout cas, la solution que nous combattons ne peut pas être acceptée, parce qu'elle ne tient aucun compte de l'objet essentiel du régime dotal ; cet objet est de faire retrouver, en effet, à la femme sa dot franche et libre de tous engagements antérieurs, lors de la restitution à la suite de la séparation de biens, comme à la dissolution du mariage (1).

3 mai 1803, D., 93. 1. 340. — Lyon, 10 mai 1883, S., 88. 2. 134. — Agen, 30 déc. 1893, D., 94. 2. 99. — De Loynes : *Revue critique*, 1882, pp. 341 et suiv. — Rodière et Pont, t. III, n° 1823. — Aubry et Rau, t. V, § 538, note 31, p. 614. — Guillouard, t. IV, n°ˢ 1800, 1801 et 2004.

(1) En ce sens : Cass. Ch. réunies, 7 juin 1864, S., 64. 1. 201 et la note de Dutruc. — Agen, 1er fév. 1870, S., 70. 2. 311. — Pau,

La jurisprudence décide cependant que si la femme s'était réservé par contrat de mariage la faculté de toucher une portion de ses revenus, ses créanciers pourraient saisir après la séparation de biens, comme ils le pouvaient avant, la portion excédant les besoins du ménage (1). Nous n'adhérons pas à cette restriction. Elle se rattache, en effet, à l'opinion, que nous allons repousser dans la section suivante, d'après laquelle les créanciers de la femme postérieurs à la séparation de biens peuvent saisir la portion des revenus qui excèdent les besoins du ménage.

Déterminons, en conséquence, la situation de ces créanciers, dont le titre est postérieur à la séparation de biens.

SECTION III

Droit des créanciers postérieurs à la séparation de biens.

Écartons d'abord les créanciers qui peuvent poursuivre les biens dotaux à raison de la cause de leur créance c'est-à-dire, nous l'avons vu, les créanciers

25 nov. 1879, S., 81. 2. 183. — Rennes, 9 mai 1893, D., 96. 2. 85. — Rodière et Pont, t. III, n° 1765. — Dutruc : *Séparations de biens judiciaires*, n°ˢ 420 et 421. — Aubry et Rau, t. V, § 538, note 16, pp. 608 et 609. — Guillouard, t. IV, n° 2084. — *Contrà*, Paris, 17 juillet 1856, S., 57. 2. 433. — Montpellier, 10 juillet 1860, S., 61. 2. 155. — Troplong, t. IV, n° 3306. — Marcadé, sur l'art. 1554, n°ˢ 4 et 8.

(1) Cass. civ., 13 janv. 1851. D., 51. 1. 83. — Cass. req., 17 mars 1856, D., 84. 1. 334 en note. — Cass. req., 14 avril 1883, D., 84. 1. 334. — Cass. req., 2 juillet 1885, D., 86. 1. 287.

victimes d'un délit ou d'un quasi-délit, ceux qui, après avoir été autorisés par la justice, ont fait de grosses réparations aux immeubles dotaux, ou qui ont fourni des aliments à la famille. Ces créanciers, fussent-ils devenus tels avant la séparation, auraient pu poursuivre soit la nue-propriété, soit la pleine propriété des biens dotaux. A plus forte raison pourront-ils les saisir, et toujours en pleine propriété, si leur créance est née postérieurement à la séparation. Nous devons même y ajouter les tiers envers lesquels la femme s'est obligée pour les besoins de son administration ; nous avons remarqué, en effet, lorsque nous nous sommes occupés de la capacité de la femme séparée, que ces obligations doivent être nécessairement exécutoires sur les biens dotaux, si l'on veut assurer à la femme en pratique la possibilité d'administrer sa dot.

Aussi la Cour de Bordeaux a-t-elle pu très légitimement décider que le mobilier dotal, garnissant la maison louée par la femme séparée de biens, pouvait être saisi-gagé par le propriétaire pour exercer sur eux son privilège (1).

Nous n'avons donc à nous occuper dans cette section que des créanciers envers lesquels la femme se trouve obligée pour une toute autre cause après la séparation de biens.

Un point est certain ; c'est qu'ils ne peuvent pas saisir les biens dotaux eux-mêmes ; leur indisponibilité s'y oppose. Mais peuvent-ils saisir du moins leurs revenus ; si oui, est-ce la totalité ou une portion seule-

(1) Bordeaux, 31 mai 1882, S., 84. 2. 217 et la note de M. Ripert.

ment ? La solution dépend de la question de savoir si l'inaliénabilité dotale s'étend aux revenus. Avant d'en aborder l'examen, nous devons rappeler que la solution, que l'on doit adopter sur le droit de saisie des créanciers, se trouve être exactement la même pour la question de savoir si la femme peut céder ses revenus. Voilà pourquoi nous en avons renvoyé l'étude à cette place.

Déterminons bien exactement l'hypothèse et le champ de la question : quand on parle d'indisponibilité des revenus, on n'entend pas viser les revenus déjà perçus. Après la perception, ils perdent le caractère de fruits, pour se confondre soit avec les biens du mari, soit avec les paraphernaux de la femme ; ils seront donc parfaitement saisissables, la femme pourra les aliéner ; il n'en serait autrement que si une clause du contrat de mariage déclarait que les économies réalisée sdeviendraient dotales. Il faut donc supposer des fruits et revenus à percevoir. La femme pourra-t-elle faire à un tiers cession-transport de ses revenus dotaux encore dus, échus ou à échoir ; pourra-t-elle déléguer à ce tiers les débiteurs de ces revenus ; ces créanciers pourront-ils les frapper de saisies-arrêts, pourront-ils, s'ils se trouvent être les débiteurs de ces revenus, les compenser avec leurs propres créances ? Telles sont les questions qui s'élèvent.

Trois systèmes ont été proposés. Certains auteurs ont soutenu que les revenus étaient aliénables et saisissables en totalité (1).

(1) Laurent, t. XXIII, n°⁸ 483, 484, 552, 537. — Jouitou : *Régime dotal*, n° 31.

(1) Laurent, t. XXIII, nos 483, 484, 552, 557. — Jouitou : Régime dotal, n° 31.

Pour d'autres, ces revenus sont, au contraire, frappés entre les mains de la femme d'une indisponibilité absolue (1).

Enfin la majorité de la doctrine se prononce pour une distinction : les revenus sont inaliénables, mais seulement jusqu'à concurrence des besoins du ménage, l'excédent étant parfaitement disponible (2).

Quand à la jurisprudence, elle a varié ; mais actuellement elle admet la distinction précédente. C'est ainsi que le 10 janvier 1820 la Chambre civile de la de la Cour de cassation décidait que les revenus dotaux n'étaient saisissables que pour la portion excédant les besoins du ménage (3). Elle décidait, au contraire, dans deux arrêts du 9 avril 1823 et du 28 mars 1827 que les créanciers pouvaient les saisir en totalité (4). Enfin

(1) Colmet de Santerre, t. VI, nᵒˢ 298 *bis*-IX. 10. — Garsonnet : *Traité de procédure civile*, t. III, § 545, p. 547. — De Folleville : *Des clauses de remploi*, dans la *Revue pratique de droit*, 1875, t. XXXIX, nᵒ 23, p. 201. — Wallon : *De la condition de la dot mobilière*, Thèse, pp. 360, et suiv.

(2) Tessier : *De la dot*, t. I, p. 362. — Troplong, t. IV, nᵒ 3306. — Dutruc : *Séparations de biens judiciaires*, nᵒˢ 307, 416 et suiv. — Rodière et Pont, t. III. nᵒ 1765. — Aubry et Rau, t. V, § 539, notes 18 et 19, p. 623. — Marcadé, t. VI, sur l'article 1554, nᵒ 4, pp. 53 et 54. — Guillouard, t. IV, nᵒˢ 1816 à 1818 et 1873. — Bourcart, note sous Cass. req., 24 nov. 1890 et 8 juillet 1891, S., 93. 1. 313.

(3) Cass. civ., 10 janv. 1820, S., 20. 1. 152.

(4) Cass. civ., 9 avril 1853, S., 23. 1. 334, et 28 mars 1827, S., 27. 1. 209.

elle est revenue définitivement à sa première jurisprudence le 4 novembre 1846 (1).

Nous n'hésitons pas à nous prononcer en faveur du deuxième système. Le premier doit être rejeté parce qu'il va directement à l'encontre de l'inaliénabilité dotale. La limitation de cette inaliénabilité à la nue-propriété ne ruinerait-elle pas cette même garantie ? Il va falloir, en effet, pourvoir aux besoins du ménage ; et s'il est permis à la femme de céder à l'avance l'intégralité de ses revenus, il faudra entamer le capital ; car, malgré tout, il faut vivre et si les revenus sont cédés, elle sera dans la nécessité de demander à la justice l'autorisation d'aliéner l'immeuble dotal (art. 1558-2ᵒ). En vain, tâcherait-on de nous rassurer en disant que les tribunaux ne donneront leur autorisation qu'à bon escient et qu'ils ne seront pas indulgents pour la fraude (2). Mais que pourront donc faire les tribunaux en présence de revenus légitimement cédés ? Ils n'ont pas le choix et pour permettre à la famille de vivre, ils seront bien obligés d'accorder leur autorisation. Ce système peut donc aboutir à la perte de la dot elle-même ; cette considération doit à elle seule le faire rejeter. Il vaut mieux dire dès lors que l'inaliénabilité de la propriété a pour corollaire une certaine indisponibilité des revenus.

(1) Cass. civ., 4 nov. 1846, S., 47. 1. 204. — Cass. req., 14 août 1883, S., 86. 1. 37. — Cass. req., 24 nov. 1890, et Req., 8 juillet 1891, S., 93. 1. 313, et la note de M. Bourcart. — Aix, 6 janv. 1890, S., 90. 2. 80.

(2) Jouitou : *Régime dotal*, nᵒ 124.

12

Pour d'autres, ces revenus sont, au contraire, frappés entre les mains de la femme d'une indisponibilité absolue (1).

Enfin la majorité de la doctrine se prononce pour une distinction : les revenus sont inaliénables, mais seulement jusqu'à concurrence des besoins du ménage, l'excédent étant parfaitement disponible (2).

Quand à la jurisprudence, elle a varié ; mais actuellement elle admet la distinction précédente. C'est ainsi que le 10 janvier 1820 la Chambre civile de la de la Cour de cassation décidait que les revenus dotaux n'étaient saisissables que pour la portion excédant les besoins du ménage (3). Elle décidait, au contraire, dans deux arrêts du 9 avril 1823 et du 28 mars 1827 que les créanciers pouvaient les saisir en totalité (4). Enfin

(1) Colmet de Santerre, t. VI, n° 226 bis-IX. 10. — Garsonnet : *Traité de procédure civile*, t. III, § 545, p. 547. — De Folleville : *Des clauses de remploi*, dans la *Revue pratique de droit*, 1875, t. XXXIX, n° 23, p. 201. — Wahton : *De la condition de la dot mobilière*, Thèse, pp. 360, et suiv.

(2) Tessier : *De la dot*, t. I, p. 362. — Troplong, t. IV, n° 3306. — Dutruc : *Séparations de biens judiciaires*, n°s 307, 416 et suiv. — Rodière et Pont, t. III, n° 1705. — Aubry et Rau, t. V, § 539, notes 18 et 19, p. 623. — Marcadé, t. VI, sur l'article 1554, n° 4, pp. 53 et 54. — Guillouard, t. IV, n°s 1816 à 1818 et 1873. — Bourcart, note sous Cass. req., 24 nov. 1890 et 8 juillet 1891, S., 93. 1. 313.

(3) Cass. civ., 10 janv. 1820, S., 20. 1. 152.

(4) Cass. civ., 9 avril 1823, S., 23. 1. 331, et 28 mars 1827, S., 27. 1. 209.

elle est revenue définitivement à sa première jurisprudence le 4 novembre 1846 (1).

Nous n'hésitons pas à nous prononcer en faveur du deuxième système. Le premier doit être rejeté parce qu'il va directement à l'encontre de l'inaliénabilité dotale. La limitation de cette inaliénabilité à la nue-propriété ne ruinerait-elle pas cette même garantie ? Il va falloir, en effet, pourvoir aux besoins du ménage ; et s'il est permis à la femme de céder à l'avance l'intégralité de ses revenus, il faudra entamer le capital ; car, malgré tout, il faut vivre et si les revenus sont cédés, elle sera dans la nécessité de demander à la justice l'autorisation d'aliéner l'immeuble dotal (art. 1558-2°). En vain, tâcherait-on de nous rassurer en disant que les tribunaux ne donneront leur autorisation qu'à bon escient et qu'ils ne seront pas indulgents pour la fraude (2). Mais que pourront donc faire les tribunaux en présence de revenus légitimement cédés ? Ils n'ont pas le choix et pour permettre à la famille de vivre, ils seront bien obligés d'accorder leur autorisation. Ce système peut donc aboutir à la perte de la dot elle-même ; cette considération doit à elle seule le faire rejeter. Il vaut mieux dire dès lors que l'inaliénabilité de la propriété a pour corollaire une certaine indisponibilité des revenus.

(1) Cass. civ., 4 nov. 1846, S., 47. 1. 201. — Cass. req., 14 août 1883, S., 86. 1. 37. — Cass. req., 24 nov. 1890, et Req., 8 juillet 1891, S., 93. 1. 313, et la note de M. Bourcart. — Aix, 6 janv. 1890, S., 90. 2. 89.

(2) Jouitou : *Régime dotal*, n° 124.

12

La majorité des auteurs et la jurisprudence se rendent à ces raisons; mais ils y apportent un tempérament : les revenus dotaux ne sont indisponibles qu'à raison de leur destination légale (art. 1540), destination qui est de subvenir à l'entretien de la famille. Quant à l'excédent qui n'est pas nécessaire à cet effet, il est libre soit entre les mains du mari avant la séparation, soit entre les mains de la femme après cet événement.

Nous ne pouvons accepter cette restriction à l'indisponibilité des revenus dotaux, car elle est arbitraire et l'on n'en trouve aucune trace dans la loi. Ce n'est pas en effet dans l'article 1540 qu'il faut aller chercher la justification de l'inaliénabilité de la jouissance. Cette jouissance a la même destination sous tous les régimes, et pourtant on ne saurait, en dehors du régime dotal, la rendre indisponible. Cette indisponibilité dérive uniquement de l'article 1554. Cet article contient le principe de l'inaliénabilité de la dot, et il ne le restreint pas au capital. D'ailleurs, ne peut-on pas dire que tant que les revenus n'ont pas été perçus, ils font partie intégrante de la dot, et qu'il doivent, par conséquent, participer de son caractère ?

Ce qui prouve bien qu'il en est ainsi, c'est qu'à la dissolution du mariage, la dot devant revenir à la femme ou à sa famille libre de tout engagement, on est obligé de refuser aux créanciers le droit de saisir une partie quelconque des revenus (1). Et cependant la destina-

(1) Cass. civ., 1er déc. 1834, S., 35. 1. 925. — Cass. civ., 24 août 1836, S., 36. 1. 913. — Douai, 27 juillet 1853, S., 54. 2. 481. — Caen, 21 avril 1875, S., 75. 2. 281.

tion de ces revenus n'existe plus, puisqu'il n'y a plus de ménage à entretenir. Comprend-on que lorsque cette destination existe, si elle est la cause de l'indisponibilité des revenus, les créanciers puissent en saisir une partie, et que lorsqu'elle a cessé, la cause ayant disparue, ils ne puissent plus en saisir aucune part ? Ce résultat est, au contraire, très naturel avec notre explication. L'indisponibilité dotale de l'article 1554 survit, en effet, à la dissolution du mariage au regard des obligations contractées par la femme pendant sa durée. Aussi, pour nous, le mari peut-il librement aliéner les revenus dotaux pour le temps que durera sa jouissance. Le principe d'inaliénabilité ne le touche pas; l'article 1554 n'a pas été écrit contre lui; s'il ne peut aliéner les immeubles dotaux, c'est parce qu'il n'en est pas propriétaire et non par suite de leur indisponibilité. Il peut à son choix subvenir aux charges du ménage avec ses ressources personnelles et disposer, au contraire des revenus dotaux qui lui appartiennent. Si cependant ses ressources propres étaient insuffisantes, et s'il détournait tout de même la jouissance de la dot de sa destination légale, la femme aurait recours à la séparation de biens; et cette séparation aurait pour effet, nous l'avons vu, de faire tomber, du jour de la demande, les cessions de revenus consenties à des tiers par le mari, aussi bien que les saisies pratiquées par ses créanciers.

Au contraire, le principe d'inaliénabilité concerne la femme qui est propriétaire, qui, normalement et dûment autorisée, pourrait aliéner ses biens. Par conséquent lorsqu'elle aura recouvré la jouissance de sa dot

par l'effet de la séparation de biens, cette jouissance sera indisponible entre ses mains.

L'article 1540 n'est cependant pas sans influence sur notre matière. Les revenus dotaux ont une destination légale qui est de subvenir aux charges du ménage. Il interviendra, non pour rendre une partie des revenus indisponible, mais pour lever, au contraire, cette inaliénabilité toutes les fois que la disposition des revenus est nécessaire à l'entretien de la famille. Notre système échappe par là à un argument, qui paraît très grave au premier abord, et qui n'est cependant que spécieux ; les revenus sont faits pour être dépensés, dit-on, il faut donc les aliéner. Comme le dit M. Wallon [1] : « L'objection repose sur un jeu de mots. Oui, les revenus sont faits pour être employés aux charges du ménage ; c'est là leur destination propre. Quand la femme paie ses fournisseurs avec les revenus qu'elle a touchés de ses débiteurs, elle fait de ses revenus l'emploi voulu. Mais les aliéner à l'avance pour un temps plus ou moins long, les laisser saisir par des créanciers, ce n'est pas les soumettre à leur destination, c'est les y soustraire. C'est aller contre l'esprit du régime dotal. »

Qui n'aperçoit d'ailleurs combien le système de la jurisprudence est à la fois dangereux et compliqué ? Il ouvre la porte à l'arbitraire le plus grand. « Rien n'est plus variable, en effet, dit M. de Folleville [2], que ces besoins de la famille. Les tribunaux vont être appelés

[1] Wallon : *De la condition de la dot mobilière*, p. 362.
[2] De Folleville : *Revue pratique de droit*, loc. cit., p. 202.

à tenir compte des habitudes de vie, et de la condition de fortune, de l'état de santé ou de maladie, des exigences de position de chacun des membres, dont la famille se compose ; c'est là une appréciation fort difficile et fort dangereuse. Il n'est pas mauvais d'ailleurs que sous un régime de conservation à outrance comme l'est le régime dotal, les époux soient provoqués à payer comptant autant que possible. »

Si l'on objecte enfin contre notre système, qu'il faut payer ses dettes, et que tout système qui en dispense est immoral, nous répondrons que ce résultat se produit incontestablement en ce qui concerne le capital, et que, néanmoins, il n'a pas arrêté le législateur ; c'est donc au régime dotal que s'adresse en réalité le reproche ; il ne nous touche pas.

En vain s'écrirait-on qu'il est véritablement scandaleux de voir une femme faire de nombreuses économies peut-être, en présence de créanciers impuissants à se faire payer ; nous avons déjà répondu en précisant les termes de la question que nous examinons. Ces économies, si réellement elles existent, sont formées de revenus déjà perçus ; elles ne participent pas à l'indisponibilité dotale ; rien ne s'oppose dès lors à ce que ces créanciers puissent les atteindre.

En résumé, nous concluons : ou bien les revenus dotaux après la séparation de biens sont aliénables pour le tout, comme le capital, s'il s'agit de payer des créances d'aliments ou des créances exécutoires sur les biens dotaux ; ou bien ils sont inaliénables pour le tout, si l'on se trouve en présence de créances ayant tout autre cause. Ce système, on doit le reconnaître, a du moins l'avantage de la simplicité.

par l'effet de la séparation de biens, cette jouissance sera indisponible entre ses mains.

L'article 1540 n'est cependant pas sans influence sur notre matière. Les revenus dotaux ont une destination légale qui est de subvenir aux charges du ménage. Il interviendra, non pour rendre une partie des revenus indisponible, mais pour lever, au contraire, cette inaliénabilité toutes les fois que la disposition des revenus est nécessaire à l'entretien de la famille. Notre système échappe par là à un argument, qui paraît très grave au premier abord, et qui n'est cependant que spécieux; les revenus sont faits pour être dépensés, dit-on, il faut donc les aliéner. Comme le dit M. Wallon (1) : « L'objection repose sur un jeu de mots. Oui, les revenus sont faits pour être employés aux charges du ménage; c'est là leur destination propre. Quand la femme paie ses fournisseurs avec les revenus qu'elle a touchés de ses débiteurs, elle fait de ses revenus l'emploi voulu. Mais les aliéner à l'avance pour un temps plus ou moins long, les laisser saisir par des créanciers, ce n'est pas les soumettre à leur destination, c'est les y soustraire. C'est aller contre l'esprit du régime dotal. »

Qui n'aperçoit d'ailleurs combien le système de la jurisprudence est à la fois dangereux et compliqué? Il ouvre la porte à l'arbitraire le plus grand. « Rien n'est plus variable, en effet, dit M. de Folleville (2), que ces besoins de la famille. Les tribunaux vont être appelés

(1) Wallon : *De la condition de la dot mobilière*, p. 362.
(2) De Folleville : *Revue pratique de droit*, loc. cit., p. 202.

à tenir compte des habitudes de vie, et de la condition de fortune, de l'état de santé ou de maladie, des exigences de position de chacun des membres, dont la famille se compose; c'est là une appréciation fort difficile et fort dangereuse. Il n'est pas mauvais d'ailleurs que sous un régime de conservation à outrance comme l'est le régime dotal, les époux soient provoqués à payer comptant autant que possible. »

Si l'on objecte enfin contre notre système, qu'il faut payer ses dettes, et que tout système qui en dispense est immoral, nous répondrons que ce résultat se produit incontestablement en ce qui concerne le capital, et que, néanmoins, il n'a pas arrêté le législateur; c'est donc au régime dotal que s'adresse en réalité le reproche; il ne nous touche pas.

En vain s'écrirait-on qu'il est véritablement scandaleux de voir une femme faire de nombreuses économies peut-être, en présence de créanciers impuissants à se faire payer; nous avons déjà répondu en précisant les termes de la question que nous examinons. Ces économies, si réellement elles existent, sont formées de revenus déjà perçus; elles ne participent pas à l'indisponibilité dotale; rien ne s'oppose dès lors à ce que ces créanciers puissent les atteindre.

En résumé, nous concluons : ou bien les revenus dotaux après la séparation de biens sont aliénables pour le tout, comme le capital, s'il s'agit de payer des créances d'aliments ou des créances exécutoires sur les biens dotaux; ou bien ils sont inaliénables pour le tout, si l'on se trouve en présence de créances ayant tout autre cause. Ce système, on doit le reconnaître, a du moins l'avantage de la simplicité.

CHAPITRE VI

RÉTABLISSEMENT DU RÉGIME DOTAL

Lorsque les époux étaient mariés sous le régime de communauté, la loi prévoit le cas où ils veulent faire cesser la séparation de biens pour revenir au régime primitif. Elle règle ce rétablissement dans l'article 1451.

Cet article, avec la faculté qu'il consacre, doit-il être étendu à l'hypothèse où les époux étaient primitivement mariés sous le régime dotal? C'est notre avis (1); il y a, en effet, identité de motifs; dans les deux cas on ne viole pas le principe de l'immutabilité des conventions matrimoniales, puisqu'on revient au contraire à ce principe. Nous serons pleinement confirmés dans cette opinion, si nous observons que le rétablissement du régime antérieur était possible dans notre ancien droit, aussi bien dans les pays de droit écrit, que dans les pays de coutumes (2).

(1) *Sic*, Cass. req., 27 déc. 1893 (motifs), S., 94. 1. 119. — Troplong, t. II, n° 1475. — Rodière et Pont, t. III, n° 2937.

(2) Roussilhe : *De la dot*, t. II, chap. XVII, sect. II, § 4, n°° 503 et suiv.

Il faut remarquer toutefois que le rétablissement du régime dotal sera bien moins fréquent que celui du régime de communauté. La femme sous ce régime n'a pas intérêt à ce rétablissement, car il lui fait perdre la jouissance dotale sans compensation. La femme commune, au contraire, pourra y avoir avantage; elle perdra, sans doute la jouissance de ses propres, mais si le mari est revenu à meilleure fortune, elle aura droit à la moitié des économies réalisées par le mari sur son patrimoine, et aux gains et profits qu'il retire de son travail ou de son industrie. Il n'en est pas moins vrai que ce rétablissement sera possible même sous le régime dotal; si la femme n'y consent pas par intérêt, elle pourra y consentir par affection pour son mari et dans le but de maintenir la bonne harmonie dans le ménage.

Si la situation de la femme séparée de biens est simple à cet égard, en ce sens qu'il ne peut y avoir que maintien de la séparation de biens, ou rétablissement intégral du régime dotal, il n'en est plus de même de la situation de la femme séparée de corps; sa réconciliation avec son mari peut amener une diversité de situations souvent fort compliquées. Aussi étudierons-nous dans deux sections, le cas où la femme est séparée de biens, et celui où elle est séparée de corps.

SECTION PREMIÈRE

La Femme est séparée de biens principalement

ous devons examiner : 1° quelles sont les condi-

CHAPITRE VI

RÉTABLISSEMENT DU RÉGIME DOTAL

Lorsque les époux étaient mariés sous le régime de communauté, la loi prévoit le cas où ils veulent faire cesser la séparation de biens pour revenir au régime primitif. Elle régle ce rétablissement dans l'article 1451.

Cet article, avec la faculté qu'il consacre, doit-il être étendu à l'hypothèse où les époux étaient primitivement mariés sous le régime dotal? C'est notre avis (1); il y a, en effet, identité de motifs; dans les deux cas on ne viole pas le principe de l'immutabilité des conventions matrimoniales, puisqu'on revient au contraire à ce principe. Nous serons pleinement confirmés dans cette opinion, si nous observons que le rétablissement du régime antérieur était possible dans notre ancien droit, aussi bien dans les pays de droit écrit, que dans les pays de coutumes (2).

(1) Sic, Cass. req., 27 déc. 1893 (motifs), S., 94. 1. 119. — Troplong, t. II, nᵒ 1475. — Rodière et Pont, t. III, nᵒ 2237.
(2) Roussilhe : De la dot, t. II, chap. xvII, sect. II, § 4, nᵒˢ 503 et suiv.

Il faut remarquer toutefois que le rétablissement du régime dotal sera bien moins fréquent que celui du régime de communauté. La femme sous ce régime n'a pas intérêt à ce rétablissement, car il lui fait perdre la jouissance dotale sans compensation. La femme commune, au contraire, pourra y avoir avantage; elle perdra, sans doute la jouissance de ses propres, mais si le mari est revenu à meilleure fortune, elle aura droit à la moitié des économies réalisées par le mari sur son patrimoine, et aux gains et profits qu'il retire de son travail ou de son industrie. Il n'en est pas moins vrai que ce rétablissement sera possible même sous le régime dotal; si la femme n'y consent pas par intérêt, elle pourra y consentir par affection pour son mari et dans le but de maintenir la bonne harmonie dans le ménage.

Si la situation de la femme séparée de biens est simple à cet égard, en ce sens qu'il ne peut y avoir que maintien de la séparation de biens, ou rétablissement intégral du régime dotal, il n'en est plus de même de la situation de la femme séparée de corps; sa réconciliation avec son mari peut amener une diversité de situations souvent fort compliquées. Aussi étudierons-nous dans deux sections, le cas où la femme est séparée de biens, et celui où elle est séparée de corps.

SECTION PREMIÈRE

La Femme est séparée de biens principalement

ous devons examiner : 1ᵒ quelles sont les conditions requises par la loi pour la validité du rétablissement du régime, et 2° quels en sont les effets.

§ 1er. — *Quelles sont les conditions requises par la loi pour la validité du rétablissement du régime ?*

L'article 1451 exige des conditions de fond et des conditions de forme

a) Les conditions de fond ont trait au consentement des époux, et à la manière suivant laquelle ils peuvent rétablir le régime ancien.

Les deux époux doivent consentir au rétablissement, sans que d'ailleurs, ils aient besoin de l'autorisation de leurs parents s'ils sont mineurs ; il ne s'agit plus, en effet, de rédiger un nouveau contrat de mariage, il ne s'agit que de revenir à l'ancien état de choses. L'incapacité générale de la femme sera levée par le concours du mari à l'acte. Puisqu'il faut le consentement des deux époux, la femme ne pourrait pas, en renonçant au bénéfice de la séparation de biens, imposer à son mari le rétablissement du régime (1).

En second lieu, les époux ne peuvent rétablir le régime ancien que sous les mêmes conditions que celles qui réglaient antérieurement leurs intérêts pécuniaires. Ainsi, ils ne pourraient pas substituer à une constitution particulière de dot, une constitution universelle, ou réciproquement, ni insérer de nouvelles clauses d'emploi ou de remploi, ni ajouter

(1) Aubry et Rau, t. V, § 516, p. 410. — Guillouard, t. III, n° 1229.

ou retrancher une société d'acquêts au régime dotal, etc. L'article 1451 déclare qu'une telle convention est nulle ; mais quelle est la portée de cette nullité ? est-ce le rétablissement en entier qui est non avenu ou la clause dérogatoire, qui étant seule nulle, doit être considérée comme non écrite ? On ne peut pas donner de réponse absolue dans un sens ou dans l'autre ; il faut rechercher quelle a été l'intention des parties. La clause nouvelle a-t-elle été considérée par les époux comme une condition du rétablissement du régime, l'opération entière est nulle, comme contenant une condition illicite (art. 1172). Dans le cas contraire, la clause est à considérer comme non écrite (1).

b) Quant aux conditions de forme, elles sont au nombre de deux. L'acte de rétablissement du régime doit être passé devant notaire ; la loi a pensé que cet officier public en même temps qu'il garantirait la liberté du consentement des époux et surtout de la femme, les éclairerait sur les conséquences de cet acte. En second lieu, pour que le rétablissement soit opposable aux tiers, il doit être rendu public conformément à l'article 1445.

§ 2. — *Des effets de ce rétablissement.*

Supposons toutes ces conditions remplies, quel sera l'effet de ce rétablissement ? Il peut se résumer dans cette formule : le rétablissement du régime rétroagit

(1) Aubry et Rau, t. V, § 516, note 85, p. 411. — *Contrà*, Guillouard, t. III, n° 1234.

entre les époux au jour de la séparation de biens, de telle sorte que dans leurs rapports respectifs elle est censée n'avoir jamais existé ; mais cette rétroactivité ne peut pas nuire aux droits acquis aux tiers (art. 1451-3°).

Si nous envisageons les rapports des époux entre eux, tout ce qui est une conséquence de la séparation doit être détruit. Ainsi la femme devra remettre à son mari les économies qu'elle a réalisées sur les revenus des biens dotaux, et même les objets qu'elle a acquis avec ces économies. Ainsi encore le mari reprendra la jouissance et l'administration des biens dotaux, non seulement de ceux qui existaient avant la séparation de biens, mais de ceux qui sont advenus à la femme dans l'intervalle.

Les époux devront néanmoins respecter les droits acquis aux tiers : les débiteurs qui ont payé le montant de leur créance entre les mains de la femme seront valablement libérés. Le mari devra respecter les actes d'administration passés par sa femme et notamment les baux, qui n'excèdent pas neuf ans. Les prescriptions qui se sont accomplies dans l'intervalle seront maintenues.

Une grave difficulté se présente pour les tiers qui ont commencé à posséder un immeuble dotal après la séparation de biens, et qui n'ont pas encore usucapé au moment du rétablissement du régime ; la prescription est-elle suspendue à leur égard ou bien continuent-ils à prescrire ? L'article 1561 prévoit une situation analogue : celle d'un tiers entré en possession avant le mariage ; il décide que la prescription continue à

courir. L'argument d'analogie est ici très puissant ; sans doute, tant que le délai pour l'accomplissement de cette prescription ne s'est pas écoulé, on ne peut pas dire que le tiers en voie de prescrire ait un droit acquis ; mais on ne voit pas pour quelle raison le législateur aurait traité cette situation, s'il l'avait prévue, d'une manière différente, que celle où se trouve le tiers qui a commencé à posséder avant le mariage. Nous pensons dès lors qu'après le rétablissement du régime dotal, les immeubles redeviennent imprescriptibles comme il est dit à l'article 1561, premier alinéa ; c'est-à-dire que l'imprescriptibilité ne s'appliquera désormais qu'aux prescriptions commencées depuis cette époque (1).

Arrivons maintenant à la situation de la femme séparée de corps.

SECTION II

La femme est séparée de corps.

La réconciliation des époux a pour effet de faire disparaître la séparation de corps ; normalement elle devrait faire disparaître également toutes ses conséquences. Mais ce système se heurterait à des inconvénients pratiques considérables. Les tiers, nullement avertis de la cessation de la séparation de biens acces-

(1) Thibault : *Séparation de biens sous le régime dotal*, Thèse, n° 202, p. 232.

soire, croiraient traiter en présence d'une femme capable alors qu'ils auraient été dans l'impossibilité de de connaître ce changement de capacité.

Aussi, sous l'empire du Code civil, la femme séparée de corps et réconciliée avec son mari restait-elle séparée de biens; les époux devaient recourir aux formalités de l'article 1451 pour se soumettre de nouveau à leurs conventions matrimoniales.

La loi du 6 février 1893, en rendant à la femme séparée de corps le plein exercice de sa capacité civile, à modifié cette situation. Voici comment s'exprime le troisième alinéa de l'article 311 nouveau : « *S'il y a cessation de la séparation de corps par la réconciliation des époux, la capacité de la femme est modifiée pour l'avenir et réglée par les dispositions de l'article 1449. Cette modification n'est opposable aux tiers que si la reprise de la vie commune a été constatée par acte passé devant notaire avec minute, dont extrait devra être affiché en la forme indiquée par l'article 1445, et de plus, par la mention en marge : 1° de l'acte de mariage ; 2° du jugement ou de l'arrêt qui a prononcé la séparation, et enfin par la publication en extrait dans l'un des journaux du département recevant les publications légales* ».

D'après ce texte, la réconciliation produit de plein droit cet effet de restreindre la capacité de la femme à celle d'une femme séparée de biens. Mais il ajoute immédiatement que cette restriction n'est pas opposable aux tiers, si la réconciliation n'est pas rendue publique. En réalité la femme reste pleinement capable. On ne comprendrait pas, en effet, que la capacité

soit entière à l'égard des tiers qui traitent avec la femme et qu'elle soit restreinte vis-à-vis de son mari. Les questions de capacité ou d'incapacité ne se posent que vis-à-vis des tiers. Le texte à une autre portée, il signifie que dans les rapports des époux entre eux la femme est dans la situation d'une femme séparée de biens ; ainsi la vie commune étant reprise, elle engendre des frais que la femme doit supporter proportionnellement à sa fortune et à celle de son mari. On appliquera par le seul fait de la réconciliation l'article 1448.

Mais les époux peuvent aller plus avant et la femme ne sera plus capable que dans les termes de l'article 1449, même vis-à-vis des tiers, si la réconciliation a reçu une certaine publicité déterminée par la loi. Les conditions exigées par l'article 311-3° sont à cet égard au nombre de quatre :

1° La réconciliation doit être constatée par acte passé devant notaire avec minute ;

2° Expédition devra en être affichée dans la forme indiquée par l'article 1445.

Ces deux formalités sont identiques à celles exigées par l'article 1451-2° pour le rétablissement du régime primitif. Mais le législateur a voulu encore augmenter une publicité qui, en pratique, est le plus souvent bien fictive. Il a exigé en outre :

3° La mention de la réconciliation en marge de l'acte de mariage et du jugement ou de l'arrêt qui a prononcé la séparation de corps. Cette mesure est de beaucoup la plus effective, et son utilité est encore augmentée aujourd'hui par suite de l'obligation impo-

sée aux dépositaires des registres de l'état civil de mentionner d'office le mariage en marge de l'acte de naissance des époux (loi du 17 août 1897).

4° Enfin, la dernière formalité consiste dans la publication d'un extrait de l'acte attestant la réconciliation dans un des journaux du département.

Lorsque ces diverses conditions sont remplies, la femme se trouve être dans la même situation où se trouvaient les femmes séparées de corps avant la loi du 6 février 1893, c'est-à-dire dans la situation d'une femme séparée de biens.

Avant cette loi la femme séparée de corps pouvait rétablir, d'accord avec son mari, le régime antérieur. En est-il de même encore aujourd'hui, les époux réconciliés peuvent-ils se soumettre de nouveau à leurs conventions matrimoniales, en se conformant à l'article 1451 ? Certains auteurs leur ont refusé ce droit, par ce motif que l'article 311 serait impératif et aurait abrogé implicitement l'article 1451 sur ce point (1). Mais, ce n'est là qu'une affirmation et rien, au contraire, n'est moins prouvé. Cette faculté leur a été, en effet, reconnue par M. Arnault, dans son rapport à la Chambre des députés : « Nous croyons, y est-il dit, que le quatrième alinéa de l'article 3 du projet ne prive pas les époux de ce rétablissement de l'ancien régime matrimonial ; ils peuvent au cas précédent se placer sous le régime de la séparation de biens, — cela n'est pas douteux, — mais ils peuvent aussi, comme dans les

(1) Thiénot : *Revue critique*, 1893, p. 392. — Cabouat : *Lois nouvelles*, 1re partie, pp. 345 et suiv.

autres cas, suivre la règle de l'article 1451, qui reste conçu en termes généraux et doit continuer à s'appliquer à toutes les femmes séparées (1). »

Ce n'est donc pas par inadvertence, mais en connaissance de cause que le législateur a laissé figurer dans l'article 1451 les expressions suivantes : « *La communauté dissoute par la* SÉPARATION SOIT DE CORPS ET DE BIENS, *soit de biens seulement...* » On ne saurait tirer davantage argument du dernier article de la loi du 6 février 1893, d'après lequel « *les dispositions contraires à la présente loi sont abrogées.* » Pour que cette disposition entraînât l'abrogation de l'article 1451 en ce qui concerne les femmes séparées de corps, il faudrait que les deux dispositions de l'article 311 et 1451 soient incompatibles et inconciliables. Or, il n'en est rien ; elles ont deux objets différents : tandis que l'article 311 parle de la restriction de la capacité de la femme, supprimée par la séparation, l'article 1451 vise uniquement le rétablissement du régime. Ne peut-on pas ajouter enfin que laisser la faculté aux époux d'opter pour le rétablissement du régime, au lieu de leur imposer le régime de la séparation de biens, c'est se rapprocher du principe de l'immutabilité des conventions matrimoniales, principe tenu en si grand honneur par le législateur ?

Loin d'avoir imposé la séparation de biens aux époux,

(1) *Journal officiel* : Chambre des députés : Session extraordinaire de 1887, *Documents parlementaires*, annexe n° 2151, p. 440, 3e col., *in fine*.

sée aux dépositaires des registres de l'état civil de mentionner d'office le mariage en marge de l'acte de naissance des époux (loi du 17 août 1897).

4° Enfin, la dernière formalité consiste dans la publication d'un extrait de l'acte attestant la réconciliation dans un des journaux du département.

Lorsque ces diverses conditions sont remplies, la femme se trouve être dans la même situation où se trouvaient les femmes séparées de corps avant la loi du 6 février 1893, c'est-à-dire dans la situation d'une femme séparée de biens.

Avant cette loi la femme séparée de corps pouvait rétablir, d'accord avec son mari, le régime antérieur. En est-il de même encore aujourd'hui, les époux réconciliés peuvent-ils se soumettre de nouveau à leurs conventions matrimoniales, en se conformant à l'article 1451 ? Certains auteurs leur ont refusé ce droit, par ce motif que l'article 311 serait impératif et aurait abrogé implicitement l'article 1451 sur ce point (1). Mais, ce n'est là qu'une affirmation et rien, au contraire, n'est moins prouvé. Cette faculté leur a été, en effet, reconnue par M. Arnault, dans son rapport à la Chambre des députés : « Nous croyons, y est-il dit, que le quatrième alinéa de l'article 3 du projet ne prive pas les époux de ce rétablissement de l'ancien régime matrimonial ; ils peuvent au cas précédent se placer sous le régime de la séparation de biens, — cela n'est pas douteux, — mais ils peuvent aussi, comme dans les

---

(1) Thiénot : *Revue critique*, 1893, p. 399. — Cabouat : *Lois nouvelles*, 1re partie, pp. 345 et suiv.

autres cas, suivre la règle de l'article 1451, qui reste conçu en termes généraux et doit continuer à s'appliquer à toutes les femmes séparées (1). »

Ce n'est donc pas par inadvertence, mais en connaissance de cause que le législateur a laissé figurer dans l'article 1451 les expressions suivantes : « *La communauté dissoute par la* SÉPARATION SOIT DE CORPS ET DE BIENS, *soit de biens seulement...* » On ne saurait tirer davantage argument du dernier article de la loi du 6 février 1893, d'après lequel « *les dispositions contraires à la présente loi sont abrogées*. » Pour que cette disposition entraînât l'abrogation de l'article 1451 en ce qui concerne les femmes séparées de corps, il faudrait que les deux dispositions de l'article 311 et 1451 soient incompatibles et inconciliables. Or, il n'en est rien ; elles ont deux objets différents : tandis que l'article 311 parle de la restriction de la capacité de la femme, et permet de faire revivre la puissance maritale, supprimée par la séparation, l'article 1451 vise uniquement le rétablissement du régime. Ne peut-on pas ajouter enfin que laisser la faculté aux époux d'opter pour le rétablissement du régime, au lieu de leur imposer le régime de la séparation de biens, c'est se rapprocher du principe de l'immutabilité des conventions matrimoniales, principe tenu en si grand honneur par le législateur ?

Loin d'avoir imposé la séparation de biens aux époux,

---

(1) *Journal officiel* : Chambre des députés : Session extraordinaire de 1887, *Documents parlementaires*, annexe n° 2151, p. 440, 3e col., *in fine*.

il est plus vrai de dire qu'il l'a tolérée pour rendre à la femme la réconciliation plus facile.

C'est la solution adoptée par la majorité des auteurs et par un jugement du tribunal de Nîmes, du 30 juillet 1896 (1).

Est-ce à dire qu'elle ne présente en pratique aucun inconvénient ? Il ne faudrait pas aller jusque-là ; le législateur aurait dû faire concorder notamment les formalités requises pour restreindre la capacité de la femme dans le cas de l'article 311, et pour rétablir le régime dans le cas de l'article 1451. Au lieu de cela l'article 311 exige deux formalités de plus que l'article 1451 : mention de la réconciliation en marge de l'acte de mariage, et insertion dans les journaux. Par suite il devient impossible aux tiers de connaître la véritable situation de la femme. S'ils se reportent, en effet, à l'acte de mariage, ils y verront que les époux ont fait un contrat de mariage, qu'après avoir été séparés de corps, ils se sont réconciliés ; mais rien ne leur indique, si ce n'est la publicité fictive de l'article 1451, que les époux ont rétabli leur régime matrimonial ; et ils devront, en fait, s'en rapporter aux déclarations des époux. Et pourtant il est inutile d'insister sur la différence qui peut exister entre la situation des époux séparés de biens, et celle des époux qui ont rétabli

(1) Dufacir : *Annuaire de législation française*, 1894, p. 62, note 1. — Surville : *Revue critique*, 1893, p. 231. — Bonnet : *Journal du notariat du 17 février 1893.* — Trib. de Nîmes, 30 juillet 1896, S., 97. 2. 85. — Voir aussi Chrestien : *Capacité civile de la femme sép. de corps*, pp. 153 et suiv.

leur régime matrimonial, et sur l'importance qu'il y aurait pour les tiers à être renseignés sûrement à ce sujet. Prenons par exemple le régime dotal : les époux sont-ils toujours séparés de biens, la femme aura qualité pour intenter les actions dotales ; ont-ils rétabli le régime, elle sera sans qualité, le mari ayant désormais seul l'exercice de ces actions (1).

Dans le cas où les époux, séparés de corps et réconciliés, ont rétabli le régime ancien, ce rétablissement produit absolument les mêmes effets que lorsqu'il intervient entre époux séparés de biens.

La séparation de corps sera censée n'avoir jamais été prononcée ; par conséquent, les déchéances que l'époux coupable avait encourues du chef de l'article 299, étendu par la jurisprudence du divorce à la séparation de corps (2), revivront rétroactivement. On a même soutenu qu'à leur égard la réconciliation seule avait cet effet de les faire revivre *de plano*. La séparation de corps était, dit-on, la cause de cette déchéance ; elle cesse avec la réconciliation ; la déchéance doit également disparaître. C'est bien le cas d'invoquer l'adage de raison : *Cessante causa, cessat effectus*. Ce raisonnement est exact pour les donations entre vifs faites pendant le mariage et les dispositions testamentaires ; mais il ne l'est plus pour les donations faites par contrat de mariage. Ces donations font partie intégrante des conventions matrimoniales, et à ce titre

(1) Voir sur ce point Dalloz : Supplément au *Rép.*, v° *Séparation du corps*, n° 100.

(2) Cass., Ch. réunies, 23 mai 1845, D., 45. 1. 225.

il est plus vrai de dire qu'il l'a tolérée pour rendre à
la femme la réconciliation plus facile.

C'est la solution adoptée par la majorité des auteurs
et par un jugement du tribunal de Nîmes, du 30 juillet 1896 (1).

Est-ce à dire qu'elle ne présente en pratique aucun
inconvénient? Il ne faudrait pas aller jusque-là ; le
législateur aurait dû faire concorder notamment les
formalités requises pour restreindre la capacité de la
femme dans le cas de l'article 311, et pour rétablir le
régime dans le cas de l'article 1451. Au lieu de cela
l'article 311 exige deux formalités de plus que l'article
1451 : mention de la réconciliation en marge de l'acte
de mariage, et insertion dans les journaux. Par suite
il devient impossible aux tiers de connaître la véritable
situation de la femme. S'ils se reportent, en effet, à
l'acte de mariage, ils y verront que les époux ont fait un
contrat de mariage, qu'après avoir été séparés de corps,
ils se sont réconciliés ; mais rien ne leur indique, si
ce n'est la publicité fictive de l'article 1451, que les
époux ont rétabli leur régime matrimonial ; et ils devront, en fait, s'en rapporter aux déclarations des
époux. Et pourtant il est inutile d'insister sur la différence qui peut exister entre la situation des époux
séparés de biens, et celle des époux qui ont rétabli

(1) Dufaur : *Annuaire de législation française*, 1894, p. 62,
note 1. — Surville : *Revue critique*, 1893, p. 231. — Bonnet :
Journal du notariat du 17 février 1893. — Trib. de Nîmes, 30 juillet 1896, S., 97. 2. 85. - - Voir aussi Chrétien : *Capacité civile de
la femme sép. de corps*, pp. 153 et suiv.

leur régime matrimonial, et sur l'importance qu'il y
aurait pour les tiers à être renseignés sûrement à ce
sujet. Prenons par exemple le régime dotal : les époux
sont-ils toujours séparés de biens, la femme aura qualité pour intenter les actions dotales ; ont-ils rétabli
le régime, elle sera sans qualité, le mari ayant désormais seul l'exercice de ces actions (1).

Dans le cas où les époux, séparés de corps et réconciliés, ont rétabli le régime ancien, ce rétablissement
produit absolument les mêmes effets que lorsqu'il
intervient entre époux séparés de biens.

La séparation de corps sera censée n'avoir jamais
été prononcée ; par conséquent, les déchéances que
l'époux coupable avait encourues du chef de l'article
299, étendu par la jurisprudence du divorce à la séparation de corps (2), revivront rétroactivement. On a
même soutenu qu'à leur égard la réconciliation seule
avait cet effet de les faire revivre *de plano*. La séparation de corps était, dit-on, la cause de cette
déchéance ; elle cesse avec la réconciliation ; la
déchéance doit également disparaître. C'est bien le cas
d'invoquer l'adage de raison : *Cessante causa, cessat
effectus*. Ce raisonnement est exact pour les donations
entre vifs faites pendant le mariage et les dispositions
testamentaires ; mais il ne l'est plus pour les donations
faites par contrat de mariage. Ces donations font partie
intégrante des conventions matrimoniales, et à ce titre

(1) Voir sur ce point Dalloz : Supplément au *Rép.*, v° *Séparation
du corps*, n° 400.

(2) Cass., Ch. réunies, 23 mai 1845, D., 45. 1. 225.

13

elles sont soumises pour leur rétablissement aux formalités de l'article 1451. Comme le dit M. de Loynes (1) :
« Le jugement de séparation a créé en vertu de la loi un état nouveau ; cet état ne peut être modifié qu'en vertu de l'article 1451 et conformément à cette disposition. En dehors de ces conditions, la volonté des parties est destituée de toute efficacité. Or, la loi veut que les conventions matrimoniales soient rétablies dans leur intégralité primitive ; elle défend formellement aux époux de les faire revivre pour partie. Ce qu'ils ne peuvent pas faire par une manifestation expresse de leur volonté, ils ne peuvent pas davantage le faire tacitement. Si la réconciliation des époux séparés de corps rendait *ipso jure* à celui, contre lequel a été rendu le jugement, le droit d'invoquer les donations à lui faites dans le contrat de mariage, quoique le régime matrimonial ne fut pas rétabli, leurs volontés (la réconciliation est l'œuvre de leurs volontés) feraient revivre pour partie seulement leurs conventions matrimoniales atteintes par la séparation ; elles les feraient revivre en dehors des formes de l'article 1451. Les articles 1395 et 1451 seraient violés (2) » Cette solution

(1) De Loynes, note sous Rennes, 13 déc. 1892, S., 93, 2. 281, p. 282, 2e col., in medio.

(2) En ce sens : Cass. req., 27 déc. 1893, S., 94. 1. 119. Cet arrêt confirme sur pourvoi l'arrêt de Rennes précité. — Aubry et Rau, t. V, §§ 495 et 496, notes 9 à 11, pp. 211 et 212. — Proudhon et Valette : État des personnes, t. I, pp. 500 et suiv. — Massol : Séparation de corps, p. 422, 2e éd. — Demolombe : Mariage, t. II, p. 544.

n'a pas été admise par la Cour de Caen dans un arrêt du 15 avril 1885 (1). Dans l'hypothèse prévue par cet arrêt, le rétablissement du régime avait été opéré en fait conformément à l'article 1451 ; mais l'arrêt se pose quand même la question et il décide que, par le seul fait de la réconciliation, les donations même contenues dans le contrat de mariage revivent.

On invoque la maxime : *Cessante causa, cessat effectus* ; mais nous avons montré que si on en conçoit en raison l'application, nous avons un texte, l'article 1451, qui la repousse.

On ajoute que le législateur lui-même a fait une application de ces principes aux pensions de retraite (loi du 18 avril 1831, 26 avril 1856, 25 juin 1861, 11 avril 1881, 25 avril 1885, 10 juin 1853, art. 13). Qu'importe ? La situation est toute différente. D'abord ce n'est pas dans son contrat de mariage que la veuve puise son droit à la pension, c'est dans le mariage lui-même ; en second lieu ce n'est pas non plus dans la volonté du mari, c'est dans la volonté souveraine de l'État. Il n'y a donc pas d'assimilation possible.

Qu'on n'argumente pas enfin de la solution contraire que nous adoptons pour les donations faites pendant le mariage. Ces donations ne font pas partie d'abord des conventions matrimoniales ; l'article 1451, ne s'oppose donc pas à ce qu'elles revivent de plein droit ; mais, en outre, on comprend qu'elles soient traitées différemment par le législateur. Les donations faites pendant le mariage sont essentiellement révocables

(1) Caen, 15 avril 1885, S., 87. 2. 193.

elles sont soumises pour leur rétablissement aux formalités de l'article 1451. Comme le dit M. de Loynes (1) : « Le jugement de séparation a créé en vertu de la loi un état nouveau ; cet état ne peut être modifié qu'en vertu de l'article 1451 et conformément à cette disposition. En dehors de ces conditions, la volonté des parties est destituée de toute efficacité. Or, la loi veut que les conventions matrimoniales soient rétablies dans leur intégralité primitive ; elle défend formellement aux époux de les faire revivre pour partie. Ce qu'ils ne peuvent pas faire par une manifestation expresse de leur volonté, ils ne peuvent pas davantage le faire tacitement. Si la réconciliation des époux séparés de corps rendait *ipso jure* à celui, contre lequel a été rendu le jugement, le droit d'invoquer les donations à lui faites dans le contrat de mariage, quoique le régime matrimonial ne fut pas rétabli, leurs volontés (la réconciliation est l'œuvre de leurs volontés) feraient revivre pour partie seulement leurs conventions matrimoniales atteintes par la séparation ; elles les feraient revivre en dehors des formes de l'article 1451. Les articles 1395 et 1451 seraient violés (2) » Cette solution

(1) De Loynes, note sous Rennes, 13 déc. 1892, S., 93, 2. 281, p. 282, 2e col., in medio.

(2) En ce sens : Cass. req , 27 déc. 1893, S., 94. 1. 119. Cet arrêt confirme sur pourvoi l'arrêt de Rennes précité. — Aubry et Rau, t. V, §§ 495 et 496, notes 9 à 11, pp. 211 et 212. — Proudhon et Valette : *Etat des personnes*, t. I, pp. 550 et suiv. — Massol : *Séparation de corps*, p. 422, 2e éd. — Demolombe : *Mariage*, t. II, p. 544.

n'a pas été admise par la Cour de Caen dans un arrêt du 15 avril 1885 (1). Dans l'hypothèse prévue par cet arrêt, le rétablissement du régime avait été opéré en fait conformément à l'article 1451 ; mais l'arrêt se pose quand même la question et il décide que, par le seul fait de la réconciliation, les donations même contenues dans le contrat de mariage revivent.

On invoque la maxime : *Cessante causa, cessat effectus*; mais nous avons montré que si on en conçoit en raison l'application, nous avons un texte, l'article 1451, qui la repousse.

On ajoute que le législateur lui-même a fait une application de ces principes aux pensions de retraite (loi du 18 avril 1831, 26 avril 1856, 25 juin 1861, 11 avril 1881, 25 avril 1885, 10 juin 1859, art. 13). Qu'importe ? La situation est toute différente. D'abord ce n'est pas dans son contrat de mariage que la veuve puise son droit à la pension, c'est dans le mariage lui-même ; en second lieu ce n'est pas non plus dans la volonté du mari, c'est dans la volonté souveraine de l'Etat. Il n'y a donc pas d'assimilation possible.

Qu'on n'argumente pas enfin de la solution contraire que nous adoptons pour les donations faites pendant le mariage. Ces donations ne font pas partie d'abord des conventions matrimoniales ; l'article 1451, ne s'oppose donc pas à ce qu'elles revivent de plein droit ; mais, en outre, on comprend qu'elles soient traitées différemment par le législateur. Les donations faites pendant le mariage sont essentiellement révocables

(1) Caen, 15 avril 1885, S., 87. 2. 123.

(art. 1096) ; il en est de même des legs (art. 896). Le fait qu'elles vont revivre ne pourra jamais être un obstacle à la réconciliation des époux, car l'époux donateur pourra toujours les révoquer, et limiter ainsi les effets de la réconciliation suivant ses intentions. Les donations faites par contrat de mariage sont, au contraire, irrévocables, et si elles étaient rétablies de plein droit elles le seraient avec ce caractère. On comprend dès lors que ce résultat pourrait écarter l'époux innocent de l'idée d'une réconciliation toujours désirable ; que ce serait, comme le fait remarquer le jugement du tribunal de Quimper, confirmé par l'arrêt de la Cour de Rennes du 23 décembre 1892 (1), dépasser les intentions de l'époux, qui consent bien à reprendre la vie commune, mais qu'il n'oublie peut-être pas.

En résumé, en présence de ce principe de l'immutabilité des conventions matrimoniales, tenu en si grand honneur par le législateur, il semble que la situation de toute femme mariée devrait être simple. Mariée sous tel ou tel régime, sa condition devrait être définitivement celle qu'elle avait adoptée dans son contrat de mariage. Les tiers, qui traiteraient avec les époux, pourraient être ainsi facilement renseignés. Au lieu de cela, les différentes situations dans lesquelles peut se trouver une femme mariée se sont multipliées ; dès lors, n'y a-t-il pas là une source d'inconvénients, une cause constante d'incertitude pour les tiers ? Qu'on en juge en présence des catégories diverses que l'on peut rencontrer parmi les femmes séparées et réconciliées.

(1) Rennes, 23 décembre 1892, S., 93, 2. 291.

M. Arnault, dans son rapport à la chambre des députés, en signale jusqu'à six (1) :

1° La femme séparée de biens seulement vivant avec le mari sous le régime de la séparation de biens judiciaire ;

2° La femme séparée de biens qui a fait revivre son ancien régime matrimonial conformément à l'article 1451 du Code civil ;

3° La femme séparée de corps non réconciliée, qui jouit de sa pleine capacité civile (art. 311-3°) ;

4° La femme séparée de corps qui a repris la vie commune, mais ne s'est pas conformée aux prescriptions de l'article 311-4°. Elle conserve sa capacité vis-à-vis des tiers ; entre époux il y a lieu au régime de la séparation de biens, notamment en ce qui concerne la contribution aux charges du ménage (art. 1448) ;

5° La femme séparée de corps, qui réconciliée par acte notarié, a rempli toutes les formalités énumérées par l'article 311-4°. Sa capacité est réglée par l'article 1449 (sauf les restrictions résultant du maintien de l'inaliénabilité, s'il s'agit d'une femme dotale), soit dans ses rapports avec les tiers, soit à l'égard de son mari.

6° La femme séparée de corps qui, après réconciliation, est revenue au régime matrimonial primitif, conformément à l'article 1451.

(1) Journal officiel : Chambre des députés, session extraordinaire de 1887 : Documents parlementaires, annexe n° 2151, p. 440.

(art. 1096) ; il en est de même des legs (art. 896). Le fait qu'elles vont revivre ne pourra jamais être un obstacle à la réconciliation des époux, car l'époux donateur pourra toujours les révoquer, et limiter ainsi les effets de la réconciliation suivant ses intentions.

Les donations faites par contrat de mariage sont, au contraire, irrévocables, et si elles étaient rétablies de plein droit elles le seraient avec ce caractère. On comprend dès lors que ce résultat pourrait écarter l'époux innocent de l'idée d'une réconciliation toujours désirable ; que ce serait, comme le fait remarquer le jugement du tribunal de Quimper, confirmé par l'arrêt de la Cour de Rennes du 23 décembre 1892 (1), dépasser les intentions de l'époux, qui consent bien à reprendre la vie commune, mais qu'il n'oublie peut-être pas.

En résumé, en présence de ce principe de l'immutabilité des conventions matrimoniales, tenu en si grand honneur par le législateur, il semble que la situation de toute femme mariée devrait être simple. Mariée sous tel ou tel régime, sa condition devrait être définitivement celle qu'elle avait adoptée dans son contrat de mariage. Les tiers, qui traiteraient avec les époux, pourraient être ainsi facilement renseignés. Au lieu de cela, les différentes situations dans lesquelles peut se trouver une femme mariée se sont multipliées ; dès lors, n'y a-t-il pas là une source d'inconvénients, une cause constante d'incertitude pour les tiers ? Qu'on en juge en présence des catégories diverses que l'on peut rencontrer parmi les femmes séparées et réconciliées.

(1) Rennes, 23 décembre 1892, S., 93. 2. 281.

M. Arnault, dans son rapport à la chambre des députés, en signale jusqu'à six (1) :

1° La femme séparée de biens seulement vivant avec le mari sous le régime de la séparation de biens judiciaire ;

2° La femme séparée de biens qui a fait revivre son ancien régime matrimonial conformément à l'article 1451 du Code civil ;

3° La femme séparée de corps non réconciliée, qui jouit de sa pleine capacité civile (art. 311-3°) ;

4° La femme séparée de corps qui a repris la vie commune, mais ne s'est pas conformée aux prescriptions de l'article 311-4°. Elle conserve sa capacité vis-à-vis des tiers ; entre époux il y a lieu au régime de la séparation de biens, notamment en ce qui concerne la contribution aux charges du ménage (art. 1448).

5° La femme séparée de corps, qui réconciliée par acte notarié, a rempli toutes les formalités énumérées par l'article 311-4°. Sa capacité est réglée par l'article 1449 (sauf les restrictions résultant du maintien de l'inaliénabilité, s'il s'agit d'une femme dotale), soit dans ses rapports avec les tiers, soit à l'égard de son mari.

6° La femme séparée de corps qui, après réconciliation, est revenue au régime matrimonial primitif, conformément à l'article 1451.

(1) *Journal officiel* : Chambre des députés, session extraordinaire de 1887 : *Documents parlementaires*, annexe n° 2151, p. 440.

TABLE DES MATIÈRES

TABLE DES MATIÈRES

ERRATA

ERRATA

Page 2, ligne 26, au lieu de : *ces revenus personnels*, lire : *ses revenus personnels*.

Page 29, ligne 5, au lieu de : *séparation*, lire : *séparation*.

Page 29, ligne 18, au lieu de : *quelque étendu*, lire : *quelque
étendus*.

Page 40, ligne 8, au lieu de : *subsidiaire*, lire : *subsidiaire*.

Page 49, ligne 15, au lieu de : *se couvrir de ces reprises*, lire : *se
couvrir de ses reprises*.

Page 50, ligne 18, au lieu de : *législateur*, lire : *législateur*.

Page 87, ligne 2, au lieu de : *provisoire*, lire : *provisoires*.

Page 105, ligne 25, au lieu de : *l'immeuble ? Dans le cas*, lire :
l'immeuble. Dans le cas.

Page 117, ligne 8, au lieu de : *Tribunal*, lire : *Tribunal*.

Page 120, ligne 9, au lieu de : *qui auctor*, lire : *qui auctor*.

Page 124, ligne 21, au lieu de : *cependan*, lire : *cependant*.

Page 139, ligne 8, au lieu de : *jusques dans ces dernières conséquences*, lire : *jusques dans ses dernières conséquences*.

Page 143, ligne 5 et 6, au lieu de : *d'obligations*, lire : *d'obligation*.

Page 150, note 1, ligne 3, au lieu de : *Colmet de Tanterre*, lire :
Colmet de Santerre.

Page 173, section III, au lieu de : *Droit*, lire : *Droits*.

Page 185, ligne 26, au lieu de : *ous devons*, lire : *Nous devons*.

IMPRIMERIE ET LIBRAIRIE A. CHAUVIN, TOULOUSE.

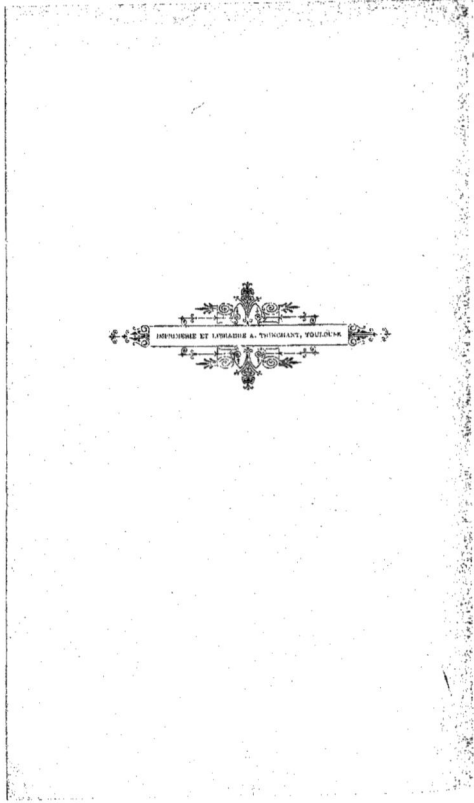

IMPRIMERIE ET LIBRAIRIE A. THIBRCHANT, TOULOUSE

www.ingramcontent.com/pod-product-compliance
Lightning Source LLC
Chambersburg PA
CBHW070522200326
41519CB00013B/2890